改訂2版

生のための学校

デンマークで生まれたフリースクール「フォルケホイスコーレ」の世界

清水満 編著

国書刊行会

改訂2版のまえがき

本書の初版となる『デンマークに生まれたフリースクール「フォルケホイスコーレ」の世界』は一九九三年九月に初版を出版し、一九九六年に『生のための学校』と改題された「改訂新版」が刊行されました。特別に注目を浴びたわけではありませんが、なぜか現在に至るまで多くの読者に支持され、長きにわたって版を重ねてきました。

編著者の私としては、「品切れ状態になるたびに、データが古いので即絶版に」と、新評論の武市一幸さんに伝えていましたが、武市さんはその都度、「改訂などをして販売を続けたい」と言われてきました。出版社の編集者からこのように言われるというのは、本当にありがたく、このうえなく名誉なことです。と同時に、日本においてフォルケホイスコーレへの関心度が増し続けていることも証明します。「本を読む人が少なくなった」と言われるようになって久しいわけですが、そんなご時世において、三〇年以上にわたって読み継がれているという事実を前にすると、さすがに驚いてしまいます。

しかし、二〇一〇年代以降、私自身の関心はデンマークから本来のフィールドであるドイツ思想、最近はイタリアの都市共和国に移っており、再度デンマークに渡って取材をするだけの時間的な余裕がありません。

一番の問題は、これまで取材などにおいて支援をしてくれてきたオヴェ・コースゴー（オーフス大学コペンハーゲン教育学部名誉教授）、クリスチャン・サムエルセン（元ホイスコーレ、フリースコーレ教員）、ハンス・グリースハウゲ（元ヴァートフ事務局長）、オレ・トフトデル（リュ・ホイスコーレ前校長）ら、デンマークの友人たちがみな定年退職などで現役を退いたため、現場へのコネクションがなくなってしまったことです。

また、私自身も二〇二四年八月には六九歳になり、引退している年齢となりました。彼らに頼めば、それなりの取材ルートを開いてくれるとは思っていますが、年齢ゆえ、私自身にそこまでの意欲がないとともに時間的な余裕がありません。

そこで今回は、武市さんと相談し、第1部の私自身の原稿は一部のデータを新しいものにするだけにとどめ、第2部として、二〇一〇年代にフォルケホイスコーレに留学したお二人の体験記とオレ・トフトデルへのインタビューを掲載することにしました。

第1部のグルントヴィとフォルケホイスコーレについての内容は歴史的な記述が多いため、現在でも通用する内容となっています。それゆえ、全体像を知る「入門書」としては十分に役立つと考え、そのまま残しました。改訂したのは最近の学校数などであり、内容のほとんどは執筆当時のままです。よって、一部紹介している授業や円換算などに関する記述も当時のものとなりますので、その点をふまえて読んでください。

第2部として掲載した小笠原朋子さんと仁田坂泰広さんの体験記は、それぞれ二〇一〇年代にフォルケホイスコーレのロング・コースに籍を置き、本格的に学んだ経験を記したものです。

小笠原さんの体験記は、日本の教育を受け、日本社会で社会人として生きる者として、デンマークの体験を基礎に、広い観点から自己の生を見つめ直す視線を表現しているところが特徴的です。まさに、フォルケホイスコーレが「**生のための学校**」であることを証明するものになっています。

一方、仁田坂さんの体験記は日記風となっていますが、フォルケホイスコーレで学ぶ日常が臨場感をもって描かれており、留学するとこのような日々になるのかと、読者のみなさんは想像することになるでしょう。実際にフォルケホイスコーレで学びたいと思われている人たちに役立つものとして、本書への掲載をお願いしました。

近年は、日本でもフォルケホイスコーレへの関心が高まり続けているようで、いくつかの良書が刊行されています。本書に足りない部分や現在のホイスコーレについては、それらを見ていただければと思います。また、N・F・S・グルントヴィについては、名古屋大学におられた小池直人さんの精力的なお仕事により、原典の翻訳がなされています（『グルントヴィ哲学・教育・学芸論集』風媒社、二〇一一年〜二〇二〇年）。これらは、本書を読んでさらに学びたいと思う多くの人たちを裨益《ひえき》しています。

私自身がフォルケホイスコーレから関心が離れる契機になったのが、一九九〇年代末にあったフォルケホイスコーレについての大議論と制度的な変化、それを経てのフォルケホイスコーレ自体の変質でした。新自由主義がデンマークを支配し、役に立たないフォルケホイスコーレよりも、経済成長につながるＩＴ系の専門学校に予算をつぎ込むべきだ、という政府の方針転換が強く作用したのです。

第２部に掲載したオレへのインタビューは、そのような動きを背景にしたものですが、オレやテストロップ・ホイスコーレなどをはじめとした意識のある人々が、その後、再びフォルケホイスコーレを一定程度立て直し、現在においては、再び活性化を見せているようです。それだけに、今後も、フォルケホイスコーレに留学される人が増えていくことを期待していますし、日本の教育界において、さらに研究されることを願っています。

デンマークから関心が少し離れてしまい、なかなか作業の進まない私の尻を叩いて、このような形に本書を仕上げてくださったのが新評論の武市さんです。その労に心より感謝し、多大のご迷惑をおかけしたことをお詫びします。

第2部の体験記が示すように、フォルケホイスコーレから学ぶものは一人ひとり異なります。私個人としては、フォルケホイスコーレとグルントヴィから学んだ成果は、オヴェ・コースゴーが著した『政治思想家としてのグルントヴィ』（拙訳、新評論、二〇一六年）の「訳者による解説」がその一つとなります。長年にわたるグルントヴィ理解についての私の到達点を示したもので、グルントヴィのアクチュアリティを発見できると思います。また、拙著『フィヒテの社会哲学』（九州大学出版会、二〇一三年）のなかでも結論的に書きました。私の主著ともいうべきもので、大部でありますが、興味のある方は参照していただきたいです。

さて、読者のみなさんは、本書を読まれてどのような「成果」を得られるのでしょうか。本書がそのようなものを読者のみなさんに与えることができれば、望外の喜びです。

二〇二四年五月

序文

オヴェ・コースゴー（Ove Korsgaard・デンマーク・フォルケホイスコーレ協会元会長、オーフス大学コペンハーゲン教育学部名誉教授）

デンマークといえば、アンデルセンと彼の童話だけではありません。また、キェルケゴール（Søren Aabye Kierkegaard, 1813~1855）と彼の哲学だけでもありません。デンマークは、ニコライ・フレデリク・セヴェリン・グルントヴィ（Nikolaj Frederik Severin Grundtvig, 1783~1872）とフォルケホイスコーレ（folkehøjskole）の国でもあります。

グルントヴィは、デンマークではほかに類するものがない、世界的なレベルに位置する教育者です。しかも、フォルケホイスコーレ運動によってグルントヴィの名は「（西側諸国の）成人教育の父」となり、グルントヴィへの関心とフォルケホイスコーレ運動は、今日も発展途上国において依然として広まりつつあります。

近代デンマークにおいて、グルントヴィほど重要な意味をもった人はほかにいないでしょう。彼が影響をもたらした分野は数知れません。彼が重要な寄与をした領域は、哲学、文献学、神学、歴史、政治理論、そして教育です。グルントヴィによる不滅の遺産の明らかな例として、七五四あるデンマークの賛美歌のうち、二七一の歌が彼によって書かれたという事実が挙げられます。

グルントヴィが、デンマーク独自のものを表現する、特別な才能に恵まれていたという事実に疑いはないでしょう。しかし、もっとも重要なことは、彼が普遍的なものを表現する能力をあわせもっていたことです。グルントヴィは、「フォルケリ（folkelig・ポピュラー、民衆、人民的）」と「ユニヴァーサル」との結合を要求したのです。この「ポピュラー・ユニヴァーサル」という概念は、抽象的なインターナショナリズムとナショナリズム的な原理主義のいずれとも、対照をなすものにほかなりません。

有名な思想家、内村鑑三（一八六一～一九三〇）によって、デンマークとグルントヴィは、二〇世紀の初頭以来、日本でも知られるようになりました。のちには、内村鑑三の弟子によって、フォルケホイスコーレをモデルにした国民高等学校がつくられたとも聞いています。

そして、今再び、本書の編者である清水満氏によって、グルントヴィとフォルケホイスコーレが、新たに日本に紹介されようとしています。ですから、この新しい本の(1)「序文」を書くことは、私にとっても大きな喜びなのです。

今から数年前、彼がデンマークに来て、いくつかのフォルケホイスコーレを訪問したときに清

（1）一九九三年に刊行された『デンマークで生まれたフリースクール「フォルケホシスコーレ」の世界』を指しています。つまり、本書の初版のことです。

水氏と知り合いました。彼がグルントヴィの思想とヴィジョン、「生のための学校」について深い理解を得たことに対し、一人のデンマーク人として賞賛の念を禁じえません。

清水満氏のグルントヴィとフォルケホイスコーレについての文章をも含む本書が、明日へのチャレンジにふさわしく、学校と教育に対して新しいアイディアをみなさんに与えること、それが私の希望となります。

物質的なものから文化的なものまで含めた豊かさの概念と、それに対するわれわれの態度を変えることなくして、今日における世界の経済的かつエコロジカルな危機を乗り越えるための可能性を、果たしてわれわれはもっているのでしょうか？　豊かさの概念に対するわれわれの態度を変えてゆくことのなかには、学校の概念に関する態度を変えていくことも、当然含まれています。それをふまえれば、フォルケホイスコーレの目的は、文化的な、あるいは「フォルケリ（民衆的）」な豊かさを創造してゆくこと、と定義されます。

もくじ

第5章 グルントヴィの生涯と思想 100

第6章 フォルケホシスコーレ運動の興隆とクリステン・コル 142

お城のような「エンゲレスホルム・ホイスコーレ」(322ページから参照。小笠原朋子撮影)

改訂2版　生のための学校

——デンマークで生まれたフリースクール「フォルケホイスコーレ」の世界——

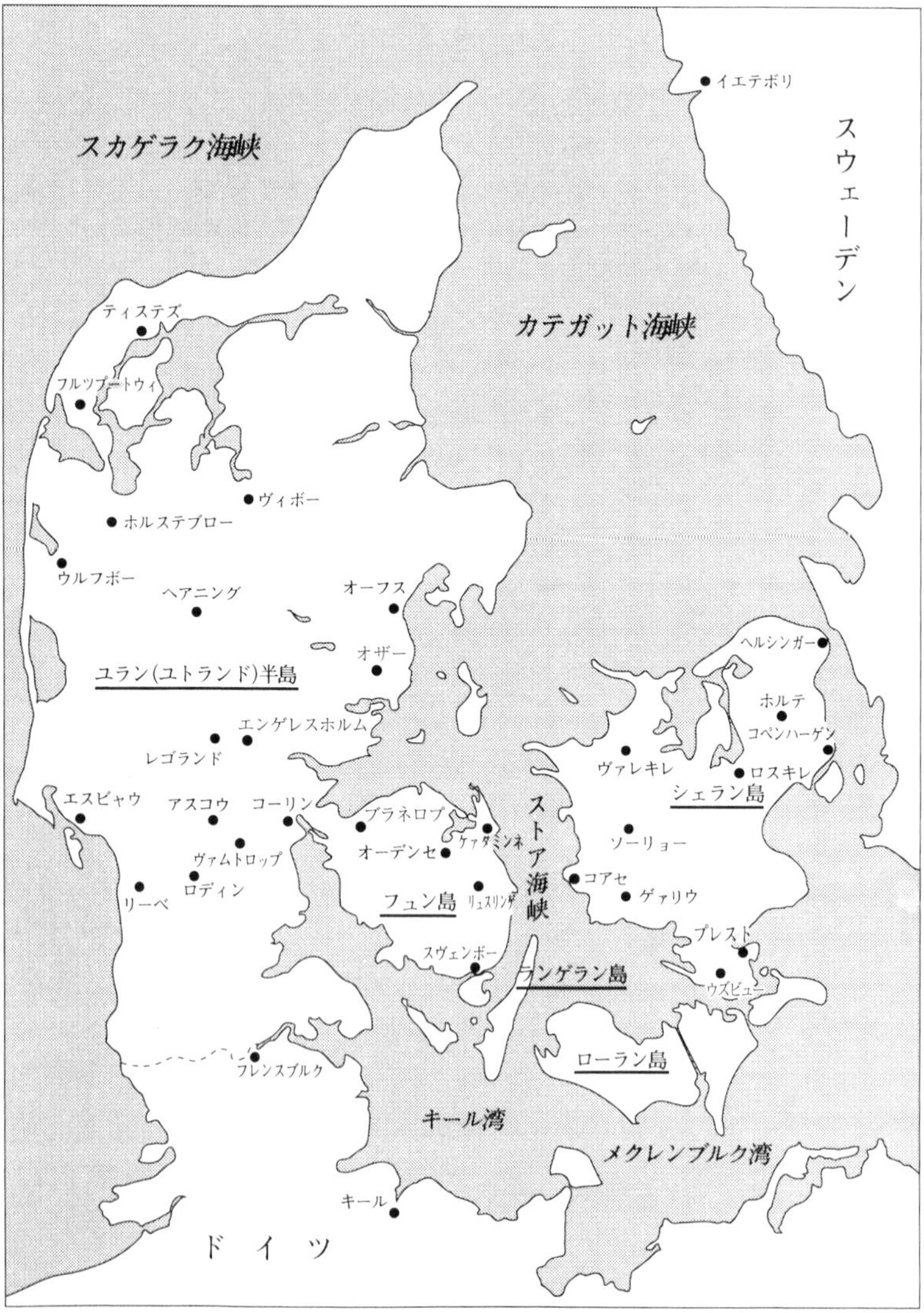

スカゲラク海峡
イエテボリ
スウェーデン
カテガット海峡
ティステズ
フルツブートウィ
ヴィボー
ホルステブロー
ウルフボー
ヘアニング
オーフス
オザー
ユラン(ユトランド)半島
ヘルシンガー
ホルテ
コペンハーゲン
エンゲレスホルム
レゴランド
ヴァレキレ
ロスキレ
シェラン島
エスビャウ
アスコウ
コーリン
ブラネロプ
ケァタミンネ
ストア海峡
ソーリョー
ヴァムトロップ
オーデンセ
ロディン
コアセ
リーベ
フュン島
ゲァリウ
プレスト
スヴェンボー
ランゲラン島
ウズビュー
フレンスブルク
ローラン島
キール湾
メクレンブルク湾
キール
ドイツ

第 **1** 部

「生のための学校」

――デンマーク・フォルケホイスコーレとグルントヴィ

（清水　満）

ヴァルトウ（Vartov）教会にあるグルントヴィ像

はじめに

フォルケホイスコーレ（Folkehøjskole）とは、デンマークに一八〇年ほど前にはじまった自由な学校のことです（一三八ページ、一四二ページ参照）。その言葉は「民衆（国民）の大学」を意味します。二〇二四年三月現在七〇校を数えるとともに、世界に拡がっています。一七歳半以上であれば誰でも学ぶことができ、その特色は、試験を拒否し、資格も与えず、全寮制で教師と学生が共同生活をしながら学び、カリキュラムは自由で、国家の干渉を受けない「私立学校」であるということです。

近代デンマーク精神の父、N・F・S・グルントヴィ（序文参照）によって構想され、今日のデンマークを築く原動力となりました。

日本では、かつて「国民高等学校」と訳され、大正時代から昭和の初めにかけて、農村振興の模範例として精力的に紹介されてきたという歴史があります。しかし、一部の例外を除いて、不充分な理解のために、天皇制ファシズムにからめ取られていくつかの国民高等学校が設立され、それが皇国教育や満蒙開拓の農民訓練に荷担したことで正しい理解が阻害され、その自由と人間解放を目指す精神がわが国に根づくことはありませんでした。

戦後となり、フォルケホイスコーレに学んだ個人が民間レベルで紹介や交流を重ねるなどといった地道な活動があったものの、全体として、フォルケホイスコーレ・国民高等学校の名は歴史の彼方に忘却されていきました。また、高所得・高福祉の国としてデンマークが高度成長時代にわが国で広く関心が高まったときでも、フォルケホイスコーレとグルントヴィの名は隠れたままでした。

しかし、デンマークのフォルケホイスコーレは、その後も健全な発展を遂げ、現在は発展途上国や東欧諸国における民衆の解放教育にも取り入れられるなど、その運動は世界に拡がっています。また、一九六〇年代末の世界的な若者の異議申し立て、つまりカウンター・カルチュア（対抗文化）が提起した問題も誠実に受け止めて学校の科目に取り入れ、今日では、世界的な環境問題・エネルギー問題に際し、新しい社会と人間のあり方の模索に、運動全体として取り組んでいます。

本書は、そうした最近の歴史と展開までを射程に入れて、フォルケホイスコーレの精神である「対話と相互作用」のもとに著されたものです。その意味では、ここに初めて、フォルケホイスコーレの全貌が明らかにされた、と言ってもよいでしょう。

第1章

トゥヴィン・スクール

――手づくり風車発電と「旅するフォルケホイスコーレ」

幼いころに夢見た懐かしい国

一九九一年八月のデンマークの空は、水蒸気にある暑さもなく、清澄《せいちょう》に透き通って、北欧特有の夏の終わりを示していました。小麦畑のどこまでも広がる緑の大地を横目で見て、落葉樹の並木をボーディル（のちに詳述）が運転する車で走りすぎてゆくと、頭上にはまぶしい蒼空と緑のコントラストがえも言われぬ爽やかで、幼いころに憧れた、あの懐かしいどこか遠い緑の国に、今なぜか本当にやって来ているのだ、と実感しました。

刈り取りをはじめた畑には、若い父と母と幼い子どもの三

デンマークにおける夏の風景

人がお昼の休みをとり、弁当らしきものを広げています。見慣れぬ東洋人に気付いたのか、通りかかる私たちの車を彼らが直視していました。私も思いきり手を振り、「グデイ（こんにちは）」と挨拶すると、彼らもほほえみながら手を振って答えてくれました。

「乳と蜜の流れる里」として世界に知られた輝かしい歴史を誇る農民のユートピア、デンマーク。資本主義と産業社会の必然的な圧力のために、ここでも農業は衰退の歩みが免れないようですが、その顔からは、一種の晴れやかさと農民の誇りを感じとることができます。それは、この人たちが大地に根ざしており、数千年の昔から、人間の変わることのない土と草木相手という尊い営みのなかで、近代デンマークの歴史を切り開いてきたという事実によるものなのでしょう。

車は森林地帯に入り、道路の舗装が途絶え、昔懐かしい石ころだらけの道となりました。小さな丘陵に来て車を降り、あたりを見回すと、数キロにもわたってヒース（ツツジ科の低木）が広がり、赤紫の花の色が一面に咲いていました。

「ここら一帯は、デンマークでも最後に残されたヒースの自然公園になっているのよ」と、ボーディルが説明してくれました。彼女は、ヒースの覆う荒れ地に開かれた新しい近代的な都市ヘアニング（Herning・ユラン半島中部に位置する）に住み、フォルケホイスコーレなどの教師をしています。今日は、私のために近隣の観光案内というわけです。

「日本では、このユラン（ユトランド）半島のヒースの荒れ地を、工兵ダルガスが緑の野にかえたという話が、内村鑑三の『デンマルク国の話』で有名だ」と私が言うと、「ダルガス（一六〇ページ参照）の名前、今の若い人たちは知らないかもしれないわね」と彼女が答えました。

周りの観光客を見ると、確かに老人あるいは中年の家族が多く、指をさしながら話しているのを聞くと、少しは歴史的なことも語っているような感じでした。

そのなかに、フォルケホイスコーレが組織したと思われる若い学生たちを乗せたバスの一行が見えたので、「歴史は語られ続けられているじゃないか」と私が言うと、彼女は次のように答えました。

「もちろん。ここはデンマーク人にとって特別な場所だもの」

トゥヴィン・スクールへ

そのままヒースと針葉樹林のなかを走る道を通り抜け、再び一般道に戻りました。トウヒ（マツ科の常緑針葉樹）林のなかを走っていると、大きなリュックを背負った女の子が歩いていました。私たちを見ると、親指を上げてヒッチハイクのサインです。

ボーディルは快く車を停め、「どこまで行くの？」と尋ねると、女の子は「ウルフボー（Ulfborg）のトゥヴィン（Tvin）・スクールに戻る途中だ」と言います。ちょうど私たちも、そこへ行くところでした。

一〇分ほど走って、女の子が学校の手前で降りました。どうやら、トゥヴィンのエフタースコーレ（自由中学・二六五ページ参照）の生徒だったようです。私たちはそのままトヴィンのフォルケホイスコーレのほうへと進むと、その入り口には五〇メートルという大きな手づくりの風車がそびえ立っています。昨年（一九九〇年）の二月に訪れたときと比べると、夏空に回る風車のほうがさすがにのどかでいいなと、改めて感じてしまいました。

広報室に行くと、ハンナという女性が相手をしてくれました。一九九二年の夏に予定している日本でのフォルケホイスコーレの「インターナショナル・セミナー」の話をするつもりでしたが、あいにくと校長のユッタが不在で、具体的に話を詰めることができませんでした。

ハンナはそこで、日本人の女性が一人、発展途上国への支援を中心にしている「フロントライン・インスティテュート」に最近来たこと、そしてもう一人、中学のときから来ていて、今はトゥヴィンの教員養成大学で学んでいる日本人の女の子がいることを教えてくれました。

早速、「フロントライン・インスティテュート」に行き、その女性Iさんを訪ねたところ、今、オーフス（Aarhus・ユラン半島にあるデンマーク第二の都市）にモザンビーク支援の街頭キャンペーンに行っているとのことで、「まもなく帰るだろう」と言うのでしばらく待つことにして、アフリカ諸国から来た学生たちと雑談していると、彼女が戻ってきました。ボーディルとともに話し掛けると、彼女は私が日本人とは思わなかったらしく、驚いていました。

Iさんは『別冊宝島』の「世界のフリースクール特集号」(『新版・学校に行かない進学ガイド』一九九〇年五月刊)でこのトゥヴィン・スクールを知り、この年の春、東京の教育系大学を卒業すると同時に、自分で連絡をとってやって来たそうです。そのときはまだ来て間もなく、不安もありそうでしたが、今頃はアフリカから帰って来て、自信に満ち、見違えるほど逞しくなっていることでしょう。

残念ながら、もう一人の女性に会うことはできませんでした。親が日本の教育を受けさせたくないために、中学のときから彼女をトゥヴィンに行かせたそうです。トゥヴィンには、英語で授業をする中学・高校のインターナショナル・スクールもあり、そこで学べばデンマーク語も充分に習得することができます。彼女は、将来、フォルケホイスコーレの教員となるべく、トゥヴィンの教員養成大学で学んでいるとのことです。

このとき、Iさんに私は次のように言いました。

「トゥヴィン・スクールを最初に日本に紹介したのは、おそらく私たちのグループの橋爪健郎(当時・鹿児島大学理学部助手)ではないでしょうか。だから、私たちにとっても、特別な思いがここにはあるのです」

トゥヴィン・スクールとの最初の出合い

話は遡ります。当時、鹿児島県の川内《せんだい》原子力発電所建設に反対し、一九七七年の初め、原発を見下ろす反対派の集落の山の上に、原発のエネルギーはいらないとばかりに、仲間たちと手づくりの風車発電を建てたのが橋爪さんです。

彼は、翌年、日経新聞の小さな記事で、デンマークに当時世界最大となる五〇メートル風車発電ができたのを知りました。風車発電のパイオニアの一人と自負する彼は、早速、知人といっしょにその風車を訪ねたのです。そして、帰ってきた彼の顔は、出掛けるとき以上に輝いており、たくさん撮ってきたスライドをのべつまくなく、機会があれば上映し、その風車とそれをつくった学校「トゥヴィン・スクール」のことを熱っぽく、感動的に語っていました。その一部を、要約する形で紹介しておきます。

この風車は、デンマークでも原発が導入されることになったので、それを防ぎ、自分たちで地域自立のエネルギー供給を可能にする目的で、トゥヴィン・スクールの教師と学生たちが、素人の手づくりで成し遂げたものである。

その甲斐あって、デンマークではこれ以後、各地で同様の風車づくりが進み、今では原発拒否が国民世論になったそうだ。

　風車も面白いが、この学校が素晴らしい。「トラベリング・フォークハイスクール」（フォルケホイスコーレの英語表記）と言って、廃車バスを自分たちで修理して、アフリカ、アジアの発展途上国に旅をし、そこの地域住民と交流し、援助するという授業を行っている。

　また、「コンティヌエイション・スクール」（エフタースコーレの英語表記。二五二ページ参照）というのもあって、そこでは、教師と学生が分け隔てなく共同で学び、経理のことを勉強するグループは、学校の経営・管理を自分たちで行うことが授業となっている。また、農業や漁業のグループは、それぞれ自分たちで学校の農場を耕したり、栽培し、あるいは船を造って近くの海で魚を捕るというように、すべて、生産と暮らし、技術が一つになった一種のコミューンのような学校形態をとっている。


　日本の教育や社会からすれば、まるで夢みたいな話でした。なるほど、当時はまだ日本にも、一九六〇年代末期と一九七〇年代初めの若者の反乱、全共闘運動、地域コミューン主義という名残りがありました。それらが実現していたとすれば、ちょうどこんな感じかな、と話を聞いたときに思いましたが、それが遠いデンマークでは、その凄さには感嘆しても、実感が湧かなかったのです。

ところが、自分の目で見て、そこに滞在し、そこの空気を吸ってきた橋爪さんは、何とかしてその感動を伝えようと、あちこちのミニコミ誌に報告記を書きまくりました。そのおかげで、わが国でも少しはトゥヴィンの名が知られるようになりました。それはまた、私とフォルケホイスコーレとの最初の出合いともなったのです。

のちに、私も実際にデンマークに行き、感動の体験を重ねると、あのときの橋爪さんの一種物狂おしき情熱が初めて分かり、彼と同じく、多くの人に感動を伝えようと、さまざまな媒体にフォルケホイスコーレについて書きまくることになりました。

トゥヴィン・スクールとは

トゥヴィン・スクールは、一九六〇年代後半に先進国で吹き荒れた若者の異議申し立て、抑圧と管理のない解放された社会を目指す「オルタナティヴ・ムーヴメント」の一つの実践として、一九七〇年にフュン島南部のスヴェンボー（Svendborg）において、既成の学校の一室を借りてささやかにはじまりました。

スヴェンボーといえば、ドイツの反ファシズム詩人で劇作家のブレヒト（Eugen Berthold Friedrich Brecht, 1898～1956。『三文オペラ』が有名）が亡命して暮らした所であり、ナチズム抵抗知識人のセンターにもなった地として、その名が知られています。

現在のユラン半島西北部のウルフボー近郊の地トゥヴィンに移ったのは、一九七二年です。そのとき、校舎、寮、体育館、農園、バラ園などといった建物や施設は、すべて学生と教師が力を合わせて建てました。

彼らは、一つの小さな民主的社会となるよう、自給自足体制をつくりあげました。当時、世界のあちこち、とくにアメリカのカリフォルニアで盛んだったコミューンづくりに近いものですが、トゥヴィン・スクールははっきりと、「自分たちはデンマークで一五〇年も続くフリー・スクール（フォルケホイスコーレ）の伝統に従った」と謳っています。一九七〇年にフォルケホイスコーレの設立に関する法律が改正され、新たにフォルケホイスコーレがつくりやすくなったのです。

トゥヴィン・スクールの全景

確かに、時代の影響はあるものの、学生と教師がともに暮らし、対等の関係で学び、座学よりも対話や実践が優先され、生きることの不可思議さと神秘を学び、自立を身につけるというフォルケホイスコーレの伝統は、今さら「コミューン」などと言わなくとも、草創期の精神に戻れば、それ自体がオルタナティヴな社会を目指すものであったわけです。

彼らは次々と新たな学校を開き、新しい教育と社会解放のあり方を求めて模索してきました。現在、二つの「旅するフォルケホイスコーレ」と、一つの「教員養成大学」、二つの「エフタースコーレ」(自由中学、一つはインターナショナル・スクール)、「フリースコーレ」(自由小学校)、そして「工芸・芸術学校」を各一校擁しているほか、デンマーク各地に五校の「旅するフォルケホイスコーレ」と一〇校の「エフタースコーレ」をもっています。このうち、フォルケホイスコーレは認可を取り消され、「フロントライン・インスティテュート」(九ページ参照)という名前の民間団体の学校となっています。

フォルケホイスコーレとは何か

ここで出てくるフォルケホイスコーレとは、デンマークに一八四四年につくられた、デンマーク独自の、ほかに比較するものがない学校のことです。詳しくは本書で説明することになりますから、とりあえずは、最低限必要なことだけを記しておきます。

フォルケホイスコーレはデンマークに一〇〇校あり(一九九三年当時。二〇二四年三月では七〇校)、生徒は数十人規模という学校が主流です。特色は、先にも少し述べましたが、試験というものを絶対にせず、単位や資格の付与もなく、教師と学生が寮で共同生活をし、書物よりも対話を中心に「生」そのものを学び、社会性を備えるということが挙げられます。そのため、「自由学校」とか「生のための学校」とも呼ばれています。

　日本での高校卒業にあたる満一七歳半以上の人なら、性別、年齢、障がいの有無、国籍を問わず、誰でも入学でき、学期は二か月の短いものから、最長八か月までいろいろあり、好きなだけ更新することができます。合宿型のカルチャー・センターのようですが、何か技術や知識を習得することに主眼が置かれているわけではなく、あくまでも授業や討論、実践、実習、生活を通して自己発見をし、これから生きるための道を探すことに力点が置かれています。れっきとした、学校教育の場なのです。

　フォルケホイスコーレは、一つの自由な教育体系をもち、「幼稚園」や「フリースコーレ」と呼ばれる小学校、「エフタースコーレ」と呼ばれる寮生活を主とする自由な中学、それにフォルケホイスコーレの上にあるものとして、フォルケホイスコーレと普通の小中学校の教員資格がとれる「教員養成大学」、および学位などが取得可能な「フォルケアカデミー」と呼ばれる研究所をもっています。

　政府の援助を受けていますが、すべて私立学校で、一切国からの干渉は受けません。デンマークでは、公立学校や既成の大学に対抗する一つの制度として、一八〇年以上にわたって存在し、対抗教育としてデンマークの公教育に大きな影響を与えてきました。

　先ほど紹介した「トゥヴィン・スクール」は、それらを一か所にまとめ、自給自足体制をつくりあげることで、一つの自由な教育社会を形成したことになります。とはいえ、孤島のようにほかの世界から切り離されて、自分たちだけの偏狭な観念世界を守るという志向性はありません。

風車を造るときでも、各地のフォルケホイスコーレから支援を受け、デンマーク中から関心ある人がやって来て関与しましたし、授業の講師として、地域の人を含め、各界からさまざまな人がトゥヴィンに来ました。橋爪さんがそうだったように、外国人ですら気楽にいつでも訪れて、研修や宿泊もできるのです。

なお、広報室は、ゲストとお茶を飲んで語り合うところ、とされています。私たちも、紅茶にケーキつきで歓待を受けました。前述のとおり、日本の女性たちも、何の資格審査もなく、入学できています。

トゥヴィンにかぎらず、フォルケホイスコーレの授業科目に決まったものはなく、自由となっています。教師はアドバイスを与えるのみで、学生の自主的なグループ学習がどこでも中心となっています。とはいえ、一定の方向はあり、現在、伝統的なカリキュラム（文学、歴史、絵画、音楽、自然科学、政治・経済、哲学、心理学、デンマーク体操など）を中心にしている学校もあれば、語学、家政、芸術・工芸や体育を専門に教える学校、あるいは現代的な、エコロジー、自然エネルギー、環境教育、発展途上国問題、有機農業、ジャーナリズム論、国際関係論などに重点を置いている学校といろいろですが、おおよそこれらの科目が、大なり小なり、どこの学校でもミックスされていると考えてよいでしょう。

トゥヴィン・スクールは、そのなかでも現代的な要素の強い学校としてパイオニア的な役割を果しました。その中心となったのが『旅するフォルケホイスコーレ（Den rejsende højskole）』なのです。

旅するフォルケホイスコーレ

「旅するフォルケホイスコーレ」とは、妙な名前だと思うでしょう。しかし、これこそが、トゥヴィン・スクールのフォルケホイスコーレ運動への一番大きな貢献と言えます。ここを嚆矢《こうし》として、今では北欧全体のフォルケホイスコーレにまで、この方法が大なり小なり取り入れられるようになりました。おおよそ共通しているのは、次のようなコースです。

学期は八か月あり、まず初めの二か月は旅のための準備を行います。一グループ八人から一〇人で、一人のリーダーがつきます。このリーダーには、すでにコースを体験した学生がなり、自らの経験を後進の人に伝えながら、ともに学んでいくなかで、自分の得たものをさらに深めていくことになります。

彼らは廃車されたバスなど安く購入し、自分たちで整備点検をするので、メカニズムにも強くなります。発展途上国へ行くわけですから、いかなるアクシデントに遭遇しても、自分たちの力で切り抜けなければなりません。もちろん、女性も同じです。

　そして、旅の行く先の情報入手、簡単な言葉の習得などといった事前の勉強を、体力づくりを含めてみっちり行います。気候や食事、慣習、礼儀など、現地へ行かなければ分からないことは、身をもってすでに知っているリーダーから教わることになります。

　旅は四か月という期間となります。目的地としてはアフリカ諸国が多いのですが、その理由は、現実に援助の必要性があり、実際に当事者の国にも役立つことを目的としているからです。もちろん、それ以外にも、アジア諸国への訪問、あるいは最近では、東欧諸国やバルト三国へ行き、現地での社会資本づくり、学校や病院建設を手伝うといったコースもあります。

　現地に着くと、そこのさまざまなNGO（非政府機関）を訪ねて実情を把握したあと、長年の交流によってつくられた自分たちのセンター「DAPP（デンマーク語ではUFF）」を中心に、識字教育、植林、保健衛生、農耕、灌漑、風車、メタンガスなどの適性技術施設の建設、学校建設、難民キャンプでの活動など、必要とされるさまざまな援助活動を開始します。具体的な活動のなかで、途上国の実情、自分自身のかかわり方、生き方、そしてその生活の技術を学んでいくわけです。ここでも、先行グループの経験が受け継がれることになります。

　帰国してからの三か月間は、自分たちが見聞し、体験してきたことの「総まとめ」となるほか、発展途上国の現状、今必要とされる協力・援助をデンマークの人々へ訴える企画、あるいは報告書づくりを行います。また、次のグループへその経験を伝え、アドバイスをすることも大事なので、合同で授業をしたりします。

こうして、自分たちの実践を通して学んだことが、その後の彼らの人生におけるさまざまな力となり、狭い自分の周りだけではなく、遠い世界の人々の境遇をも自己の問題として捉えるだけの想像力と共感力を身につけることになるのです。

トゥヴィン・スクールは、途上国への援助に目的を絞った「旅するフォルケホイスコーレ・オン・ザ・ロード・トゥ・ヴィクトリー」という長ったらしい名前の学校をもう一つもっており、別名「フロントライン・インスティテュート」と呼ばれています。先に紹介したIさんが学んだところであり（九ページ参照）、今また、やはり日本人の女性、学校へ行かずに自主的に学び、「ピース・ボート」（船に乗って、世界各地の市民グループとの交流を進めている東京の市民運動）などの活動でカンボジアにミシンを送るなどした、一〇代のFさんが学んでいるところです。

当初、ここは、南アフリカ共和国のアパルトヘイト政策への撤廃を意図して、その周辺諸国のモザンビーク、ジンバブエ、ザンビア、タンザニア、アンゴラ、ギニアビサウといった国々への援助を行うために設立されました。特徴としては、その国の対象地域から学生をデンマークに呼び、彼らとともにその国の集中的な勉強を六か月間することが挙げられます。ですから、私が訪ねたときも、たくさんのアフリカ人学生がいました。

授業は英語でなされ、内容も高度なものとなっており、本格的な援助活動に耐えられるようにします。現地での滞在期間も六か月と少し長く、戻ってからの二か月もさまざまなキャンペーン活動などに従事します。また、いくつかのＮＧＯに入り、継続的に現地で活動を続ける人が多いとも聞きます。英語での授業とあって、学生は、トゥヴィンの協力機関があるヨーロッパ諸国やアメリカなどからも集まっており、日本人もすでに何人かが学んでいます。

トゥヴィン・パワーの象徴となっている風車発電

トゥヴィンを世界に知らしめたのは、何といっても、五〇メートルの大風車発電の建設です。のべ一〇万人の人間が手づくりで、高さが五三メートル、羽根の直径五四メートル、最大可能出力二〇〇〇キロワット、平常時発電能力四五〇キロワットという、当時世界最大の風車発電を造りあげたわけです。

一九七〇年代の前半、世界を襲った石油ショックによるエネルギー危機が理由で、デンマークもお隣りのスウェーデンのように原子力発電所の建設をはじめようとしました。これに対して、永久に地球環境を破壊し続け、まだ生まれていない子孫に二万四〇〇〇年以上にわたって恐怖をまき散らす放射性廃棄物を押しつける原発は絶対に許せないと、デンマーク国内で激しい反対運動が起こりました。

トゥヴィン・スクールは、このような動きの中心的な存在の一つでした。彼らは、過去のフォルケホイスコーレの歴史のなかで輝かしい風車発電の実績を誇っている「アスコウ・ホイスコーレ」のポール・ラ・クール（Poul la Cour, 1846～1908）の実践にならい、エネルギーは自前でとばかり、トゥヴィン・スクール全体を賄えるだけの風車発電の建設に乗り出したのです。

当時、これほど大きな風車発電は初めての試みであり、専門家は懐疑的でした。デンマーク工科大学の一部の専門家の協力を得ながらも、結局のところ、ほとんどを素人が手づくりで完成させるという形となりました（一八四ページの「補論２」参照）。

着工式のときには、付近のフォルケホイスコーレからたくさん応援に来てもらい、地面を掘り起こしました。土台づくり、鉄骨組み、コンクリートの流し込みと、自分たちでスクラップなどの材料を集めて、学生と教師が一体となって、常に議論を重ねつつ、納得のいく形で仕事を積みあげていったのです。もちろん、安全基準も自分たちでつくっており、驚くほど献身的でしたが、無理はしませんでした。

初めは愚かなこととあざ笑っていた専門家やマスコミも、次第に形ができあがりつつある様子を見て、関心を示すようになりました。もちろん、その間、民衆のネットワークは拡がり、デンマーク中から学生や若者たちが、週に最低でも五〇〇人は手伝いに来ていました。

クレーン車などの建設手段は中古を使い、発電機も中古品を手に入れました。羽根のグラスフ

中列の左端がポール・ラ・クール。後列、右から3番目がヨハネス・ユール。
出所：ポール・ラ・クール博物館資料。（出典：『風力発電器とデンマークモデル』新評論、2004年、78ページ）

ァイバー加工は、一般の漁船工場で見習い労働をして学び、その後、その技術を自分たちのものに生かしました。こうして約六五〇〇万クローネ(約一億四三〇〇万円・初版刊行時の円換算)という、当時の市価の何十分の一というコストで一九七八年に完成したわけです。

みんなで議論し、試行錯誤で造りあげたこの風車は、その後、デンマーク政府やEC、各国企業、あるいは日本の三菱重工や各電力会社などが二〇億、三〇億円以上かけて、専門家の指導のもと、近代的な技術を使って建設した巨大風車発電のどれよりも多い、四万時間という段違いの世界記録となった稼働時間と発電実績をもち、いまだにこれを超える風車は存在していません(1)。

フォルケホイスコーレと深い関係をもつ、デンマークの再生可能エネルギー研究所である「フォルケセンター」所長のプレーベン・メゴールも、先述した橋爪さんも、異口同音に、「こうした風車みたいな技術は経験のなかで蓄積された具体的な知識がものを言うので、巨大な資本をどんなに投下しても、机上の計算をあてはめる大企業や行政のようなやり方ではそもそも成功するはずがない」と言っています。みんながアイディアを出し合い、問題が起きるとその都度立ち止まって考えたというトゥヴィンの風車は、実は理想的な工程を辿っていたことになります。

そして、何よりも、彼らの技術の背景としてフォルケホイスコーレが、一九世紀末、世界で最初に風車発電の実用化をし、幅広い裾野を形成していたということが挙げられるでしょう。発展途上国に先進国の技術が根づかないことからも分かるように、技術が成功するかしないかは、その社会のあり方にかかわっているのです。

トゥヴィンの風車は長い年月を経てもまだ働いており、五〇世帯分の電気を賄っています。風車の土台の中には「見学コーナー」があり、建設当時のドキュメント、写真、あるいは構造に関する説明パネルなどが、訪れる人を感心させたり、楽しませたりしています。

ここがいかに優秀なのかは、私がボーディル（七ページ参照）と訪れたとき、日本の電力会社の合同組織である「電気事業連合会」の関係者が見学に来ていたことからも分かるでしょう。彼らは、トゥヴィン・スクールとはすでに一〇年来の交流があるそうです。

彼らが日本における「原発推進の元凶である」と知ったら、トゥヴィド・スクールの人たちはどんなに驚くことでしょう。表向きは「日本の自然エネルギー啓蒙団体」ということにしてカムフラージュしているわけですが、日本人の私はだませません。

トゥヴィンでの成功のあと、各地のフォルケホイスコーレや民間の小さな企業などが風車発電の建設に乗り出しました。政府も、火力発電との発電コスト差を補助金として出すようになったので、各地において、個人が出資し合う「地域協同組合形式」で、事業としての風車発電がどん

（1）二〇二三年九月時点では、中国の「Mingyang社」の「MySE 16-260」（定格出力一六メガワット、ローター径二六〇メートル）が世界最大となっています。

どん造られていきました。デンマークではいわゆる「逆潮流」、つまり電力会社に自家発電の電気を売ること、ないしは消費分との相殺ができるので、いわば各自が事業として利益を生み出す発電所をもつことになるのです。

こうなると、原子力発電所など必要ありません。国民世論はとうとう政府から、一九八五年、あらゆる原発建設を認めないという宣言を勝ち取ったのです。

トゥヴィンの風車は、デンマーク社会を規定してきたフォルケホイスコーレ運動における近年の象徴ともなりました。これだけでも、いかに社会に影響を与える学校制度であるかが分かると思います。とはいえ、この例ですら、一八〇〇年もの長きにわたるフォルケホイスコーレ運動のごく一部でしかありません。フォルケホイスコーレ運動をさらに分かってもらうためにも、まだまだ語らなければならないことがたくさんあります。

トゥヴィン・スクールのその後――二〇〇四年増刷時の追記

本書の第１章に紹介されているトゥヴィン・スクールは、いわば歴史的な事実としてとらえるべきものです。二〇〇二年二月一九日、草創期のリーダーであるアムディ・ペーダーセンが脱税の疑いでアメリカのロサンゼルスで逮捕されるなど、社会的に問題を抱えた集団としてデンマーク国内では批判の目にさらされています。本書を読んでトゥヴィン・スクールのどれかに留学したいという方には、別のホイスコーレなどに行くことをおすすめします。

一九七〇年代から一九八〇年代にかけて、トゥヴィン・スクールは風力発電や発展途上国への「旅するフォルケホイスコーレ」などの斬新な社会的活動で耳目《じもく》を集めました。同時期に発展途上国への支援組織UFFなどをつくり、世界各国に同様のNGOや企業を組織して、一九八〇年代後半になると、単なるオルタナティヴな学校集団というよりも、毛沢東主義に立つ政治集団としての活動が目立つようになり、自己の社会的活動のために、デンマークの自由な制度、オルタナティヴ学校への支援の仕組みを利用しているという批判も挙がるようになりました。

教師集団の閉鎖性もあって、学校への補助金が政治活動に利用されているなどの財務状況の不透明さなどが指摘され、一九八八年には、教員養成学校への補助金が停止になり、一九九六年には本書でも報告しているとおり、デンマーク全部で三二校あるトゥヴィン・スクール系列の学校への補助金を中止する特別法が可決されました。

最高裁判所では、これは憲法違反であるとの判決を一九九九年に出しましたが、現在も補助はなされていません。そして、先に挙げたカリスマ的リーダー、アムディ・ペーダーセンが逮捕されるに及んで、トゥヴィン・スクールは政治的カルト集団の烙印をマスメディアから押され、社会的にマイナスのイメージが国民に強く抱かれるようになっていきます。

友人のデンマーク人教師は、デンマークの今日に大きな影響を与えた風力発電の建設、多くの学校で試みられている「旅するホイスコーレ」のアイディアそのものが間違っているわけではない、と語っています。トゥヴィン・スクールがホイスコーレ運動の歴史において果たした役割は大いに評価したいと思います。

しかし、それは歴史的事実であって、現在においてはさまざまな不明朗な問題を抱える集団になっていることもまた明らかですので、おすすめできない学校だと判断しています。私たちとしては、歴史的な事実とアイディアに学び、それを独自に発展させていくことが大事であると考えます。心あるデンマークのホイスコーレ教員たちも同じように考えている人が多いということも付記しておきます。

第2章 フォルケホイスコーレでの暮らしぶり

オヴェとの出会い

白樺林の緑陰を、柔らかな風が吹き抜けます。木洩れ日が穏やかに降り注ぐなか、コセアの森のベンチに体を休めていると、地上の楽園とはここのことか、と思えてきます。それほど、夏のデンマークは見るものすべてが美しく、生命の華やいだ、短い北欧の夏が過ぎゆくのを惜しむように、どことなく端正な哀しみをたたえているかのように感じられます。

輝きの夏が短い分だけ、すべてのものが精いっぱい燃え尽きようとします。しかし、これから迫り来る長い冬は、憂鬱な沈黙の季節などではありません。人は再び生命をほとばしらせるために沈潜し、心の奥底の静かな情熱の火を絶やさないように努めています。

北海からの冷たい季節風が吹き荒れる二月、そのような形容がぴったりとあてはまる、情熱を内に秘めたもの静かなデンマーク人に私は出会いました。彼の名前はオヴェ・コースゴー。このときはゲァリウ（Gerlev）の「体育フォルケホイスコーレ」の校長、と同時に、デンマーク一〇〇校（一九九三年当時）のフォルケホイスコーレの連盟組織である「デンマーク・フォルケホイスコーレ協会」の会長という重責にありました（序文参照）。

一九九〇年二月、私の友人であるデンマーク系ドイツ人のウルリヒ・ヨヒムセンといっしょにオヴェを訪ねました。事前に電話はしていたものの、突然の来訪にもかかわらず、彼は快く歓迎してくれて、私たちにまず学校を案内してくれました。

ゲァリウ・体育フォルケホイスコーレ、ここでは「体育」と訳したわけですが、オヴェによれば、「イドラット（idræt）」というデンマーク語は独特の歴史的な背景をもっており、「外国語には翻訳不可能だ」ということです。それはちょうど、フォルケホイスコーレの「フォルク（folk）」が翻訳不可能であるのと同じです。

北欧の体育観

日本では、「体育」というと、すぐに公教育で行われている競争的スポーツ、陸上競技、球技、水泳、体操などのイメージが浮かびます。速い、遅い、巧い、下手が競われ、苦手な子どもにとっては、常に心理的なプレッシャーをかけられてしまいます。さらに、「努力」、「根性」、「気力」、「ガッツ」などといった言葉が飛び交い、とくに男子にとっては、それが「男らしさ」と同列に置かれ、教師は「それでも男か」と叱咤し、女子はそれで男子の価値を判断しています。

クラブ活動や大学などの体育会では、「軍国主義も真っ青」というほどの精神主義、「シゴキ」という名の根性主義、年功序列、先輩への絶対服従が強制され、そこでの経歴が一流企業へ就職する際の「パスポート」ともなっているのが日本です。

オヴェによれば、わが国は極端としても、そうした傾向はイギリスにおいて近代スポーツが完成したときからあるもので、大なり小なり、先進国では見受けられるものだそうです。旧ソ連や旧東ドイツなどもそうでしょう。基本的に資本主義が確立したあと、スポーツというものには、その経済の競争原理や弱肉強食の原理が支配するようになりました。

本来は、誰もが体を動かすことは楽しく、心の解放であるはずなのに、体育やスポーツの目的が「より速く、より高く、より強く」となり、勝ち負けを決めて、人々の潜在的な運動能力をできるだけ引き出すようになりました。かくして各種の競技会が催され、それらに優劣がつけられて、オリンピックが最高に位置するようになったわけです。

優劣と競争のピラミッドができ、各人は可能なかぎり、少しでも上の段階へと至るよう強制され、いずれは、そのどこかで挫折することを余儀なくされます。まるで今の受験勉強と同じ原理です。結果としては、産業社会や国家はより優秀で勤勉な労働力、頑強な兵士を獲得できることとなり、産業と戦争が支配した近代ヨーロッパの実情に沿ったものとなりました。

しかし、オヴェが言うには、北欧には独自の身体観や体育観があり、それが「イドラット（idræt）」という言葉のなかに込められているそうです。それはまた、東洋における太極拳や気功、禅や武道などが独自の身体観をもっているのと同じなのです。

北欧では、自己の身体をいかに伸び伸びと健康にさせ、自由にするか、いかに美しく身体運動をするかが大事なことであって、イギリスの伝統とは異なった価値観をもっていました。このような思想が現れているのが、有名な「デンマーク体操」なのです。

もちろん、北欧とて近代スポーツの圧倒的な支配から自由ではありません。そのような考え方が、長い歴史のなかで浸透してはきています。しかし、デンマークでは、基本的に競争的なスポーツ観が勢力をもっていないことは、近年のオリンピックなどでメダルをほとんど取っていないという事実に示されています。そのような状況は、デンマークの体育観に基づくフォルケホイスコーレがあちこちにあり、メダルを取るためではなく、心と身体の健康とのびやかさを目的とした教育を行っているから、と言えるのではないでしょうか。

下手でも生き生きと楽しく

オヴェに案内されて、学生たちがスポーツに汗を流す様子を見学したとき、みんな技量のレベルがまちまちで、軽度の身体障がい者が混じって競技を楽しんでいたのには驚きました。

体育の学校、「スポーツに重点を置いた学校」と銘打っておれば、日本であれば、技量のレベルが高いか、ある程度自信がある人しか行かないでしょう。本当は好きなんだけれども、下手なので、競争したときにコンプレックスを抱いてしまうのが嫌だから行けないという人が多いと思います。ましてや障がいをもっていたら、初めから自己規制、自分自身ではなく、社会からそのように決めつけられた自己規制をするのではないかと考えられます。

しかし、ここでは、希望する人であれば誰もが行けるのです。そして、下手だから嫌な思いをするという雰囲気がまったくないのです。

管理されることがこのうえなく嫌いだったのに、田舎の学校で育ったために、精神主義、体罰主義のはびこる体育の時間が一番苦痛だった私、ここで学んでさえいたら、どんなに素晴らしかったかと思いました。中学一年のときの体育の先生は、権威的ではなく、めずらしく自由と個性を尊重する人だったのでスポーツをするようになった私ですが、その後の学校における体育の時間は、私を縛りつけ、スポーツ嫌いにさせたからです。同じような思いをもっている人が多いことでしょう。

アントンという教師の授業で、「日本とフォルケホイスコーレとの関係」というテーマで講義をしたのち、「ついでに、何か日本の武道の実演をしてくれ」と頼まれました。何もできませんが、「柔道の受け身と型ぐらいなら」ということで、着替えた男女の学生たちを相手に指導をする羽目となりました。テコンドーの心得があるという猛者もいれば、「運動なんてまるでだめ」というくらい動きの鈍い学生もいました。彼らは少し緊張しつつも、伸び伸びとこなし、楽しいひときでした。終わってから、聞きたいことがあるという学生たちのグループに呼ばれ、夜遅くまで談笑が続きました。

学生と教師のコミュニティー

ゲァリウには「身体文化アカデミー」が併設されており、ヘニング・アイヒベアという、ドイツの大学で教授資格（ハビリタチオン）をとった若い主任教授がいます。こじんまりした研究所ですが、秘書もいて、オヴェとヘニングが中心メンバーとなっているほか、この学校の教師の一部が兼任の研究員となっています。

インドネシア人とオランダ人の両親をもち、オランダ国籍をもっているアントンは、ここの教師をしながら、ヘニングのもとで博士論文を書いているそうです。移動、就職の自由のあるEU諸国ならではの話です。

夜、オヴェの家に招かれ、彼の奥さんの手料理をごちそうになりました。デンマークの、ごく普通の家庭料理です。ヨーロッパでは、家庭料理はどこでもおいしいのですが、デンマークはとくに食べ物全般がおいしいところです。この日の夜は、材料の新鮮さもあって格別なものでした。

野菜などは、学校の農園で育てていると言います。彼女もまた、この学校の教師です。途中から近くに住んでいるヘニングも来て、たまたま、彼のドイツでの友人ウルリヒが私の友人でもあったことが分かり、話が弾みました。

フォルケホイスコーレでは、通例、校長や教師の住宅が学校の敷地内か近隣に建てられており、学校内の寮に住む学生たち含めて、いわば大きな家族を形成しています。学生と教師が共同生活をし、小さな社会を形成して、他者への配慮、モラル、そしてデモクラシーの何たるかを身をもって知っていくというのが、昔からの伝統となっています。

過去においては、校長は「父」で、校長夫人は「母」とされ、家父長的な要素をもっていましたが、第二次世界大戦以後は、より民主的で対等な関係になりました。また、夫婦で校長（当然、最初に来る名前は女性のほうです）をしているという学校も少なくなく、そうでなくても女性の社会参加が世界で一番進んだ北欧、妻もたいていの場合、その学校の教師をしていることが多いのです。

ここで見た教員住宅は、いかにも北欧らしく、木を豊かに使い、素朴で温かい手づくりの味わいを醸しだしていました。「トゥヴィン・スクール」や「コーリン・フォルケホイスコーレ」のように、自分たちで建設することもあります。これは、デンマークにかぎらず、ヨーロッパの人たちは、小さいころから「自分のことは自分でせよ」とばかり、家や自分の部屋の改修・修理を通じて大工仕事における技術を身につけているので、私たちが思うほど困難なことではありません。実際、校舎の設備、家具、備品づくりが授業の一つになっているくらいです。

その日の夜は、学校の寮に泊まりました。オヴェが学生と相談して、部屋を二つ確保してくれました。「何事も、学生と相談のうえ」というルールが生きています。

ゲァリウの学校は古い歴史があるため、寮の部屋も特別立派というものではありませんでしたが、一般的にフォルケホイスコーレの寮は、日本の学生寮など及ばないほどきれいです。

ちなみに、ヴィボー（Viborg）のフォルケホイスコーレの寮はリゾート・ホテル並の立派さで、合理的でデザインのすぐれたソファベッドなど、さすが北欧、デンマークは「家具の国」だと感心しました。もちろん、照明のデザインが優れていたことは言うまでもありません。

ヴィボーの寮

みんなで食事をし、ともに語り合う場

翌朝起きて、階下の食堂に行きます。体育系フォルケホイスコーレでは、食事に気を遣い、肉類を避けており、ほとんど菜食主義の食事というにふさわしい内容となっています。ヨーロッパでは、ある日本人がはじめた「マクロ・ビオティク」という、普段ヨーロッパ人の食べない海草や野菜をふんだんに使った、日本の伝統的な庶民の料理に近いものが健康ブームに乗っかって流行っています。「それをヒントにしたのか?」と尋ねると、「そうだ」との答えでした。

テーブルの上には、身体によいということで、デンマーク製の酢と醤油も置かれています。名前は「タマリ」で、もし名前の通りだとすれば最高級の醤油となります。朝食は、さまざまな穀類、木の実、乾燥果実を混ぜたシリアル（コーン・フレーク）が主なものとなっていました。

八時半からホールに全員が集まり、朝礼。ここでみんな、『ホイスコーレ・ソングボウ（ソングブック）』という聖書みたいな体裁の歌集を出し、全員で歌います。これこそが、フォルケホイスコーレのフォルケホイスコーレたる最大の特徴なのです。

メロディーは賛美歌のようで、新しいものもあります。その詞の大半は、フォルケホイスコーレの「創立の父」グルントヴィが書いたものですが、彼以外の人の詩もあります。歌ったのちに教師の話となりますが、今日は、オヴェが私たちのことをみんなに紹介してくれました。

その後、一時間目の授業があり、一〇時ごろに中休みをとり、軽めの食事とコーヒーや紅茶を飲みます。教師たちは職員室に集まり、食事をとりながらリラックスした会議をします。こうした二度目の朝食はデンマークでは普通のようですが、ドイツでも見かけたことがあります。こちらの人たちは、日本に比べると始業時間が早いです。そのほうが合理的だし、かつて農業が中心だったころの慣習が続いているということでしょう。

食事やお茶の時間はフォルケホイスコーレではとても大切な時間で、ここでみんなが一緒に飲食することで互いの「絆」を深め、互いに打ち解け合っていきます。本来、これは洋の東西を問わない自明のことなのですが、駅の「立ち食いそば屋」で電車を気にしつつ慌ててすする人や売店でパンと牛乳をパクつく人、昼休みに会社近くの店に並んで順番を待つサラリーマンやOLを見ると、「何という日本の食事の貧しさよ」とタメ息が漏れてしまいます。

フォルケホイスコーレでの食事の様子

食事の時間だけではなく、夜の自由時間も大事な交流のときとなります。寮の各階には共同の台所と居間があり、ゲァリウでも、ソファに座った男女数人の学生たちがワイン片手に楽しそうに語り合っていました。丸い屋根をもつ木造のホールに案内されたとき、真っ暗ななか、ロウソクの明かりだけで二人の男女が語り合っていました。見ている私たちまで、ロマンティックな雰囲気を感じてしまいました。

校舎の周りのロケーションも工夫されています。もともと、フォルケホイスコーレは農民のための学校でしたから、田園地帯にあるのが普通で、ほとんどが豊かな北欧の緑や湖沼や海に囲まれたり、面したりしています。学校の周囲は、絶好の散歩道やサイクリング道であることが多く、学生たちは自由な時間に散策をしたり、自転車でめぐったり、ボートやヨットに乗ったりしています。そこでの自然との親しみ、友との語らい、一人での思索が、自分自身の新たなる発見を促進してくれるのです。

たとえば、私が歩いてみた「ヴィボー・体育フォルケホイスコーレ」は湖に面しており、その周りをめぐる遊歩道が学校全体を囲んでいます。両側を木々に覆われ、木々の間から光輝きさざめく湖面が見える土の道をゆっくりと歩くと、それだけでかけがえのない瞬間を過ごしているように感じられました。時の充実、まさに今を生きることの尊さを感じることができました。

もっとも、このとき一緒に歩いた人はドイツ人のハイディで、彼女は世界的な環境保護団体「グリン・ピース」の東ベルリン支部に所属しており、途中から日本の捕鯨をめぐっての論争を挑んできたので、景色を楽しむ余裕などは消え失せてしまいましたが……。

第３章　フォルケホイスコーレの組織と内容

フォルケホイスコーレは高校か、大学か

フォルケホイスコーレは、原測として全寮制の学校で、学校教育に属するものです。しかし、すでに触れたように「試験」というものを拒否していますので、入学時における試験もありません。また、資格（最低年齢を除いて）も問いませんし、単位もなく、卒業時に資格も与えません。さらに、修業期間も一週間から最長八か月と短く、まちまちとなっています。

これで、いったい「学校」と呼べるのでしょうか。ただのカルチャー・センター、成人教育、生涯教育の施設にすぎないのでは、という印象をもつでしょうが、それは明らかな誤解となります。どのように違うのかについては本書で説明することになりますが、ここでは、まず訳語をめぐっての話から入ることにします。

フォルケホイスコーレは、これまでわが国では「国民高等学校」と訳されてきました。戦前の

旧制高等学校の時代はちょうどそのレベルの学校にあたるので、この訳語でもよいのですが、戦後のアメリカ式の高校だと概念に沿いません。デンマークでは、いわば高校を卒業した一七歳半以上の若者が行くわけですから。

「ホイスコーレ」という言葉自体は、もともと「大学」を意味しました。それゆえ、過去には「国民大学」と訳していたときもあります。しかし、フォルケホイスコーレは、その独特の発展の歴史があり、通常のアカデミックな大学に対抗する「非アカデミック」な、専門的ではない学校として、しかも民衆の自発的な運動として生じてきたために極めて小規模なものが多く、私たちが「大学」という言葉でイメージするものとは違います。

ヘルシンガー（Helsingør）にある「インターナショナル・フォルケホイスコーレ」は、英語表記を「The International People's College」としています。確かに、フォルケホイスコーレは、学生・教師たちが寄宿舎に暮らし、学ぶ単位としてのイギリスの大学におけるカレッジに一番近いものとなります。学ぶ内容も、専門性を排した教養科目にあたるものなので、ヨーロッパにおける大学の伝統である「リベラル・アーツ段階」と考えてもよいと思います。日本式に言えば、大学の教養部にあたるわけです。ただ、オヴェに言わせますと、フォルケホイスコーレこそが「コレギウム（collegium）」としての、本来の大学の伝統を引き継ぐものであり、既成の大学は専門学校になってしまっている、ということです。

もともとヨーロッパの大学は、学生と教師の組合団体として発展して来ました。「ウニヴェルシタス（universitas）」というラテン語は、その組合団体を指す言葉です。「コレギウム」も、仲間同士の団体を意味する同様の言葉です。一三世紀の「パリ大学」を例にとれば、学部は「神学」、「法学」、「医学」の三つと、その予備段階としての「哲学部（リベラル・アーツ）」があり、前者の修了者は「ドクトル（博士）」、後者の修了者は「マギステル（修士）」と呼ばれます。

しかし、ドイツや北欧の大学は、こうした自然発生的な学徒の組合をとらず、王や諸侯によってつくられたため、彼らによって任命された有給教授の団体という性格をもちました。これが近代に入り、「ハレ大学」を手はじめに、有名な「ベルリン大学」など、学問の自由と大学の自治を標榜《ひょうぼう》する近代的な大学へと変貌を遂げ、のちに「ゲッティンゲン大学」などが代表となる、研究と教育の統一の場として近代ドイツの急速な発展を支えました。

また、フランスでは、産業と科学技術が進展するにつれて、大学の一般的な人文主義的教養では役に立たないということから、絶対主義を支える専門的な国家官僚エリートを養成するために、大学とは別の、政治学校や理工科学校、高等師範学校がつくられました。

大学はこうして、国家のための有為な人間をつくり出す専門学校的な性格を強め、本来の人文主義的教養は、「哲学部」や「教養部」という形で一部に押し込められていったのです。

試験をせず、単位や資格を与えず、実学を避けて、学びたいことを学生自らが探すというフォルケホイスコーレは、こうしてみると分かるように、大学の起源である自発的な学生と教師の共同体・組合をそのまま引き継いでいるものと言えます。

いずれにせよ、フォルケホイスコーレという学校を定義するのは、それに対応するものがない国では困難となります。アメリカでも、このフォルケホイスコーレのアイディアが取り入れられたのですが、「コミュニティ・カレッジ」という名前の、結局は「短大」にしたという経緯があります。英語訳で直訳して「Folk High School」とするのは、日本やアメリカでは誤解を招くことになるのは確かです。

そんな誤解を避けるため、そして日本にも正しい概念を根づかせるために、本書では、デンマーク語の「フォルケホイスコーレ」をそのまま使うことにしました。これは、のちに出てくるように、「フォルケ」の部分の訳が、デンマーク語以外では説明不可能な内容をもっているという事情に基づいています。

フォルケホイスコーレの運営状況

フォルケホイスコーレは私立の学校であり、基本的には授業料収入と国庫補助金の二本立てで経営されています。管轄は、学校教育を扱う「教育・研究省」と成人教育を担当する「文化省」となっています。

❶授業料

授業料は、学校によって若干の違いがありますが、概ね似たような額となっています。たとえば、ある学校（ブランビェル）では、一六週間（四か月）のコースで次のとおりとなっています。

授業料	一万八四〇〇クローネ（約四〇万円）
デポジット（寮の敷金）	一〇〇〇クローネ（約二万円）
教材費	一〇〇〇クローネ（約二万円）
合計	二万四〇〇クローネ（約四五万円）
月額	五一〇〇クローネ（約一一万円）

掲載している数値は、初版を刊行した一九九三年時点のものです。現在の費用やレートに関しては、ホームページなどを参照してください。以下、本文にある数値について同じです。

「デンマーク・フォルケホイスコーレ協会」の事務局長であるエロー・マーセンが私に送ってくれた情報によれば、一九九三年時点では、次のようになっていました。

長期コース（五週間から四〇週間）――一週あたり一二〇〇クローネ（約二万六〇〇〇円）、四週（一か月）五〇〇〇クローネ（約一一万円）。

ショート・コース——一週間のみが二〇〇〇クローネ（約四万円）、二週間から四週間コースで、一週あたり一五〇〇から一八〇〇クローネ（約三万三〇〇〇円から四万円）

授業料のなかには、「寮費」、「光熱費」、「食費（三食）」のすべて含まれています。金額的には、日本の大都市で大学生活を送った際の生活費分（授業料を除く）に相当するでしょう。でも、これには授業料が含まれているのです。六か月コースなら、一月あたりの金額がもう少し安くなります。

❷国からの補助

国庫補助金は、現在、総経費の最高七五パーセントまで受けることができます。その用途は、以下の三つが主なものとなります。

- 学校運営・維持の補助
- 教職員の賃金の半額補助
- 建築費・施設拡充に対する資金の貸付（年利で四分）

基本的には、ハード面での維持資金と人件費の半分を国が負担していると考えてよいでしょう。

ただ、この額を決める要因は、年間在籍学生数（四〇週を一単位とする）となっています。それゆえ、長期コースの在籍者が多ければ、その分だけ補助金の額が増えるわけです。年間学生単位（四〇週に一人、あるいは二〇週に二人、一〇週に四人でもよい）一人に対して、一九九〇年現在、四万七〇〇〇クローネ（約一〇〇万円）の補助金が与えられます。

また、学生に対しては奨学金が付与されており、デンマーク人の八〇パーセントと発展途上国の学生が、この支給を受けています。要するに、授業料を払うのは、ＥＵ諸国、日本、アメリカからの学生が主ということになります。

建設費などのローンは、最大総費用の五〇パーセントまでですが、返済義務はありません。その学校の財政状況によって判断されます。残りの建設費用に関しては民間の金融機関を利用していますが、デンマークの建設関係では、信用証券組合制度なる独特の金融制度があり、便利なものとなっています。土地、建物などを抵当にして組合に証券をつくってもらい、それを一般証券市場に出して資金を得るのです。このときの配当利子も政府の補助金で賄われます。

❸組織状況

このように、政府が財政援助を行っているわけですが、人事とカリキュラム、授業内容には一切干渉できません。フォルケホイスコーレは、個人の集まり、労組や教会、市民運動団体などの諸団体、そして自治体などといった創立者グループと、教職員の代表として集められた理事会で運営されており、設立に関与した多くの地域住民がその構成メンバーになっています。

学校には、校長と教職員で構成する教職員会議があり、合議制で学校を運営しています。かつては、校長が私財をなげうって設立したり、政府の認可も校長個人に出されていたためにワンマン的な傾向がありましたが、戦後に改正されています。

とくに一九七〇年以後は、直接民主主義的な傾向が強くなっています。それゆえ、学生の委員が会議に参加することもあります。

校長や教職員の賃金は、政府の定めている基準に応じて支払われ、大学卒とそれ以外の経歴というおおまかな区分がされていますが、後者の教師も、経験が六年を超えれば大学卒教員と同じ体系になります。基本的に、フォルケホイスコーレは何の資格をもたなくとも、人に教えるに値する経験さえもっておれば教壇に立つことができます。

政府からの干渉はありませんが、設立認可の際はガイドラインを作成し、カリキュラムと校長に関しては、その承認を与えたうえでフォルケホイスコーレが設立されます。また、文化省の青少年指導局が、フォルケホイスコーレのなかで校長と職員の対立がある、あるいは教職員と理事会の対立などによって混乱し、適切な教育がなされていないと判断した場合は、補助金の不交付という処置が執られます。

そして、フォルケホイスコーレの上級学校となるフォルケホイスコーレの「教員養成大学」に対しては、フォルケホイスコーレの教員資格だけでなく、普通の中学と小学校の教員資格を与えることができるため、日本の教員養成大学とは比較にならないくらい自由ではありますが、一定の基準が教育省によって要求されています。とはいえ、これを守らない場合でも補助金がカットされるだけで、その大学が自前で経営すれば、それ以上の干渉はできません。

前章で紹介したトゥヴィンの「教員養成大学」はあまりにもリベラルなので、政府は補助金を交付していませんが、その学校を否定することはしていません。これは、下級学校となる「フリースコーレ」や「エフタースコーレ」でも同じです（二五二ページから参照）。

フォルケホイスコーレで内部紛争があったときは、たいていは教育方針をめぐっての争いとなりますので、反対派が独立し、自分たちが求める教育を行うフォルケホイスコーレを新たに創設しています。「アスコウ・フォルケホイスコーレ」から分離独立した「コーリン・フォルケホイスコーレ」などがその一例ですし、「トヴィンド・スクール」も同じです。

一九七〇年以後、フォルケホイスコーレが簡単につくれるようになり、見てきたように、建物の建設費は国が低利子で貸与してくれますので、運営のやり方次第ではいくらでも独立が可能となっています。

ただし、フォルケホイスコーレと認可されるためには、少なくとも二〇週の期間、最低一つの承認されたコース、あるいは一二週にわたる二つの承認されたコースを提供し、毎年最低一八人の年間在籍学生数が必要となります。この学生数は、前述したように、四〇週間一人が一単位ですが、二〇週二人、あるいは一〇週四人でもよいとされています。ですから、二〇週のコースしかないところでは、一八の二倍、三六人の学生を定員とするか、年二回のコース開講をすれば基準が満たせます。

授業内容

❶期間

フォルケホイスコーレのコースは学校によって細かな違いがありますが、基本的には、二か月、四か月、六か月、八か月の四種類のコースが主なものとなっています。開始時期は、六か月や八か月の長期コースだと冬にはじまるものが多く、短いものは、秋や春、九月とか四月にはじまります。また、一か月以内の社会人向けのショート・コース、あるいは家族コース、高齢者コースは七月が一番多く、季節のよい五月や八、九月に集中して組まれています。

長期コースは寮生活が原則で、短期コースの場合は自宅から通う形が多くなりますが、その場合でも、食事やお茶の時間は学校でとることとされています。「共同の語らい」を何よりも重視しているからです。

❷カリキュラム

講座の種類はいろいろあり、学校のある数だけ違っていると言ってもよいでしょう。今日八〇校（初版刊行当時）あるデンマークのフォルケホイスコーレですが、大別すると、グルントヴィ式の学校、体育系の学校、キリスト教団体系の学校、芸術系の学校、自由高校をあわせもつオングドム（青少年）・ホイスコーレ系の学校、語学、ダイエット、労働運動などの専門系の学校、トゥヴィン・スクールに代表される「旅するフォルケホイスコーレ系」の学校、老人を対象とする学校などが挙げられます。

グルントヴィ式の学校は、以下の三つが組み合わされたカリキュラムとなっており、学校の性格に応じて重点の置きどころが違っています。

①伝統的な科目（デンマーク文学、歴史、自然科学、コーラス、演劇、デンマーク体操、語学など）
②趣味と実益をかねた実践的な科目（陶芸、写真、ビデオ制作、ヨット・ボート・テニス・ダンスなど各種スポーツ、バンド演奏、手芸、工芸、絵画、音楽、芸術理論など）
③現代的な課題（エコロジー、国際関係、発展途上国問題、フェミニズム、エネルギー論、精神医学、有機農業、心身論、非暴力トレーニングなど）

Ⅰ　労働と社会コース ①教育、貿易、労働 ②コンピュータ ③経済と法律 ④国際関係論	Ⅱ　演劇と音楽コース ①リズムと音楽 ②パーカッション ③初心者のためのアンサンブル ④音楽史 ⑤演劇実習	Ⅲ　歴史、文学、詩コース ①私たちをめぐる歴史(自国史および世界史) ②デンマーク文学 ③詩作
Ⅳ　芸術工芸コース ①素描と絵画 ②陶芸 ③毛織物工芸 ④自然染物と織物染物 ⑤刺繍 ⑥芸術史	Ⅴ　民衆と自然コース ①生態学 ②自然エネルギー学	Ⅵ　哲学、心理学、社会学コース ①心理学的世界観 ②政治思想 ③文化の比較学 ④哲学
Ⅶ　コミュニケーション・コース ①ジャーナリズム学 ②外国人のためのデンマーク語	Ⅷ　メディア・コース ①ビデオ製作 ②ミニ・ラジオ放送局 ③写真	Ⅸ　スポーツ・コース ①団体球技 ②音楽と表現

例として、「ブランビェル・フォルケホイスコーレ」と「インターナショナル・ホイスコーレ」のカリキュラム、そして伝統を色濃く受け継いでいる有名な「アスコウ・ホイスコーレ」のカリキュラムを紹介しておきましょう。

ブランビェル・フォルケホイスコーレ

ここのカリキュラムは、平均的なフォルケホイスコーレのものであると考えてよいでしょう（表参照）。

インターナショナル・ホイスコーレ

この学校は英語で授業を行っており、世界各国から学生がやって来ます。国際理解と国際平和に寄与することを目的としていますので、授業内容もそれにかかわる事柄が多くなっています。三つの大きな柱があり、そのなかに細目が含まれます。

---

①**インターナショナル・グローバル・スタディ**

開講講座――国際経済、エコロジー、哲学・倫理学、人種と共同体、現代のデンマーク、デンマークの歴史、世界の宗教、持続的発展、政治と社会、平和論、国際情勢、ポスト産業社会論

講座のなかで扱われる科目――信頼醸成、攻撃、敵性イメージ、核の冬、世界政治、南北格差、低エネルギー社会、外と内の平和、緑化問題、軍事問題、人口問題、アパルトヘイト、非暴力、世界危機と生存、アフリカとアジアの思想、文化的多元主義、平和運動、マス・メディア論、ジェンダー論人権、偏見と差別、環境汚染など。

②**コミュニケーションと創造性**

開講講座――世界の音楽、演劇、発声練習、ボディ・ランゲージ、パントマイム、身体表現、演劇制作コミュニケーション、北欧文学、刺繍と紡ぎ、コーラス、陶芸、ジャーナリズム論、シルク・プリント、ベジタリアン・クッキング、リズム、染め物など。

③英語、英会話、英語表現

英語の力が不充分な人は、ここで学ぶことができます。また、伸ばすこともできます。

これらの科目から週に最低二六時間履修するわけですが、少なくとも一〇時間は「インターナショナル・スタディ」から選ぶことになっています。

アスコウ（Askov）・ホイスコーレ

アスコウ・ホイスコーレは、フォルケホイスコーレのなかでも輝かしい伝統をもつ、日本風に言えば「名門校」となりますが、それだけに、グルントヴィ・コル式の伝統的なカリキュラムを今なお残しています。また、ここはフォルケホイスコーレ全体の上級校、いわば「大学部」として位置づけられたという歴史があるため、やや学究的な性格ももっています。そのため、入学年齢が二〇歳以上に定められています。

インターナショナル・ホイスコーレ

一九九三年冬学期のカリキュラムは以下のとおりです。

カテゴリーⅠ（グループ研究）
❶人間と環境、心理学、陶芸、機織り、暴力の心理学、造形芸術と芸術史、文学研究、ビデオ制作
❷デンマークの歴史における年代記研究、ヨーロッパの変動、音楽理論、草木染め、数学、素描、歴史におけるキリスト教、実存の文学、経済と社会
❸映画分析、天文学、ヨガとその思想、アフリカ研究、小説研究、外国人と私たち、芸術心理学、油絵
カテゴリーⅡ（特別グループ研究）
打楽器とリズム、バレーボール、ブロンズ像制作、写真、情報理論とコンピュータ、折り紙
カテゴリーⅢ（教科グループ研究）
❶資料保存学（これは、デンマークが世界に誇る技術です）、英語、ドイツ語、フランス語
❷素材研究、哲学1（デンマークの哲学者キェルケゴールからレグスロップまでを扱う）
❸図書館学（これも、デンマークが世界に誇るもの）、哲学2（哲学1に同じ）

カテゴリーⅣ（特別講義）

メルビルについて、ミラン・クンデラについて、デンマークのデモクラシー、バルト三国の歴史と現在、グルントヴィについて、など盛りだくさん。

カテゴリーⅤ（共通科目）

デンマーク文学、社会科学、合唱、フォークダンス、外国人のためのデンマーク語、器楽合奏、テーマ（そのときにより、テーマを決めて議論したり、遠足や見学をしたり、運動したりする自由研究）コーラス、音楽鑑賞

学生は各カテゴリーから好きなものを選び、自らの時間割をつくります。時間割に「カテゴリーⅠのグループ研究❷」とあったら、「グループ研究❷」に書かれているもののなかからどれかを選択します。

アスコウ・ホイスコーレ

グループ研究は、人文、社会、芸術にわたるゼミナール形式の集中学習、特別グループ研究は各自の趣味や身体運動に関するもので、比較的リラックスさせるもの、教科グループ研究はやや専門的な内容、特別講義は全体講演、共通科目は伝統的な科目で、フォルケリーヘズ（民衆性・国民性）にかかわり、みんなで一緒に行い、共同性を高めるもの、というように工夫されています。時間割は次のとおりです（左ページの表参照）。

これら以外のフォルケホイスコーレも簡単に紹介しておきましょう。

体育フォルケホイスコーレは、一般科目も学べますが、スポーツの実技が多く、施設も整っている学校です。特徴としては、学生の人数が多く、また平均年齢も一般的なフォルケホイスコーレよりは若くなっています。

芸術系の例としては、ケァテミンネ（Kerteminde）の「デンマーク芸術・工芸フォルケホイスコーレ」が代表的なものとなります。ここはデンマーク工芸協会の設立した学校で、教員養成大学をあわせもっています。

コースとしては、素描、色彩理論、油絵、リトグラフ、彫刻、写真、陶芸、ガラス細工、皮革工芸、金属工芸、紡績、植物染色、刺繍、裁縫、レース、編み物、パッチワークなどがあります。設備面は、私の見たなかでは一番よく整っていましたが、現在、このフォルケホイスコーレは閉校しています。

アスコウ・ホイスコーレ時間割（1993年当時の冬学期）

<table>
<tr><th></th><th>月</th><th>火</th><th>水</th><th>木</th><th>金</th><th>土</th></tr>
<tr><td>7.30</td><td colspan="5">朝　　食</td><td>8.30</td></tr>
<tr><td>8.10</td><td colspan="5">朝　　礼（朝の歌）</td><td rowspan="4">テーマ</td></tr>
<tr><td>8.30</td><td>グループ
研究２</td><td>グループ
研究１</td><td>グループ
研究２</td><td rowspan="3">グループ
研究１</td><td>グループ
研究２</td></tr>
<tr><td>10.15</td><td>デンマーク
文学１
社会科学２</td><td>デンマーク
文学２
社会科学１</td><td>デンマーク
文学１
社会科学２</td><td>デンマーク
文学２
社会科学１</td></tr>
<tr><td>11.45</td><td>特別講義</td><td>特別講義</td><td>特別講義</td><td>全体会議</td></tr>
<tr><td>12.30</td><td colspan="6">昼　　食</td></tr>
<tr><td>13.00</td><td>ハウス・ミ
ーティング</td><td colspan="5"></td></tr>
<tr><td>14.00</td><td>デンマーク
文学２
社会科学１</td><td rowspan="2">グループ
研究３</td><td rowspan="3">特別
グループ
研究</td><td>音楽鑑賞</td><td>デンマーク
文学１
社会科学２</td><td rowspan="4"></td></tr>
<tr><td>15.00</td><td>教科
グループ１</td><td>教科
グループ１</td><td>教科
グループ１</td></tr>
<tr><td>16.00</td><td>教科
グループ２</td><td rowspan="2">コーラス</td><td>教科
グループ２</td><td rowspan="2">グループ
研究３</td></tr>
<tr><td>17.00</td><td>教科
グループ３</td><td>全体研究</td><td>教科
グループ３</td></tr>
<tr><td>18.00</td><td colspan="6">夕　　食</td></tr>
<tr><td>20.00</td><td></td><td>フォーク・
ダンス</td><td colspan="4"></td></tr>
</table>

キリスト教系のフォルケホイスコーレでは、教会教義学、新約・旧約聖書学、ヘブライ語などといった神学的な科目が主になります。もともと、グルントヴィの自由なキリスト教解釈に耐えきれず、反対派、保守派としてつくられた学校で、「ホーム・ミッション」と呼ばれる一派が中心となっています。グルントヴィ系のフォルケホイスコーレと共存共栄しているというところが、デンマーク社会の成熟ぶりを示しています。

「オングドム（青少年）・フォルケホイスコーレ」（リーベ［Ribe］、エゴー［Egå］などにある）は、高校にあたる一六歳以上の生徒から引き受けています。それゆえ、試験は原則としてないフォルケホイスコーレですが、ここと労働組合がつくったフォルケホイスコーレ（エスビャウ・ホイスコーレ、LOホイスコーレなど）、あるいは看護、家政系の学校などでは資格認定の試験が一部あり、上級学校の準備課程がコースの一部として設けられています。労組系のフォルケホイスコーレでは、義務教育しか受けていない労働者などが高校レベルの資格をとることになります。

人気があるのは「ダイエット・フォルケホイスコーレ」で、文字どおり、減量と健康の勉強と実践を行っています。老人を対象とした「ペンション・フォルケホイスコーレ」と呼ばれる学校が四校ありますが、もちろん、普通のフォルケホイスコーレでも老人が多く学んでいます。

授業の方法としては、学生の自発性が求められており、一〇人程度のグループ単位で動きます。講義形式の授業でも、質疑応答や議論が奨励されています。また、学外での見学・実習が多いところが特徴となっています。時間割はありますが、フレキシブルで、学生の発案で賛同するものが多ければ、適宜ふさわしいものが取り入れられます。

創立以来、自由と自主性が尊重されてきましたので、その伝統が重んじられ、校則と言えるものは、ドラッグの使用禁止と授業中の飲酒禁止くらいです。

どのような学生が来るのか

フォルケホイスコーレには、さまざまな人がやって来ます。入学時点で一七歳半以上であれば、年齢、性別、国籍を問いません。誰でも入れます。障がい者ももちろん学べますが、障がい者のための特別な施設をもっている学校もあります。普通のフォルケホイスコーレにも老人がいますが、前述したように、年金生活を送っている老人のための特別な学校もありますし、また労働組合が建てた労働者対象の学校、家族が全員で学べる家族対象の学校など、さまざまとなっています。

具体的に、どのような人がフォルケホシスコーレに行っているのか、箇条書きで紹介していきましょう。

・一八歳以上の若者で、大学へ進むという人生に疑問を感じて、「生のための学校」の呼び名にひかれて、ここには何かあるのではないかと思ってやって来る人。

・フリースコーレ（自由小学校）、エフタースコーレ（自由中学）というふうにフォルケホイスコーレの仲間となる学校を出たので、その上級校としてのフォルケホイスコーレへ進学する人。
・人生に挫折したり、あるいは家族の不幸、恋人との別れなどによって傷ついた心を、遠い田園地帯や海岸地方で、好きな絵や陶芸、あるいはヨット、海洋汚染調査、野外観察などをして気をまぎらわし、癒そうとする人。
・失業中ですることがなく、フォルケホイスコーレへ行けば奨学金がもらえて、半年間はいろいろなことがやれて、友人もできるし、発展途上国へ旅をしたり、援農をしたり、民主化運動を手伝うコースに入れば東欧諸国へ行き、「授業」と称して、結局は安上がりに旅ができると考えている人。
・冬の農閑期に教養をつけようと、国際経済や途上国の問題についての本を抱えてやって来る中年の農民。俺はそんな硬いことは嫌だねと、スポーツのフォルケホイスコーレに行き、太極拳やヨガを習う農民。
・家族フォルケホイスコーレに通い、夫と妻はフォルケホイスコーレで好きなものを学び、幼い子どもは付属の幼稚園やフリースコーレ（小学校）に行くという若い家庭。夕方は、家族寮で一家団欒となり、家族と今日の授業についての話で盛りあがっています。

・小中学校の時代に、放課後を過ごす「自然学校」や「海洋学校」、それに「自由時間クラブ」（これらは、子どもたちが放課後、自然を学んだり、環境教育を受けたり、あるいは家に一人で籠ることなく、友達と共同の遊びやスポーツ、乗馬などするためにあります。自然学校では、小学生から大学生までが学び、高校や大学では単位として認められています）に行って、その面白さが忘れられず、フォルケホイスコーレで仕上げをしようとする人。

・大学に通い、専門教育を受けているが、夏休みを利用してサマー・ショート・コースに通って、自分の視野を広げようとするエリート。すでに働いているが、リフレッシュ休暇をもらって、フォルケホイスコーレで趣味の木工を学ぼうとする人。

・ドラッグやアルコールに依存してしまったり、精神的な病に苦しみ、そこから何とか抜け出そうとして、フォルケホイスコーレに救いを求める人。

・老後の楽しみを、刺繍教室の仲間とおしゃべりしつつ、手先を動かすことに見いだす老人。食事のときなどに、若者との語らいを楽しみにしている老人。

とにかく、ありとあらゆる人がフォルケホイスコーレに来ています。デンマーク人なら、「誰もが一生に一回はかかわりをもつくらい」と言ってもいいでしょう。

かつては若者が中心でしたが、今日では、短期のコースを大幅に増やしたため、社会人や老人がたくさん来るようになりました。その意味では、先進国特有のカルチャー・センター化の弊《へい》をまぬがれませんが、フォルケホイスコーレの伝統である「生のための学校」の本質は失われておらず、知識や技術習得がやはりメインになるカルチャー・センターとはひと味もふた味も違うことを強調しておきます。また、失業者やドラッグに溺れた人たちのアジール（避難所）として、デンマークの社会治安のシステムとなっています。それゆえですが、政府が援助していることに対する批判が日本やアメリカなどの先進各国から出ています。

これに対してフォルケホイスコーレ側は、本質を見ない表面的な議論だという抗議の声を上げています。誰にでも開かれた自由がフォルケホイスコーレの特徴ですから、こうした人たちが来ているのは事実ですが、学生総数の一割程度の少数であり、彼らが来る前と来たあとでは、その生活の態度がまったく違うことが多くの事例で示されていますので、フォルケホイスコーレは「教育の場」としての伝統を貫いているというのが、その理由です。

一〇〇歩譲って、上述の批判を認めたにせよ、産業社会の疎外がもたらすこうした社会病理はデンマーク特有のものではなく、ましてやフォルケホイスコーレがつくり出したわけではありません。事実、日本や欧米諸国にも同じような傾向があります。デンマークには、こうした社会病理の被害者を受け入れ、新しい「生」への意欲を鼓舞《こぶ》する場所があるというだけでも、ほかの先進国よりましではないでしょうか。

フォルケホイスコーレの一日——ある学生の場合

学生たちがどのような日常生活を送っているのかを分かりやすく説明するために、一つの事例を挙げましょう。もとより、学生が来る動機は千差万別で、個性が豊かですので、さまざまな学生の話、教師に聞いたこと、あるいは文献、そして私が実際に短期間滞在して経験したことなどを総合し、平均的な例としてフィクションで示していくことにします。なお、時事問題に関する内容は、私が話を聞いた当時のものとなっています。

こんな感じで学んでいるのか、と思いながら読んでいただければ幸いです。そして、第2部に掲載しました留学生（小笠原朋子さん、仁田坂泰広さん）の体験記を読まれるときの参考にしてください。

朝礼のあとに話を聞く。みんなの目が輝く

朝

二人部屋に住む学生なら友人が起こすかもしれないし、一人部屋の人なら、廊下に響く足音で目が覚めるだろう。洗面所に行き、みんなとあいさつ。

「グモーン」

食堂で朝食。パンにチーズ、バター、ママレードか、コーンフレーク、ムスーリ（麦、種子、ナッツなどさまざまの穀類が混じり、栄養豊富なもの）、牛乳がとてもおいしい。バター抜きミルク、ヨーグルトミルク、普通のミルクなど、五種類ぐらいあるから間違えないようにしなければならない。

コーヒーがとてもおいしいのがデンマークだ。濃い目だが、サラッとしていて喉ごしがよく、何杯でもお代わりができる。

活気ある雰囲気のなかにいると、だんだん目も覚めてきた。おしゃべりが過ぎて、朝礼に遅刻しそうなので、慌てて口に流し込んだ。

八時半より朝礼。まず『ホイスコーレ・ソングボウ（ソングブック）』を取り、今日は一四六番のグルントヴィの歌を歌う。半分儀礼化しているので新鮮味はないが、これはいつ聞いてもいい歌だ。外国から来ている留学生にとっては目新しいのか、感激で少し紅潮しているように見える。

歌のあとは講話。今日は、校長が湾岸戦争を取り上げ、イラクからの留学生モハメドに触れて、ニュースに惑わされることなく、民衆レベルで互いに理解し合い、助け合うことを力説していた。硬い内容だったが、まあ、いい話であった。

モハメドは、まだ言葉に不自由なところがあるが、ホールの周りに、古代メソポタミア文明の壁画をモチーフにした大きな線描画を描いていた。誰もが、この絵を描いた彼の気持ちを評価しているし、それを手伝った僕らとはすでに心は通じ合っている。

その後、部屋の掃除をみんなでして、午前の授業に向かう。

授業は選択できるので、コースに応じて自分のカリキュラムをつくっている。普段、午前中は講義となっているが、今日は特別に、船に乗って海洋環境の勉強だ。汚染度の調査をして、みんなでマップをつくることになった。

友人はシアター・プログラムに行った。今日は、創作劇用の仮面づくりだそうだ。一部のグループは、エチオピアとスーダンの内戦と、それによる飢餓問題の街頭宣伝に行った。インフォメーション・スタンドを立てて、つい先日、北部アフリカから帰ってきたその成果を見せるためである。

歴史のゼミに招かれた。町にある博物館の館長の顔も見える。旧知なのだろう。お年寄りの参加者と楽しそうに話していた。

中東や日本、アフリカからの留学生たちは、外国人のためのデンマーク語講座に参加したようだ。若者同士なら英語で充分話ができるだろう。

昼食

デンマークでは昼食がメインとなっているから、温かい料理が並んでいる。ロースト・ビーフにソースをつけて、つけ合わせはジャガイモのサラダ。イギリス風だが、味は段違いにこちらがいい。昼にワインは飲めないので、ジュースで我慢する。そして、食後はハーブティー。この花の香りがたまらない。

食事が終わるころ、学生会議の面々が週末のディスコ・パーティーについて説明をはじめた。各自の当番グループが決まった。

みんなで語り合う午後

昼休みは新聞室でゆっくり新聞を読む。しかし、ソファで寝てしまった。バレーボールをする人がおれば、さっきの当番グループをめぐって、担当者ととことん議論している人もいる。何事もみんなで話し合って、というのがここの決まりだから、時としてこんがらがることもある。

〜・〜

友人が、今日届いた手紙を持ってきてくれた。別のフォルケホイスコーレ、ケァタミンネの芸術と工芸の学校に行っているガールフレンドから届いたもので、「週末に会おう」という内容であった。ディスコ・パーティーがあるので、ここに呼ぶことにしよう。

午後の授業は二つ。一つはセラピー、そのあとはインテリア・デザインに出るつもり。セラピーの授業では、タイチー（太極拳のこと）を教えてくれるそうなので楽しみだ。

特別に、湾岸戦争に関する講演会もあるという。だから、今朝、校長が講話のなかで取り上げたのか……。どうやら、オーフス大学から中東専門の教授が来ているらしい。先日、「テレビV2」（国営放送）のニュースで解説をしていた人だ。

彼は、「デンマークはいくら防衛用の火器しかもたなかったとはいえ、国連軍ではない多国籍軍に参加すべきではなかった」と言っていた。

多くの場合、フォルケホイスコーレの意見は、NATOへの参加にせよ、原発推進にせよ、

ＥＵ統合にせよ、いつも政府とは反対の姿勢を取っている。ちなみにだが、あとの二つは、フォルケホイスコーレの意見が通って、政府も方針転換せざるをえなかった。

食事当番のグループに入っている友人は、講演会の途中で抜けて、その準備のために教室を出ていった。

夕食

今日はバイキング方式。五〇種類以上の食べ物が並んでおり、好きなものを取っていく。ニシンやマス、サケなどの魚がおいしい。日本からの留学生が、「デンマーク人はよく魚を食べるから、食事が口に合うのがうれしい」と言っていたが、デンマーク人はロー・フィッシュ（刺身）は食べない。

食後、少し休んでからみんなとバドミントンをする。シャワーを軽く浴びたあと、ロウソクの光だけが灯る寮のフロアで、ワイン片手にみんなと語り合う。

隣の部屋のマルチナは、恋人のリーザに似ている。キャンドルの光に照らされた彼女の横顔を見ていると、恋しい想いにとらわれてしまった。

誰かがギターを持ってきて、ボブ・ディランやドノバンの歌を歌い出した。突然、「グルントヴィの歌を混ぜるから」と言い出したので、みんながドッと笑ったが、違和感はなかった。

日本の留学生が僕のそばに来て、「日本では、そんな古い歌は誰も歌わない。アコースティック・ギターがそもそもなくなったが、こうして聴いてみると、デンマークのほうがよっぽど人間的で、温かいなあー」と言っていたので、次のように答えた。

「デンマークの若者だって、コンピュータはしたいと思っているし、『ゲーム・ボーイ』は子どものころに買ってほしかったものの一つだよ。日本は、ハイテクの国として興味があるんだ」とはいえ、「フォルケホイスコーレにはコンピュータを教えるところもあるけど、全体としてはアンチ・日本の傾向かな」というところで話が終わった。

夜も更けてきた。恋人たちは額をつき合わせて、たまにキスを交えて語り合っている。ほかの連中は、本を読む人、ベッドに向かう人、月夜の湖沿いの道を散歩する人など、さまざまである。

教室のほうでは、夕方に行われた中東問題の講演会に関するディスカッションが続いているようだ。こんな状態も、フォルケホイスコーレでは珍しくない。

さて、そろそろ寝よう。おやすみ、リーザ。週末が楽しみだ。

第4章 フォルケオプリュスニング（民衆の社会的自覚）――デンマークの教育と社会

フォルケオプリュスニング

デンマークの教育制度には三つの柱があります。①国民教育、②研究準備教育、③職業準備教育です。グルントヴィの教育思想、フォルケオプリュスニング（Folkeoplysning）に基づくものですが、とくに「①国民教育（義務教育と狭義のフォルケオプリュスニング）」がその中心となっています。

フォルケオプリュスニングとは、直訳すると「国民・民衆の啓蒙・啓発」となりますが、この訳語では誤解を招きます。フォルケホイスコーレが翻訳不可能であるように、この言葉もうかつに翻訳すると、わが国での手垢にまみれた「国民」、「民衆」、「啓蒙」といった言葉のもつ胡散臭さのために、肝心のことを見失ってしまう恐れがあります。

もともと、この言葉は、グルントヴィがフォルケホイスコーレの目的としたものです。そこで彼が意図したことは、上からの民衆の啓蒙ではなく、また、よき臣民をつくり出すために教育をすることではありません。グルントヴィ自身、「教育（uddannelse）」という言葉は「訓練」を意味するということであるとし、猿ならともかく人間が使うべき言葉ではないと忌避《きひ》しました。それゆえデンマークでは、国民教育がフォルケオプリュスニングと言われているのです。

この言葉には、人々が対話と相互作用を通じて、共同性・歴史性に目覚め、人間の「生」における不可思議さや尊厳を知り、みんなとともに力を合わせて生きることに覚醒し、自覚するといった意味が含有されています。それが学校であったり、地域であったり、自治体や国であったり、あるいは国境を越えた民衆における連帯の場であったりといろいろですが、人々が草の根、底辺から、自分たちで自発的に共同性に目覚めていくという意味をふまえて、「**民衆の社会的自覚**」と意訳したいと思います。あるいは、最近の言葉を使って「**共生の自覚**」と表現すれば、その雰囲気が少し伝わるかもしれません。

デンマークの義務教育と狭義のフォルケオプリュスニング、つまりフォルケホイスコーレをはじめとするさまざまな社会教育、成人教育の学校は、すべてこのフォルケオプリュスニングを目的としています。それだからこそ、デンマーク社会には、社会福祉や協同組合運動などに現れる共生と平等の精神が国民の伝統として脈打っているのです。そして、それらは、本書で明らかにするように、グルントヴィとフォルケホイスコーレ運動がもたらしたものなのです。

共生の国

デンマークが、スウェーデンと並ぶ世界トップ・クラスの社会福祉国家であることは言うまでもないでしょう。障がい者も痴呆性老人も普通の人間として暮らす「ノーマリゼイション」を合言葉に、差別や障がいで苦しむことのない社会づくりを目指しています。外国人労働者ですら、五年以上の在住者なら地方選挙の参政権が与えられ、また同性愛者同士の結婚、あるいは障がい者の性生活の保障なされています。

ノーマリゼイションの例をとれば、デンマークには「寝たきり老人が存在しない」という話が有名です。日本では、看護師の不足もあって、痴呆性老人はベッドに寝かせきり、ひどい場合は大事を防ぐため「ベッドに縛りつける」という話を耳にしたことがありますが、デンマークではケア付き住宅に住み、昼間はデイ・センター（昼間に老人たちが集まり、ケアを受ける施設）へ行っています。

ベッドに寝ることは少なく、杖や電動車椅子を使ってなるべく運動をするように努めています。デイ・センターでは、ほかの人々と交流して、役割や仕事まで与えられています。自宅にはホーム・ヘルパーがやって来て、世話をするとともに、老人たちとの会話に努めています。深夜でも、二四時間体制の、医者と看護師を乗せたパトロール・カーが市内を循環しており、緊急の呼び出しに備えています。

いずれも、普通の人間として扱われることが痴呆の進行を食い止めることになりますし、何よりも、それまでのその人の暮らしを継続することが一番大事というノーマリゼイションと継続性、自己決定の原理が生きているのです。

昼間、欧米の老人たちがよく公園で孤独に佇んでいる様子を見て、個人主義社会の悲しさを論ずる人がいる一方で、最近は「いや、あれは生活の豊かさなのだ」と開き直る識者もいますが、いかにドイツのような物質的に豊かな国であろうとも、多くの老人はやはり孤独による寂しさがあるのです。ドイツへの留学時代、私はそうした老人の栢談相手によくなっていました。

しかし、デンマークでは、自主的にそうする人を除けば、孤独な老人というのは存在しません。共同と共生が尊重されるデンマーク。どこに行っても、必ず人々が集まる場というものが保障されています。

デイ・センターもその一つですが、それ以外にも、フォルケホイスコーレや、昼間だけ通うダウ（デイ）・フォルケホイスコーレ、あるいはさまざまなイブニング・スクール（九〇、九一ページを参照）などがあります。

デンマークには「自由時間法」という法律があり、一定数の人が集まって何かを企画すれば、自治体が部屋や講師、その他の経費を負担することになっています。また、市民グループが公益団体と認められると、継続的に補助金が出るようになっています。ですから、行政の施設に不満がある人は、自分で老人や障がい者、子ども、女性、麻薬常習者、アルコールに溺れた人たちなどが集まる団体をつくって、行政の補助のもと、さまざまな草の根の活動を自主的に行っています。

子どもが生き生きとしている国

そうした活動が一番盛んなのは、子どもたちを相手にした分野です。デンマークのフォルケオプリュスニングは、子どものときから地域ですでにはじまっていると言えます。それらすべてが、地域の住民たちの手づくりによるものというところに、行政主導ではない温かみを感じてしまいます。

義務教育の児童生徒を対象とした「自由時間の家（Fritidshjem）」、ここは、放課後（午後）子どもたちが

フォルケホイスコーレで学ぶ老人たち（スケルコー）

来て遊ぶところで、日本で言うところの学童保育です。女性の社会参加が一番進んだデンマークですから、共働きが当たり前となっています。そうすると、当然、子どもたちのいる場所が必要となります。

「自由時間の家」では、スポーツや勉強、遊び、何でもできます。ほかにも「自由時間・青少年クラブ（Fritids- og Ungdomsklubber）」と呼ばれるクラブが各種あり、サッカー、乗馬、ボート、釣り、ヨット、スケート、大工、園芸、キャンプなど、子どもたちが好きなことを教えてくれます。

指導者は地域の大人たちや学生で、彼らの技術を子どもたちに伝えていくのです。指導者たちには、もちろん行政から手当てが支払われていますし、各種施設の利用料も行政の負担となっています。

デンマークでは、こうした形で大人と子どもの交流、地域ぐるみで子どもの面倒が見られ、日本で見られるような「地域の崩壊」はありません。デンマークの子どもほどみんなで遊んでいるという光景はありません。孤独な子ども、家でファミコンに熱中する子どもという姿はあまり見られません。ましてや、塾通いに精を出す子どもはまったくと言っていいほど存在しないのです。

私がヘアニングで見た「自然学校（Naturskole）」も、こうした自主的な施設の一つで、放課後に子どもたちが集まり、自然観察や環境教育、有機農業などを楽しみながら学んでいました。

教員養成大学の学生や地域の人たちが教えていますが、前者にとっては教育実習を兼ねているそうです。時には小旅行をして、キャンプやボート、カヌーなどして自然と親しみ、汚染の状況や酸性雨で枯れる森などを肌で体験します。

学校の隣りには乗馬クラブがあって、自分たちで馬の世話をはじめる形で動物との触れ合いを体験しています。わが国にあるような乗馬クラブとは違って、ステータス・シンボルといった意味合いはまったくありません。

デンマーク第二の都市オーフスで、あるスポーツ・クラブを見学しました。デンマークでは大都会となるオーフス。車が多く、子どもの遊ぶ場がないということでボランティアがはじまったのですが、公園や空き地を使ってサッカーなどしていました。遠征試合や外国の子どもたちと国際交流をしているほか、印刷機や宿泊施設をあわせもつ立派な事務所をもっていました。

リーダーである中年の男性は、いかにも子どもが大好きといった感じの人で、この活動に自分の時間をほとんど費やしているとのことです。彼も失業者ということでしたが、「この活動で行政からもらう謝金とアルバイト収入で充分に生活できている」と話していました。

また、ヘアニングでは市民農場を見ました。農業を辞めた人の住まいと土地を、地域に住む数家族が行政の補助を受けて買い取り、彼らの共同農場として利用していました。平日は、暇のある人が交替でやって来て耕し、週末はそれぞれの家族で来て、太陽のもとで農業に勤しみ、心地よい汗を流しながら緑と親しんだり、採れた新鮮な野菜などを調理して、合同の食事・語らいという「田園パーティー」を楽しむのです。

私の訪れたときには、三家族がテーブルの上で食事とビールを楽しんでいました。子どもたちはというと、豚やニワトリ小屋で、世話をしているのか遊んでいるのか、何やら大騒ぎでした。

収穫のときには、きっと盛大なお祭りをすることでしょう。農業国でならしたデンマークですから、市民一人ひとりに土への愛情が根づいているように思えます。ちなみに、デンマークでは、大臣でさえ農業体験をもっているようです。

チボリ公園

子どもの国デンマークを代表するものといえば、アンデルセンの童話、おもちゃの「レゴ・ランド」、そして有名な「チボリ公園」となるでしょう。

チボリ公園は、アミューズメント・パークの代表として、アメリカの「ディズニーランド」と並ぶ世界的な公園ですが、ディズニーランドとは根本的なコンセプトが違っています。ディズニーランドは、いかにもアメリカらしく、消費文明の落し子で、物量とハイテクの巨大さ、そして刺激の強さを誇っていますが、チボリ公園は、ひと言で言えば、「ヒューマン・スケール」の公園となります。

ハイテク技術を駆使した刺激的な乗り物などはまったくなく、せいぜいどこにでもある遊園地の乗り物といったレベルです。ハイティーンと二〇代の若者を主要なターゲットとするディズニーランドであれば、次々と強い感覚的な刺激を与えないとやっていけませんが、小さな子どもや老人を含めた大人にとっては、ちょっとした乗り物で充分なのです。

ですから、チボリ公園にはあらゆる年齢層がやって来ます。子どもたちはもちろん、家族連れ、中年や老年のカップルが多いというのが特徴となっています。彼らは、夕暮れどき、池や緑に囲まれた小さなレストランの一つに入り、キャンドルの灯りと、時には空を彩る花火の光のもとで、過ぎし日の思い出や幼き日の郷愁を語り合いながら食事をしています。

基本的には、優雅に散歩をするための場所という感じで、その合間に遊戯施設で楽しんだり、アラビアの王宮を模し

チボリ公園

ライトアップされたチボリ公園の入り口
©David Jones

た劇場で、コンサートやバレエ、あるいはパントマイムや奇術が観られるといった工夫がされています。人生の豊かな空間それ自体を味わう場所であり、グッズを買わせたり、仰々しいイベントで惹きつけたり、新奇な乗り物でお金を使わせたり、法外な値段の食事をさせたりするところではありません。

私がデンマークのフォルケホイスコーレを回っていたとき、岡山市に「日本チボリ公園」ができるという計画がもちあがりました。その話をデンマーク人たちも知っていて、私の顔を見るたびに、「金持ち日本がチボリまで買収に来た」と揶揄されましたが、現在これは規模を縮小して、すったもんだの末に倉敷市にできています[1]。

でも、グッズを売りつけたり、イベント中心で、いかに客を集めるかばかりを考えているわが国のリゾート業者に、チボリ公園の人生哲学が果たして理解できているのかどうかは非常に疑わしいところです。

デンマークの教育制度

デンマークの教育体系を図示すると次のようになります（次ページ掲載）。

（1）ご存じのとおり、二〇〇八年に閉園しています。

デンマークの教育体系

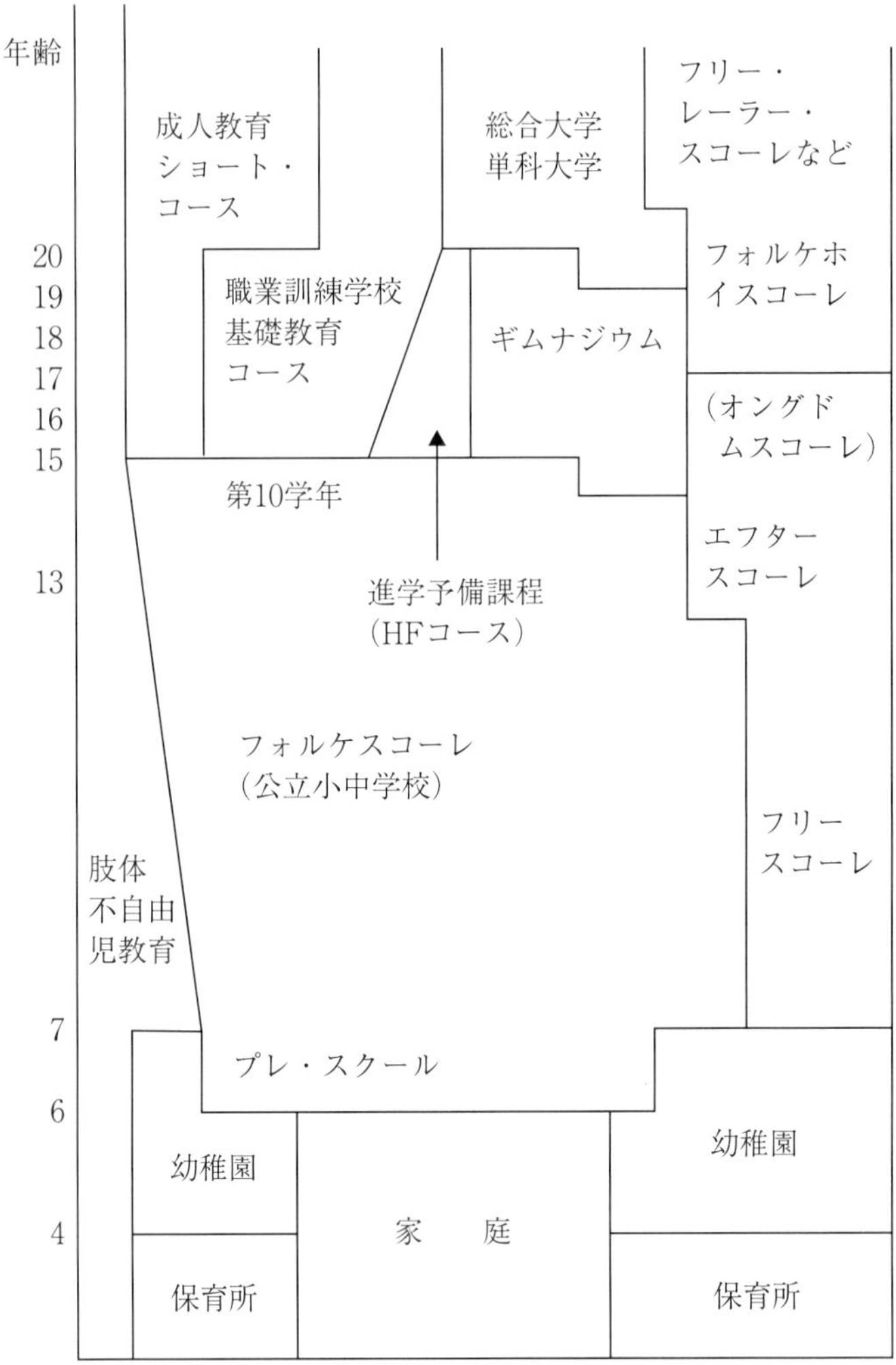
年齢
20
19
18
17
16
15
13
7
6
4
成人教育
ショート・
コース
総合大学
単科大学
フリー・
レーラー・
スコーレなど
職業訓練学校
基礎教育
コース
ギムナジウム
フォルケホ
イスコーレ
（オングド
ムスコーレ）
第10学年
エフター
スコーレ
進学予備課程
（HFコース）
フォルケスコーレ
（公立小中学校）
フリー
スコーレ
肢体
不自由
児教育
プレ・スクール
幼稚園
家　　庭
幼稚園
保育所
保育所

①フォルケスコーレ（小中学校）

　義務教育は七歳から一六歳までで、通例は「フォルケスコーレ（Folkeskole）」という小学校と中学校が一つになった公立学校で学びます。希望により、六歳半からも入学できます。また、いわゆる「プレ・スクール（Børnehaveklasse）」があり、日本で言うところの幼稚園の年長組に当たる六歳の子どものクラスがフォルケスコーレに設けられています。教育権はありますが、日本のような就学業務はありません。グルントヴィが唱えた教育の自由を尊重して、強制を嫌っているからです。

　また、第一〇学年があり、卒業を自分の意志で一年延ばすこともできます。半分の子どもがそこへ進んでいるようです。最後に簡単な終了試験を受ければ、卒業資格が得られます。

　フォルケスコーレでは、教師一人あたり児童は平均二〇人となっています。教科書は、政府指定のものとか検定ということはなく、教師が自由に教材を選んでいます。教師は、地域の親たちと緊密な連絡のもとに指導していきます。カリキュラムのガイドラインは政府が指定しますが、実際の運用は教師と親たちの会議で決められています。わが国のＰＴＡのように形骸化はされていません。デンマーク特有の「地域の共同」が生きているわけです。

　こうした自由な教育は、以下に述べるフリースコーレからの全面的な影響で、対抗教育としてのフォルケホイスコーレ運動が、いわゆる公教育を変えた大きな例と言えます。

②フリースコーレ（自由小・中学校）

フォルケスコーレ以外に私立の小・中学校があります。その大半は、フォルケホイスコーレ運動のなかで生まれた「フリースコーレ（Friskole）」と呼ばれるものです。

一八一四年に最初の義務教育が導入される以前、農村地帯には親たちや牧師が教える私塾、日本式に言えば「寺子屋」みたいなものがありました。義務教育の導入によって、子どもは親たちから遠ざけられ、官吏のはしくれ教師によって、国家のよき兵士となるための画一的な教育を受けるようになりました。

「子どもは親のものであって国家のものではない、国家から子どもたちを取り戻そう」という主張のもと、グルントヴィに次ぐフォルケホイスコーレ運動の功労者であるクリステン・コル（一四二ページから参照）によって、フォルケホイスコーレの付属小学校として一八五二年につくられたのが最初のフリースコーレです。試験や規則で縛られず、伸び伸びと育て、国家からも自由であるということで「フリースコーレ（自由学校）」と称したわけです。

基本的には、フォルケホイスコーレと同じ教育方針となっています。「生きた言葉」と「対話」が中心であり、子どものファンタジーに働きかける「歴史的－詩的」な方法をとります。今日、フリースコーレへは約一割の子どもが通っており、全国に約二〇〇校（初版刊行時）あります。親の授業料負担は二五パーセントで、残りは国の援助で賄われています。

現在は、その主張と実践がほとんどの公立のフォルケスコーレに取り入れられたので、違いは少ないのですが、それでもグルントヴィとコルの思想に忠実な教育をしたいと、学校ごとに特有の強調点があります。また、このなかにはシュタイナー学校も一四校（初版刊行時）ほど含まれており、イスラム系外国人のためのフリースコーレやインターナショナル・フリースコーレも何校かあります（二五二ページからも参照）。

③義務教育以後

義務教育を終了すると、約四〇パーセント（初版刊行時）の人が「職業訓練学校」ないしは「職業訓練基礎教育」へと進みます。ここで、一般のホワイト・カラーやブルー・カラーを養成するわけです。

そして、約三〇パーセントの人が「ギムナジウム」と呼ばれる大学進学コースへ進み、三年後の終了試験（大学入学資格試験）を経て、大学に進学します。デンマークの大学は五年制で、コペンハーゲン、オーフス、オーデンセ（Odense）に総合大学、ロスキレ（Roskilde）、オールボー（Ålborg）に大学センター、ほかの各地に工科大学、教員養成大学などの単科大学があります。ヨーロッパのほかの国々と同じく、大学は、医者、教師、学者、法曹関係者、エンジニアなどの専門職を養成する場となっており、日本のようなサラリーマン養成所ではありません。

フォルケホイスコーレの仲間たち

すでに述べたように、フォルケホイスコーレは、大学まで含む公立学校に対して、民衆の側の対抗教育の体系としてあるものです。公立学校がどうしても就職や進学のための学校となるのに対して、試験や単位を認めず、資格付与もせず、知識や技術を教えるのではなく、社会的な自覚や「生」の意味を教える学校という原則を貫いてきました。

フォルケホイスコーレとフリースコーレ、そして以下に述べるフォルケホイスコーレの仲間たちは、まとめて「フリー・スコーラー（自由学校群）」と呼ばれていますが、これらのフリー・スコーラーこそが、民衆の自発的なイニシャティヴに基づく共生の自覚、オプリュスニングの牽引車と言えるでしょう。

①エフタースコーレ

一四歳から一八歳までの生徒を集めた「エフタースコーレ（Efterskole）」があります。全寮制で、フォルケホイスコーレと同じ授業を行っています。いわば、フォルケホイスコーレのジュニア版です（二六五ページからも参照）。

エフタースコーレも、一八五一年にクリステン・コルとポウルセン－ダール（コルの学校の協力者）によってつくられました。もともと試験はなく、フォルケホイスコーレの教育方針、フレキシブルなカリキュラム、教師と生徒の対話、自由でオープンな「歴史的－詩的」な対話などをその特徴としていましたが、一九六〇年代に入り、農民の子弟の減少による衰退を招き、新たに都市化した社会に適応すべく「自由な中学」という形をとって、一部試験を導入しました。しかし、中学終了試験とＨＦコース（ギムナジウムへ行かずとも、大学などへ進学できる補助コース）のための必要最小限の試験にとどめ、フォルケホイスコーレの伝統を守っています。

脱皮に成功したエフタースコーレは、その後二倍の伸びを見せ、同年齢の生徒の一五パーセントに当たる一万九〇〇〇人以上がここで学んでいます。学校数は二二六校を超えており、グルントヴィ・コル式のもの以外に、ホーム・ミッションやＹＭＣＡ、ＹＷＣＡといったキリスト教系が五分の一、労働組合系が五校、トヴィンド・スクール系が一二校、ほかにオルタナティヴ派というものが最近では増えています（各数値は初版刊行時）。

両親から離れた共同生活をすることで、フォ

エフタースコーレの授業風景

ルケオプリュスニングにふさわしく、「生」の意味の新たな発見と共同性・社会性の自覚が得られます。何よりも、それがこの学校に子どもたちを惹きつけている要素となります。

②農業学校（Landbrugsskole）と家政学校（Husholdningsskole）

この二つの学校は、フォルケホイスコーレ運動と平行して農民たちの運動のなかから生まれたものです。初期のフォルケホイスコーレは、そのどちらとも区別しがたいようなものであったということです。

農業学校は、一八六七年にリングビィにユルゲン・ラ・クールによって創立されたものが最初で、特色としては、二年〜三年の農業体験をもつ若者を受け入れ、教育を行っていることです。畜産学、栽培学、農業史といった農業の理論と実践のほかに、物理学、統計学、遺伝学のほか、デンマーク文学などの一般的な科目もあり、六か月コースが主流となっています。

家政学校は、一八九五年、ソーリョー（Sorø）に農村の若い女性を集めて、ロドリーセンという女性によって初めてつくられました。以後、農村地区を中心に広まっていきます。通例の家政学や調理、裁縫、簿記といった科目だけではなく、体育や音楽、語学などの一般教育も重視されています。

この二つの学校は全寮制で、フォルケホイスコーレの姉妹校とされ、エフタースコーレを含めた四つの学校は同じカテゴリーで扱われています。共通しているのは、フォルケホイスコーレ運動のなかでグルントヴィの思想に導かれて誕生してきたため、「生きた言葉」による対話が教育の中心にあり、フォルケオプリュスニングを自覚するための学校であるということです。

③フリー・レーラー・スコーレ（自由教育大学）

フォルケホイスコーレのなかには、トゥヴィンやケァテミンネのように自前の教員養成課程をもつところもありますが、統一した教員養成の必要からつくられたものが「フリー・レーラー・スコーレ（Den frie lærerskole）」です。一九四九年にフュン島のオレロップ（Ollerup）に、そのフォルケホイスコーレを改編する形でつくられました。

入学資格者は過去一〇年以上何らかの学校で学んだことのある人で、二〇歳以上、かつ仕事や農業、芸術、スポーツ、あるいはさまざまな場所への旅、多彩な人生経験など、何でもよいから、学校以外で何らかの実践的な生きた経験をもつ人とされています。みんな義務教育だけでも一〇年近く学校で学んでいるわけですから、年齢以外はほとんど資格を問わないということです。

フォルケホイスコーレやその仲間のエフタースコーレ、フリースコーレの教員になれるほか、公立の小中学獢、フォルケスコーレの教員資格も取ることができます。教育省が後者の資格を付与する際に試験の導入を要求しましたが、これはグルントヴィの根本思想に反することなので、拒否してもめました。すったもんだの末、卒業後に希望者のみが単位試験を受ける形で収束しました。

課程は五年となっており、試験や単位はありませんが、出席は義務づけられています。みんなが出会うことから何かを行うエネルギーが出てくるからです。講義は自由で、定められたカリキュラムはなく、教師と学生が知恵を出し合い、いかにしたら生徒のモチベーション（やる気）を導き出せるかについて研究し合っています。つまり、「生きた」議論と実践、実習が丁々発止で繰り広げられているということです。

たとえば、学生はテキストなしで教材をつくり、教師やほかの学生の前で、あるいは実際の学校で授業をしてみせます。鋭い質問、追究、反省が繰り返されます。こうした厳しい、しかし共同性にあふれた教育のために、ここの卒業生はフォルケスコーレ（小・中学校）では生徒を惹きつけるすばらしい教師として評価が高く、就職率も普通の教員養成大学よりもいいそうです。もちろん、ここも全寮制で、「生きた言葉」が日夜交わされています。

④フォルケ・アカデミー

フォルケホイスコーレに併設される形で、「アカデミー」と呼ばれる研究所があります。ゲァリウのそれについてはすでに説明しました（三四ページ参照）。ヴィボーのフォルケホイスコーレにも同じ研究所があります。ここは、別名「スカンジナビア身体文化研究所」とも呼ばれ、北欧諸国から教師や研究者が集まって、セミナーや学会などが開催されています。それ以外にも、紀要などを発行しているほか、北欧全体の学術雑誌（英語版）も発行しています。主としてフォルケホイスコーレの教師たち、あるいは、デンマークは総合大学が少ないため、ポストを見つけられない優秀な研究者たちがその活動の中心となっています。

しかし、何といっても、この種の最近の代表例と言えば「フォルケセンター（Folkecentre 北ユラン再生可能エネルギー研究所）」となります。ユラン半島の北西部イュドビュ（Ydby）にあるこの自然エネルギーの研究所は、フォルケホイスコーレではありませんが、その伝統のなかで造られたものです（九二ページからも参照）。

風車発電、メタンガス、太陽熱、コ・ジェネレーションなどといった自然エネルギーに関する研究を行っており、研究の場であるとともに、発展途上国の技術者を滞在させて技術指導をしたり、フォルケホイスコーレやフォルケスコーレ、あるいは農業団体や各国からの見学団体に対して、研修やレクチュアーをするといった教育の場となっています。

開発しても特許をとらず、風車の設計図など、わずかなお金を払うだけで誰もが入手できます。所長のプレーベン・メゴール（Preben Maegaard）氏は、冗談で「日本のM重工に見せるな。見せると、彼らが国際特許をとって、市民への情報提供ができなくなる」と言っていました。

そのほかのフォルケオプリュスニングの施設

フォルケホイスコーレ運動に啓発されて、デンマークにはさまざまな社会教育施設や団体があります。行政がつくったものもあれば、女性運動や労働組合、そのほかの市民運動などのなかでつくられたものもあります。

フォルケホイスコーレのコンセプトに近いものとしては、「ダウ（デイ）・ホイスコーレ（Daghøjskole）」があります。全寮制ではない、通学制のフォルケホイスコーレと考えればよいでしょう。対象は主婦や失業者たちですが、八割が女性と言われています。基本的には「生きるモチベーション」を与え、さまざまな社会活動への参加を促進することをねらいとしています。

ここを終えた人々は、たとえ仕事に就けなくても、政党活動や女性解放運動などといった草の根民主主義の活動に参加するようになり、自分たちの「生」を活気あるものにしていきます。高度福祉社会に伴う無気力化、豊かさに慣れ切ったことから来る「生きる意欲の喪失」といった先進国特有の病弊に対して大きな成果を上げている、新しい制度ということです。

学校をドロップ・アウトし、ドラッグやアルコールに走るなどして、学校教育を受けていない若者の失業者たちには「製作学校」があります。みんなで、裁縫、大工、家具製作、金属加工、農業、畜産、養蜂、園芸などをすることで「生きる意欲」を見いだしていきます。ここに来て、社会に戻る時期はそれぞれの自由となっています。

そのほか、町には必ず「イヴニング・スクール」があります。そこでは、興味のあることが学べますし、いろんな団体が、会合や講習のできるオープン・スペースを提供しています。コペンハーゲンやオーデンセ、オーフスの総合大学も「フォルケウニヴァーシテット（Folkeuniversitet）」という市民講座を開設しているほか、政党・教会の公開講座も盛んです。

また、図書館活動は世界一の評価を勝ち得ています。日本と違って、町の図書館から学校図書館、大学図書館、デンマーク最高の王立図書館まで、すべてが一つの体系にまとめられており、本の検索、相互利用が簡単にできますし、さまざまな催しやコースがあるので、いくらでも学ぶことができます。

ここで感じてしまうことは、日本の大学図書館、とくに国立大学の閉鎖性です。税金で購入した国有財産でありながら、一般市民が容易に利用することができません（一部例外はありますが）。それどころか、入り口にチェック・ゲートまで設置されているところがあります。日本の図書館事情、何とかならないものでしょうか。

充実した「生」を人と分かち合い、相互作用のなかで自己を高めていくフォルケオプリュスニングは、「生涯学習」の名のもとで進められている知識や技術の習得中心のものとは、まったく異質なものであることは確かでしょう。

補論1 フォルケセンター

橋爪健郎（鹿児島大学元助手、物理学）

原発に対抗して

循環エネルギー活用で世界をリードしているデンマークを語るとき、その普及の中心となった「フォルケセンター」を抜きに語ることはできません。

フォルケセンターと私との出合いは、一九八七年の秋となります。デンマークを訪れたのはそのときが二度目で、この人にだけは会いたいと念じていた人物がいました。その人とは、『エネルギーを創る人々（Dansk energi）』（一九七八年）という映画の末尾に登場する人物です。

この映画は、われわれが一九八〇年にデンマークのとあるプロダクション（フリップ・フィルム・プロダクション）から日本に導入したものです。一九八〇年代、デンマークの循環エネルギーの意識を啓発するのに大きな役割を果たした映画です。

この映画のなかで、その人物が「政府が六〇万キロワットの原発を一基つくりたいというなら、われわれは風車発電を、かつてデンマークに存在した風車の数だけ、つまり三万台つくろう。一台二〇キロワットとすれば、原発と同じ発電量になるではないか。政治家は、そんなことできっこないと言うかもしれないが、それをやって民衆の力を思い知らせてやろう」と情熱的に語り、町工場の職人と額を突き合わせながら設計を検討していた姿が印象的でした。

映画の製作者に問い合わせたところ、「その人、プレーベン・メゴール（八九ページ参照）は、今やミニ大学をつくっているよ」と言います。それが、一九八三年からスタートした「フォルケセンター」でした。

フォルケセンターのできた地域イュドビュは、権威からの自立精神が強く、ベトナム戦争当時はアメリカからの亡命兵も多かったと言います。戦後、彼らが帰国したなかで、あるべき未来社会をどのように創造するのかという運動へ向かいました。プレーベンは私財を投げ打ち、中心的な役割を果たしたようです。

民衆の風車づくり

フォルケホイスコーレと同じく、民衆のやることに国が援助するのがデンマークです。町工場による風車づくりからはじまったフォルケセンターも、今や国の補助金を得て、ヨーロッパはもとより、世界的な「循環エネルギー開発センター」として発展しており、風車発電はもちろん、太陽熱利用、バイオガス、エネルギー・ボックスなどの総合的な研究開発を行っています。常駐スタッフ二〇名と、世界各国からの滞在研究者や研修生など、連日の来訪者でいつもにぎわっています。

発展することは、同時に数多くの矛盾を抱え込むことにもなります。当然、いろんな価値観の人間が出入りすることになります。初期の民衆運動的なやり方ではうまくいかないことも多いはずなのですが、生き馬の目を抜く技術開発の世界で、どの研究室にも鍵というものがないこの開放性は「驚き」ですらありました。「危険性のあるところだけは例外」と言われているにせよ、です。

開発に伴うノウハウはすべて公開されており、個人でも町工場でも、自分でつくれるような設計図が安価で手に入ります。一九八〇年代の初期には五〇キロワットの風車が、次いで一五〇キロワット、一九八〇年代の終わりには二五〇キロワット、全部で二〇〇タイプを開発し、中小のメーカーが製

フォルケセンターの風車実験場

品化して普及させています。最近は、五二五キロワット風車が実用化試験に入ったと言います。

ちなみに、国家プロジェクトであるアメリカやドイツの巨大風車開発の試みは、すべて失敗に帰し、解体撤去されています。風車発電は不可能だという実証実験を税金でやったようなもの、ということです。デンマークでも、政府サイドでＥＣ（初版刊行時）の援助のもと、二〇〇〇キロワットの大風車発電所を建設しましたが、解体撤去こそ免れているものの、稼働率は予定より悪いということです。

民衆によってつくられた風車は民衆のために役立つ――今や風車発電は売電によって数年で資本の回収ができ、資産家としては、投資としても魅力的なものとなっています。だからといって、お金持ちが金にあかして大儲けはできない仕組みになっています。風車を個人でもてるのは、敷地内に立てられる農家にかぎられていますし、個人がもつ場合は、風車から一〇キロ以内に住んでいなければなりません。

また、風車で賄えるのは、自分が使う電気だけとなっています。たとえば、一五〇キロワットの風車で五〇から一〇〇世帯分の電気を賄うことができる場合は、共同で所有する形態を取る必要があります。もちろん、余れば電力会社に売電する形で収入にできます。「数十万円の投資で電気代がただ」とまではいかなくても、風車に対するわずかな維持費ですむわけです。

デンマーク社会を理解するキーワードの一つに「協同（andels）」がありますが、社会の仕組みとして、隅々までこれが浸透しているわけではありません。

いくら風車といえども、無前提に規模を大きくすることが進められているわけではありません。EC（当時）の援助による五二五キロワット風車の開発に際しては議論が紛糾しました。

――こういうものをつくってみても、個人が協同でもつには大きすぎ、電力会社しか買い手がない、国の方針や営利のみで動く会社の考えがどのように変わるか分からない、もし買い手がなければ、親（利用者）のない子どもを産むようなものではないか、といった異論でした。

新型風車の開発にとどまらず、研究機関として技術の基盤を深め、より環境に配慮した技術の追究もしています。たとえば、従来のグラスファイバー製の翼は、ゴミとなれば処分に困りますので、その代わりに木製の翼の開発も手がけています。これは強度もあり、翼を製造するのに投入するエネルギーが、グラスファイバーのそれと比べて二分の一から四分の一ですむのです。

酪農を生かしたメタンガス発電

酪農国デンマークには二〇〇万頭の牛と八〇〇万頭の豚がいて、年に三六〇〇万から四〇〇〇万トンの糞を出し、日本と同じく環境汚染の一因となっています。しかし、エネルギーとして見れば、原油換算で約八〇万キロリットルとなります。風車発電の次に取り組んだのがメタンガス発電でした。

お家芸である風車発電がポール・ラ・クール（二二ページ参照）以来の技術と経験の蓄積のうえに発展させて成功したのに則り、何かまったく新しいアイディアにいきなり挑戦するというのではなく、伝統的に行われていた方式を基本的に踏襲し、ヨーロッパ各地の経験を学んだうえで、新しいアイディアで改良していくのです。その施設も、酪農に使う伝統的なサイロ（飼料貯蔵庫）を改良して使うなど、その地域で手に入りやすい製作資材を用いました。

開発研究にとりかかってから数年しか経っていませんが、プレーベンは、「従来、タンク容量一立方メートルあたり一立方メートルのガスしか出ないと言われていたが、改良につぐ改良で六立方メートル出るようになった。風車発電では六〇パーセント効率を上げることさえ大変だったのに……」と言っていました。

一九九二年現在で一日四〇〇トンの糞を処理しており、八〇〇キロワットの発電と地域暖房を賄う世界最大の「ウンコパワー発電所」をはじめとして、デンマーク国内には九か所が稼働しています。すべて、個人ないし協同所有となっています。

エネルギーの効率的利用という点で重要となるのは、エネルギー・ボックスです。技術的にはコ・ジェネレーションと同じですが、個人がエネルギーを管理するという発想に立つ必要があります。その提案は、フォルケセンターと密接なつながりがある「ドイツ分散型エネルギー研究所」のウルリヒ・ヨヒムセンによりますが、よいアイディアや技術ならどこのものでも育て、実用化していくというのがフォルケセンターです。

循環エネルギーではありませんが、北海油田のデンマークの持ち分からくる国産エネルギー、比較的公害の少ない天然ガスを使ったエネルギー・ボックスが、フォルケホイスコーレをはじめとして急速に普及しています。もちろん、将来、メタンガスによる「ウンコパワー発電」に切り替えることも容易となっています。

国際連帯のセンター

環境問題に国境がないように、環境技術は世界の共有物です。「先進国」デンマークのエネルギーの開発研究にとどまらず、「途上国」とのかかわりがフォルケセンターの重要な課題となっています。フォルケセンター構内の風車試験場には、大型風車ならびに中小の簡易風車が回っています。これらは、途上国で製作運転されるものとなっています。

研究員や研修生の受け入れといった人的交流、国連などが主催する途上国のエネルギーにかかわる国際会議では、フォルケセンターはデンマークの代表として欠かせない存在となっています。ちなみに、一九九二年のリオデジャネイロの地球環境会議では、フォルケセンターはヨーロッパのＮＧＯの代表格として活躍しました。

途上国とともに重要なのが東欧です。いまだベルリンの壁が撤去されない一九八九年夏、デンマークからチェルノブイリまで、小型風車発電を携えてデモ・ツアーを行っています。一九九〇年の夏から秋には、トレーラーによる移動展示館を東欧で行い、延べ一〇万人が訪れ、四〇〇件もの技術的な問い合わせが相次ぎました。その際、六か所でセミナーがもたれました。

そうした活動の延長として、未来社会へ向けた国際的な交流研修教育センター「スキブステッズ・フィヨルド(2)」が設立されました。研修コースの設定も、フォルケホイスコーレに裏づけられた実績に則っていますので、フォルケホイスコーレ運動の延長とも言えます。このアイディアも、デンマークではなく、先ほど紹介したウルリヒから出たというのだから、おもしろいものです。

もう一つの展望が「グリーン・ヴィレッジ」構想です。フォルケセンターに隣接して、エネルギーにとどまらず、農業、住居、水などすべてにわたって自然と調和のとれた「村」をつくろうというわけです。同様の主旨で、イギリスには「ＣＡＴ（オルタナティヴ技術センター）」、アメリカには「ニュー・アルケミー研究所」などが知られていますが、さらなる広がりと深化が期待されています。

今、西欧型文明の再生に向けた船出が着実にはじまっています。私たちも、そのオデッセイアの旅から学ぶことは多いでしょうし、彼らも私たちから学ぶことがあるにちがいありません。

---

(2)「船出湾」という意味合いがあり、バイキングの時代、そこから海外へ出帆したとされています。

第5章 グルントヴィの生涯と思想

グルントヴィを知る

話を、ゲァリウでのオヴェとの出会いに戻します。

昼間食事が終わると、私たちはオヴェの部屋に行きました。広い校長室は、来客室と会議室を兼ねたものになっています。彼はそこで、私に二冊の本をくれました。一冊はフォルケホイスコーレの解説書、もう一冊はグルントヴィの伝記が書かれたドイツ語版でした。

「フォルケホイスコーレを理解するには、まず何よりもグルントヴィについて知らねばならない」と彼は静かに、しかしきっぱりと言いました。そして、続けて次のように言いました。

「世界の人には、アンデルセンや哲学者のキェルケゴールが知られているが、それは彼らの仕事が初めからインターナショナルなところにかかわっていたからだ。しかし、デンマーク人にとっては、グルントヴィのほうがはるかに重要だ」

恥ずかしながら、それまで私はグルントヴィのことをほとんど知りませんでした。
大学時代読んだキェルケゴールの著作のなかに、デンマークの大劇作家ホルベア（Ludvig Holberg, 1684～1754）とか著名な詩人エーレンスレーヤー（Adam Gottlob Oehlenschläger, 1779～1850）などと並んで出てきた同時代の知識人の名前としてかすかな記憶はありましたが、批判的対象となっていたので、それほど大事な人物とは思っていなかったのです。ところが、オヴェは、「近代デンマークでもっとも重要な人物」とまで断言したのです。しかも、彼こそが、フォルケホイスコーレの「創立の父」だと言うのです。

農民の側に立った素朴な神学者、宗教改革者として覚えていた私には、どうもその結び付きがピンときません。ですが、グルントヴィについてその後学んでいくにつれて、私の戸惑いは消えました。それどころか、これほどの人物がデンマーク国外にほとんど知られていないことが奇妙に思えてきました。

それは、私にとって画期的な出会いの一つでした。というのも、私がこの数十年間、意識す

N・F・S・グルントヴィ

るしないにかかわらず、心で感じ、ずっと追い求めてきたこととグルントヴィの思想が重なったからです。

大学時代、橋爪さんの風車づくりから縁ができたデンマークとの接点は、一つの宿命的なレールの上を歩いていたのだなと、このときに実感しました。

グルントヴィを語ること、それは一五〇年（初版刊行時）にも及ぶフォルケホイスコーレの運動を語ることであり、近代デンマークの歴史を語ることになります。そして、みなさんがよくご存じのように、世界に名高い高度福祉社会、自由で民主的なデンマークがなぜできたのかを語ることともなります。

さらにそれは、日本の近代化の過ちを知ることでもあります。近代化といえば、英、仏、独、米のそれをモデルにしてきた偏見を改めることにもなります。また、発展途上国に対して、内発的で地域自立型の発展のモデルを示すことでもあり、未来において先進国と途上国の区別なく、地域の民衆が国境を越えて連帯できる可能性を開くものとなります。

そうした理解がなく、フォルケホイスコーレの表面しか知らなかった私は、出自《しゅつじ》の新しい、たとえばイギリスのサマーヒル学校のような、世界のあちこちで試みられたフリースクールのたぐい、あるいは一九六〇年代末のカウンター・カルチャー、オルタナティヴ・ムーブメントによってつくられたフリースクールみたいなものと高をくくっていました。

映画史上に名を残すスタジオ『ＵＦＡ』跡を占拠してつくられた「ＵＦＡファブリーク」という有名なオルタナティヴ・センターがベルリンにありますが、私自身、そこのメンバーとかつて一緒に活動し、ドイツ各地の同様のセンター（映画館、劇場、自然食品販売店、小学校や幼稚園、工房、農園、カフェ、レストラン、印刷所などをあわせもつ）で会議や講演、映画会をしたという経験があり、その実力をよく知っていましたから、言ってみれば、ドイツのメガネでデンマークを見ていたことになります。

そうした運動も大きな意義をもっているのは確かです。しかし、日本や発展途上国など考えると、そこまでの社会の自由度がないので、どうしても欧米諸国の一部でしかできない社会運動と限定してしまいがちです。あるいは、そうしたカウンター・カルチュアーの運動は、先進国の豊かさのうえに成り立った甘えにすぎない、という見方も根強くあります。

しかし、グルンドヴィとフォルケホイスコーレ運動が成した、この一五〇年以上にも及ぶ歴史は、そうした決めつけを吹き飛ばすには充分でした。今日、フォルケホイスコーレが先進国からは顧みられず、発展途上国や民主化された東欧諸国、旧ソ連でどんどん急成長を遂げつつあるという事実は、グルントヴィの思想とフォルケホイスコーレ運動の有効性を如実に示していると言えるように思えます。

グルントヴィの生涯

❶生い立ちと少年時代

ニコライ・フレデリク・セヴェリン・グルントヴィは、一七八三年九月一八日、シェラン島東南部のウズビュー（Udby）で牧師の子として生まれました。四人兄弟の末っ子でした。裕福な家ではありませんでしたが、ウズビューの豊かな自然、母カトリーヌの愛情、客として訪れる近隣の住民たち、教会で扶養される身寄りのない老人たちに囲まれて、少年期のフレデリク（グルントヴィの呼び名）は情操豊かに育ちました。

とくに母の語る優しく柔らかな土地の言葉の響き、母や老人、住民たちの語る伝説や昔話の世界は、フレデリクの生涯に決定的な影響を与えました。それは、後年の彼にとって、民衆の感情の吐露《とろ》のまぎれもない範例となるものでした。

小学校へ通うようになると、フランス革命の理想に共鳴する校長によって、世界への目を見開かれました。幼いながら、彼はコペンハーゲンで発行される日刊新聞を読みはじめ、それは生涯続いたそうです。

一七九三年にユラン半島のチュアゴ（Thyregod）にやられ、グルントヴィ家のかつての家庭教師をしていた牧師のもとでラテン語など学びました。この牧師は蔵書が豊富で、フレデリクは、ギリシャ・ローマの詩や歴史の古典など興味にまかせて読みふけりました。また、ユラン半島は、当時、詩人たちのあこがれの場所で、北欧神話の神々や巨人たちが住むかのような荒涼たる自然、湖沼やヒースの荒れ地をさまようジプシーたちが歌にも詠むほどで、幼いグルントヴィの胸にも、忘れることのない印象を植えつけました。

そこで六年学んだあと、フレデリクはオーフスのラテン語学校へ行きます。この学校は、当時、大学などの高等教育を受ける人には必修のものでした。しかし、ここでのフレデリクの体験は悲惨なもので、無味乾燥な詰め込み勉強、権威主義的な教師、窒息しそうな学校の雰囲気など、「すべてが人をだめにし、怠惰にさせ、腐らせるもの」でした。

彼は後年、ラテン語学校を「死の学校」と呼び、これを廃止する法案ができたら、「喜んで一票を投じる」とまで言っています。アンデルセンも自伝のなかで、ラテン語学校時代の暗い雰囲気を詳しく述べ、それは生涯で一番苦痛な時期で、夢に思い出しては苦しめられるとまで語っていますから、死んだ学問を試験のために学ばせるラテン語学校の実情は、どこも同じようなものだったのでしょう。

このときの体験が、彼が「生のための学校」フォルケホイスコーレを構想したときの反面教師となったのです。今日の日本人には、この気持ちを理解するのはたやすいはずです。今の日本の学校こそ、「死の学校」とか「暗黒の学校」とグルントヴィが呼んだものにほかなりません。

❷青年時代

一八〇〇年、フレデリクを改めたグルントヴィは、コペンハーゲン大学の学生となります。粗末な着物で田舎から出てきた青年には、華やかなコペンハーゲンは性に合いませんでした。また、大学の講義にも興味を惹くようなものがなく、下宿で北欧の歴史書や文学書を読むという日々がもっぱらでしたが、ただ一つ、ヘンリク・ステフェンス（Heinrich Steffens, 1773～1845）の講義だけは集中して学びました。

ステフェンスはノルウェー人で、ドイツの大学で学び、ドイツ・ロマン主義を北欧に紹介した人です。彼はまた、グルントヴィとは母方のいとこになる人でした。ステフェンスは、初めフィヒテ（Johann Gottlieb Fichte, 1762～1814）に、のちシェリング（Friedrich Wilhelm Joseph von Schelling, 1775～1854）に学び、後者の自然哲学の共同研究者として哲学史上に名を残している人です。このときはコペンハーゲン大学で講師として教え、こののち、ドイツのハレ大学に教授として招聘《しょうへい》されます。

ステフェンスのフィヒテやシェリング思想の講義、あるいはロマン派やゲーテ・シラーの講義はグルントヴィを魅了し、またシェークスピアについても多くを知るようになります。ドイツの啓蒙思潮の思想家ヘルダーの風土論、言語論、歴史哲学やロマン派のポエジー論は、のちのグルントヴィの思想を規定するほど大きな影響を与えることになりました。

一八〇三年にグルントヴィは神学試験に合格します。しかし、彼は牧師になる気はなく、このころから北欧神話とアイスランド・サーガ（伝説）の勉強に没頭するようになりました。

一八〇五年から、彼は、フュン島の南のランゲラン島の荘園領主の家で家庭教師として働きます。そこの七歳の子どもを教えるため赴任したのでしたが、彼はその母、領主の妻コンスタンツェを熱烈に愛するようになりました。六歳も年長の人妻を愛するという、この悲恋の苦しみによって、グルントヴィはゲーテの『若きウェルテルの悩み』を読むようになり、心から共感しました。そして、ゲーテが代表したシュトルム・ウント・ドランク（疾風怒濤《しっぷうどとう》）運動、すなわち啓蒙主義の冷たい理性に対して、愛に代表される人間の感情の優位性を説く文芸思潮に目を開かれたのです。

かなわぬ恋は、新たな研究への決意に昇華されました。彼はこののちコペンハーゲンへ戻り、前にもまして北欧の神話と歴史の勉強に力を注ぎました。私的な講演や講義にも招かれるようになり、また著作物の出版もこのころからはじめられました。一八〇八年に刊行された『北欧神話』は評判を呼び、スウェーデン語やドイツ語にも翻訳され、紹介されたほどです。さらに、神話や歴史の研究家としてだけでなく、詩人としてもその名が知られるようになりました。北欧神話とスカンジナビアの古代を題材にとった叙事詩の類を次々と著しました。

❸既成のキリスト教批判

新進の文筆家として、その名を知られるようになったにもかかわらず、一八一一年、彼は生まれ故郷のウズビューに呼び戻されます。父が高齢になり、グルントヴィは副牧師として、手伝わざるをえなくなったのです。

もともと神学を学び、牧師となる教育を受けたわけですから、キリスト教に関心がないわけではありません。しかし、既成のキリスト教会や神学には、彼の疑問を解決してくれるものが見いだせませんでした。デンマークの国教会はルター派の敬虔主義的な教えで、現世の意味は来世の救済にあると考え、この世にある意義、人間的な感情・感性の意味、あるいは超越的な世界と感覚的な世界の関係、突き詰めれば、キリスト教の真理と人間性との関係を教えてくれなかったからです。また既成の教会のもつ生気のない硬化した官僚主義の体制にも、我慢ができませんでした。

こうしたことから、彼は牧師補の試験の際に行った公開説教『主の言葉はなぜその家（教会）から消えうせてしまったのか』を出版したところ、教会勢力から猛烈な非難を浴びました。彼の疑問は深まるばかりで、精神的な危機を迎えました。

デンマークの代表的なグルントヴィ研究家で、フォルケホイスコーレの校長も務めたカイ・タニング（Kaj Thaning, 1904～1994）によれば、この問題の解決は、彼が『聖書』以前のキリストの「生きた言葉」という思想に到達する一八三二年になってようやく訪れたようです。それまで、グルントヴィには試行錯誤の日々が続いたのです。

　この間に、彼は多くの詩を書いています。それらは今日も、クリスマスや新年、あるいは子どもの洗礼のときや、結婚式などに愛唱されるものとなっています。

　コペンハーゲンに戻ったあとは、国教会から完全に閉めだされたので、以前の歴史研究に帰り、『世界年代記』という世界史の本を著したり、スノア（アイルランドの中世の学者）の集めたサーガやサクソ・ゲルマニクス（デンマーク中世の学者）のラテン語文献、イギリスの中世の叙事詩『ベオウルフ』などの翻訳に従事します。グルントヴィの古代アングロ・サクソン学は、デンマーク王すらも注目するところとなり、ドイツのロマン派の指導者である文芸批評家フリードリヒ・シュレーゲル（Karl Wilhelm Friedrich von Schlegel, 1772〜1829）などが高く評価するほどでした。

　デンマーク王室の後押しもあり、一八二一年には生れ故郷に近いシェラン地域南部のプレスト（Præstø）の牧師に任命され、その翌年、老母が死んだあとにコペンハーゲンへ戻り、ヴォア・フレルサー（Vor Frelser）

若き日のグルントヴィ

の牧師となりました。牧師として、民衆に説教をするなかでグルントヴィは、彼の根源的なキリスト教理解が、だんだんと内に形を成しつつあることを知りました。かつては、聖書中心主義に立ち、既成の儀礼化したキリスト教会を批判した彼ですが、今度は、真理は聖書にあるのではなく、教会に集まる会衆のなかにあると考えるようになったのです。

キリストの言葉は、聖書のなかではなく、語られた人々の前にありました。キリストの生きた言葉を聞いたのは、彼の使徒たち、原始キリスト教団、貧しきものたちの共同体であり、キリストの生きた言葉がよみがえるとすれば、紙の上の死んだ文字のなかではなく、教会に集まる敬虔な貧しき信徒たちの間なのです。

グルントヴィのこうした考えは、当時支配的であったヘーゲル（Georg Wilhelm Friedrich Hegel, 1770～1831）に由来する合理主義的な神学、あるいはシュライエルマッハー的なロマン主義的神学に基づく神学者、そして教会関係者たちと真っ向から対立するものでした。批判的な聖書解釈学、文献学の進歩もあって、彼らは、聖書の言葉を学問的に解釈すれば、キリストの教えの真理が分かると考えていたのです。それは、ヘブライ語や古代ギリシャ語、長い伝統をもつ聖書解釈学に通じた教養のある者でないと近づけない道でした。

それが、キリストの真理は聖書ではなく、教会に集まる無学な信徒たち、彼らがありがたい説教をほどこす民衆のなかにあると言うのですから、神学者たちが憤ったわけです。

こうした反発をかったグルントヴィは、その論争の矛先を、当時、力があったコペンハーゲン大学の神学教授H・N・クラウセン（Henrik Nicolai Clausen, 1793～1877）に向けました。彼が合理主義的な知識人優位のキリスト教理解を代表していると思われたからです。

グルントヴィの攻撃は厳しく、クラウセンは名誉毀損の裁判を起こし、グルントヴィは敗訴しました。そのためにグルントヴィは、罰として聖職を失い、以後一二年間、彼の著作はすべて検閲されるという苦境に立たされました。

こうして、コペンハーゲンの社交界や知識人、あるいはデンマーク国教会からはひんしゅくを買い、孤立したグルントヴィでしたが、フュン島を中心に湧き起こる農民たちや彼らの教区の改革派の牧師たちは、グルントヴィの思想に鼓舞され、堕落した国教会や教会を改革する運動を起こしました。

その背景には、宗教的のみならず社会経済的な理由もあるのですが、ともあれ、首都の知識人・教会の権威たちの聖書解釈が彼らの信仰を導くのではなく、教会での会衆のなかに、たとえば山上の垂訓《すいくん》のイエスの言葉が原ロゴス（生きた言葉）としてある、それは原始教団に等しいというグルントヴィの教えは、社会意識に目覚めた農民たちの心を打ったのです。社会改革運動を伴ったこの農民たちの運動は「グルントヴィ派（覚醒派）」と呼ばれ、一大勢力となりました。

彼らは好んで、グルントヴィのキリスト教や北欧神話に題材をとった詩に節をつけて唱和しました。覚醒派の信仰再興運動は、首都の知識人・ブルジョアジーの勢力である「ナショナル・リベラル」と呼応し、デンマーク・ナショナリズム、スカンジナビアン・ナショナリズムの一大国民運動を形成します。

初めは既成の賛美歌のメロディーで歌われたグルントヴィの詩に、有名な作曲家たちの曲がつけれられるようになり、人々の会合で必ず歌われるものとなりました。それもそのはず、美しい母語デンマーク語で書かれた彼の詩に対して、教会の公式賛美歌集は、「デンマークの賛美歌の父」とも言えるトーマス・キンゴ（Thomas Kingo, 1634～1703）などの詞を例外とすれば、ラテン語やドイツ語の歌詞の翻訳によるものが多かったからです。しかし、国教会は依然として、彼の賛美歌を教会では一切禁じていました。

民衆のサポートだけではなく、デンマーク王室もグルントヴィを経済的に支えました。攻撃を増すデンマーク国教会を前に、逆説的ながらも、グルントヴィは「信仰の自由」の必要性を改めて認識し、形式や強制、それに依存した聖職者や知識人への嫌悪を高めました。彼は、ラディカルな人民主義ともいうべき立場にますます近づきつつあったのです。

❹イギリスの自由主義を学ぶ

こうした状況のなか、一八二八年、国王フレデリク六世（Frederick VI, 1768～1839）に進講

（貴人への講義）したグルントヴィは、彼の窮境を案じた国王から「今、何をしているのか？」と聞かれました。彼はすかさず、「何もしていません。もし王が、私をアングロ・サクソンの古文献を探索にイギリスへ遣わすことをなさらなければ」と答えています。

かくして、グルントヴィの人生の転機となった、イギリスへの三度にわたる旅がはじまりました。

イギリスで彼が見たものは、産業革命と資本主義の進展する巨大な産業社会とプロレタリアの登場、それらの上に成り立った市民革命の帰結としての市民的自由でした。その象徴が、ケンブリッジ大学のトリニティ・カレッジでの体験です。教師と学生がともに自由に語り合い、緊密な横の連帯を目撃しました。それは、教授が上から教え込むコペンハーゲン大学の権威主義とは正反対のものでした。その後にグルントヴィが主張した「教育の自由」は、ここが原点となります。

グルントヴィが、既成の権威と闘うなかで鍛えあげられてきた筋金入りの自由主義は、イギリスの実情を見て、ますます急進的になっていきました。

帰国後、彼は国教会に、説教の自由を彼に与えるように積極的に働きかけますが、許可はおりません。そこで、私的なグループで説教に務めていたところ、一部の教会が彼に道を開き、七年後には、終生の勤め先となったヴァルトウ（Vartov）教会の牧師となることができました。そこは、彼の姿勢にふさわしく、貧しい老人たちが扶養されている救貧院兼病院でもありました。

ここは現在、フォルケホイスコーレ協会の事務局となっていて、中庭にはグルントヴィの銅像があり、そこでいつも子どもたちが銅像に乗ったりしながら遊んでいます。私が寄ったときもそうでした。

一八三七年以後、グルントヴィの友人たちの援助により、彼の賛美歌集が出版されました。四〇〇のうち、二七一の賛美歌がグルントヴィの詩によるものでした。その後、補訂され続けて、最終的にはグルントヴィによる歌詞は一四〇〇を超えました。デンマークの国教会が彼の賛美歌を歌うことを認めたのは、やっと一八五六年になってからのことでした。

フォルケホイスコーレの構想

❶時代背景

一九世紀の前半、デンマークは文化的、経済的にドイツ（プロイセン）とイギリスの影響下にありました。前世紀

ヴァルトウ（Vartov）教会の中庭に立つグルントヴィ像。建物には、グルントヴィの研究機関も入っている

末は中立政策をとって、戦乱を避け、経済的に繁栄したデンマークですが、世紀が変わるとヨーロッパの列強の動向に左右されざるをえませんでした。

とくに、ユラン半島南部のシュレスヴィヒ・ホルシュタイン公国の帰属問題をめぐってプロイセンとは一触即発の緊張関係にあり、また国内では、広くヨーロッパを襲ったブルジョア市民革命の余波を受けて、農村部の地主階級を主とする復古主義者とコペンハーゲンを中心とする「ナショナル・リベラル」の対立が起こりつつありました。

デンマークでは、前世紀末の絶対王制時代に、モルトケ（Adam Gottlob Moltke, 1710～1792）やベルンストーフ（Johann Hartwig Erust von Bernstorff, 1712～1772）といった重農主義の開明的な宰相や、土地改革の偉大なリーダーであったレヴェントロー（Christian Ditlev Frederik Reventlow, 1748～1827）の努力によって、農民の土地への束縛からの解放、独立自営農民への転化奨励、経営農地の集団化と散居農場制の形成を三本柱にした農民解放政策が進められてきたおかげで、農民たちは革命的な意識に早くから目覚めていました。

一七八八年の農民解放令がその出発点であり、一八一四年には小学校の義務教育化を勝ち取りました。その後も、領主を中心とした封建的な性格の村落共同体は、独立自営農民たちの共同体に移行し、農民たちは、まだ残る小屋住み農民（小作農民）の自作小農化、農民のみの徴兵から国民皆徴兵への移行、地方行政への農民の参加などを要求して闘っていたのです。

一八三〇年には、フランス七月革命の余波もあり、国王は農民の代表の参加を認めた地方議会の設置に迫られます。一八四一年八月には地方自治法が公布され、行政の末端単位である「教区」の委員会に、九人中四人まで農民代表が参加するようになり、そのもとの郡委員会も農民が多数を占めて、中央集権から、デンマークの今日の特色である地方分権への礎石が築かれました。

そのとき、彼らの精神的な支えがグルントヴィの存在であったことは言うまでもありません。

フランスの啓蒙思想やドイツ文化の立場に立って、デンマーク語とデンマークの野卑《やひ》な農民文化を軽蔑する首都の知識人や学者たちに抗し、その「きたない」デンマーク語を語り、母から子へと農民たちが口移しに伝えてきたデンマークの地域文化こそが美しく尊いのだ、と数多くの詩で表すグルントヴィ。

農村部の教区を支配し、文句を言わず、まじめに働か

デンマークの市民革命を示す当時の絵。右の建物の３階の窓にグルントヴィが描かれている

ないと来世の幸福はないと農民を脅す保守的・権威的なデンマーク国教会の僧正たちに対して、キリストの真理は、地方の小さな教会に集まり、祈り、語り合う貧しき信徒の間にこそあるのだ、「初めに人間があり、そして次にキリスト者である」と説くグルントヴィ。

首都の知識人やコペンハーゲン大学の学者たち、あるいは教会お抱えの連中から批判の集中砲火を浴び、言論の検閲規制さえ受けながら、蔑まされてきた民衆の誇りと自由を求めて孤独に闘うグルントヴィの姿は、彼の賛美歌とともに、地方の農民たちをどれほど励ますものであったことでしょう。

グルントヴィは、「真のデンマーク人」とは、「貧しいけれど、神の与えた緑の大地をもち、それを育て、花が咲き、実を結ぶのを見る喜びをもった人々と友になる」人であり、「あらゆる人間の自由と独立、高貴な自負、名誉、尊厳を破壊するような言論の暴力者・学者・傲慢の高みにいる者たちと闘う人」であるとしています。ここに、彼の人民主義の真髄が表されていると言えます。

こうした地方の農民たちの革命的な勢力を見たナショナル・リベラルは、自分たちの劣勢を、農民を取り込むことで挽回しようと、一八四六年に「農民の友協会」という政治結社を組織します。当時国民の七五パーセントを超えた農民たちは、これによってデンマークの中央政界における一大勢力となったのです。

そして、一八四八年のヨーロッパを揺るがした革命の波は、ついにデンマークの絶対王制を崩壊させ、ナショナル・リベラルが政権をとる立憲君主制へと移行したのです。

❷デモクラシーを支える学校として

このような時代にあって、農民の立ち上がり、首都でのブルジョア勢力の勃興を見てきたグルントヴィは、民主主義の空洞化という危惧を抱いていました。精神の自由、人びとが自分の思っていることを自由に発言できることができないかぎりは、真のデモクラシーはあり得ないと考えたのです。言い換えれば、国民の大多数を占める農民たちの声が政府に反映され、農民とそれ以外の人々の平等が達成されることが必要でした。

彼によれば、ブルジョアジーが政権を取ったにせよ、彼らがアカデミックな教育を誇り、優秀な官僚となって、無学な農民たちを支配したところで、事態はいっこうによくならないのです。国民の大多数を占める民衆（農民）こそが、高いレベルの学問を身につけ、覚醒しないかぎり、「少数の如才ない小りこうな連中」が政権を意のままにし、民主制を形骸化してしまいます。

王室に取って代わった都市ブルジョアジーも、またコペンハーゲン大学で貴族や牧師たちの子弟と肩を並べて、普遍のヨーロッパ文化、ギリシャ・ラテンの古典や近代フランス・ドイツの学問を学んだ人々でした。グルントヴィの言葉を借りれば、「（大学へ入るための）ラテン語学校の毒に染まった子どもたち」でしかなかったのです。

このような表向き機会均等な詰め込み主義のシステムでは、学歴・資格・試験がものをいいます。近代日本においてもそうであったように、高等教育で、よい学歴・資格をもつ者が官僚の高いポストに就きます。しかし、行ける者はかぎられており、条件に恵まれた少数の者が特権的な地位に就き、大多数の民衆の上に立つという構造が成立します。

教育の体系は、一方に民衆の通う読み書き中心の普通教育とその教員養成の師範学校、そして他方にエリートのみが行く大学などの高等教育という二つの体系に分離し、政治・経済・社会・文化・学問の支配層は後者のみが養成するようになります。そして、彼らのイデオロギーを、前者の師範学校出の教員たちが普通教育で民衆に振りまいていくのです。

日本でもそうですが、この二つの分水嶺は、西洋古典（ラテン語・ギリシャ語）、英・独・仏の外国語、そして近代科学の知識の有無です。その獲得が中等教育の目的でしたから、選良《せんりょう》は自国文化、自国の言語を軽視し、ましてや農民の民俗文化などは軽蔑の対象となります。

知識人や官僚のそうした態度が農民自身にまで及び、いわれのないコンプレックスをもち、彼ら自らが黙り込むようになっては、デモクラシーというには値しない――これがグルントヴィの信念でした。民衆が自由に発言し、知りたいことを自由に学ぶことができ、官僚や知識人たちと対等に立つことができれば、彼らの舵取りを規制することができます。国民の大多数の農民、民衆が自由に参加できる社会こそが「デモクラシー」の名にふさわしいのです。

議会制自体に対しては、グルントヴィは批判的でした。現実に知識人や官僚、民衆と区別があるのに、議会制の理念、あるいは普通選挙制の要求は、すべての人間を一挙に同等の者としてしまう虚構の上に成り立っていると思われたからです。違いを違いとして認め、そのうえで互いに作用し合い、差異を取り込む形で共同体がつくられなければならないと彼は考えました。

農民や手工業者、商人などを含む民衆と、将来の官僚や学者となるべき者が一《ひと》ところに住み、互いに知り合い、働き掛けあう場所があって初めて、議会制や民主制は意味をもつのです。言い換えれば、よきデンマークの社会をつくりうるにふさわしい民衆が育成されなければ、民主制は衆愚政治に陥るというのが、グルントヴィが長い歴史研究から得た感覚でした。

一八三〇年に国王が地方議会を認めたとき、そこでの要求の一つに市民に開かれた高等教育機関の設立がありました。それはフランスの啓蒙主義的な考えのうえに、一般市民を有用な技術者、官僚とするために、専門的・職業的な仏・独の学問を教え込むという性格のものでした。

グルントヴィは、そうした学校設立に反対し、国王に乞われて『生のための学校』（一八三八年）という冊子を書きます。

彼はそこで、学校は聖職者養成、学者養成、そして市民養成の三つの種類に分けられるが、すでに聖職者と学者のための学校は充分にあるというのに、よき社会を支える市民のための学校がないと言います。この学校があって初めて自由な社会が形成維持されるのです。

そこでは、ラテン語は廃止され、デンマーク語を語る者が集まり、学ぶ意志のある者は誰でも学ぶことができる自由が保障されており、相互作用によって生の神秘を知り、ゆるやかな自己認識に至ることができます。この学校こそが、上流階級と民衆とのギャップを埋め、デンマークの社会全体に働きかけられるものとなるのです。これが「フォルケホイスコーレ」のはじまりを告げるものとなりました。

グルントヴィの教育思想

❶「死んだ文字」と「生きた言葉」

グルントヴィの一番嫌ったものはラテン語学校であり、それが輩出した知識人、ひいてはラテン語学校の文化の源泉であるローマ古典文化とイタリア・フランス的な啓蒙文化でした。

彼の文明観によれば、ヘブライ、ギリシャ、ローマ・中世スコラ学・ルネッサンス・啓蒙、そしてアングロ・サクソン・北欧文化と人類は四つの文明の段階を経てきており、それぞれ聖書、ギリシャ神話、ラテン語古典とフランス文化、そして北欧神話とイギリスの近代科学というメルクマールをもちます。

グルントヴィによれば、聖書とギリシャ神話はもともと書かれた文字ではなく、人々の伝承のなかで生き、「生きた言葉」で語られ、聞かれていたものです。北欧神話もそうだし、イギリスの近代科学も生活実践のなかで生まれたものであり、空疎な学校教育のなかで、本の知識を通して得られたものではありません。しかし、ローマ古典とカトリックの教義、それに近世イタリア・フランスの啓蒙文化は、すべてラテン語に基づいた書物による学校知識でしかありません。

> われわれ国民のすべては、死の学校を知っている。というのは、どこの学校でも例外なく大なり小なり文字ではじまり、本の知識で終わるからである。それが、何世紀にもわたって人が「学校」という名で呼んできたものだし、今もそう呼ばれるもののすべてである。たとえ（聖なる文献のように）天使の指先や星のペンで書かれたところで、あらゆる文字は死んでいる。あらゆる本の知識も死んでいる。それは、読者の「生」と決して一致することはない。
>
> 数学や文法だけが心を破壊し、死なせるのではない。子ども時代、人が心と体の適正な発達に至る以前に、学校で頭を使っているあらゆることが、すでに無益な消耗なのだ。（冊子『生のための学校』より）

ラテン語文化を己の特権の基盤とする知識人や聖職者たちと違い、キリスト教と北欧神話の伝承という直接の結び付きのなかで暮らし、親から子へ、友から友へと語り合ってきたのは、デンマークの民衆、とくに女性にほかなりません。グルントヴィは女性たちを「自然と人生、そして母語の力強い代弁者」と呼んでいます。

地方の小さな教会に集まる、敬虔な祈り貧しき信徒たちの会衆のなかで、遠い昔のつわものどもの神々たちの息吹を乗せたデンマーク語が語られるとき、その言葉こそが「生きた言葉」なのです。

それゆえ、こうしたデンマーク語で、「生きた言葉」で語り合う学校では、死んだ文字の書物による教授、暗記、詰め込みは廃止され、人々は生の経験を重ねるなかで心の奥底に目覚めた生命の焔《ほむら》を口に出して語り合い、耳を澄ます場となったのです。

人間として生き、教育を受けたいという心からの願いがあるところでは、経験の真実がそれ自身人に聞かれるようになれば、必ずやそれは勝利するだろう。「それ自身聞かれるようになる」という言葉を、私は重い意味を込めて使っている。本に印刷された言葉としてではない。（中略）

よい耳を通してこそ、精神の目は見開かれるのだ。（一八三二年に刊行された『北欧神話』の序文より）

❷相互作用と対話

「生きた言葉」は、当然ながら相手を必要とします。人は生まれながらにして、他者とのコミュニケーションを求め、それによって育ちます。異他なる者との「生きた言葉」によるコミュニケーションを、グルントヴィは「相互作用」と呼んでいます。

これは、フィヒテの思想の根本概念の一つで、シェリングによって、自然現象の説明概念として使われたという歴史がありますが、グルントヴィはそれをフィヒテに戻し、人間の人間たる所以をつくりあげるコミュニケーションの概念としました。そして、彼によれば、「国中から集まった若者たちの相互作用を、できるだけ多く、生き生きとなるように努力するところがフォルケホイスコーレ」となるのです。

しかし、グルントヴィは、同輩の者、同じ階級内にとどまっていては、その力も半減すると考えました。「生きた言葉」は、対立やギャップのあるところでこそ語られ、聞かれなければなりません。目に見えない超越的な世界と現象世界、心の奥底の世界と外の身体の世界、知識人や学者の世界と普通の人びとの世界、ある民族と別の民族、自然と人間社会など、こうした対立する世界を相互作用によって媒介するものが「生きた言葉」にほかなりません。

それゆえグルントヴィは、理想的なコミュニケーション状態としての「ラテン語を共通語とするか、あるいは人為的な普遍言語による学者の共和国」には反対します。いくら学問的な客観性があっても、そこに「生」がなく、死んだ文字しかないのであれば、相互作用もありません。相互作用は誰でも分け隔てなく、異なる経験をもつ者が集まったときにこそ、より生き生きと生じるものだからです。

ソーリィォーに立てられるアカデミーに代わって彼が提案したのが、官僚や商人、手工業者、農民の子弟たちが分け隔てなく交わり、相互作用を及ぼし合うフォルケホイスコーレでした。そのことによってグルントヴィは、将来官僚となり、国を司る人々が階級的な上下関係を頼りにせず、また民衆たちもデモクラシーを下から支え、形骸化しないように働き合う「生きた人倫共同体」を構想したのです。

その際の学校のモデルは、彼がケンブリッジで見た、教師と学生が寝食をともにし、友人のように親密に語り合うカレッジ形式でした。それは、グルントヴィの相互作用の考えを具体的にしたものでした。死んだ文字による書物によらず、「生きた言葉」での相互作用であるならば、互いの生の経験を語り合うことが中心になります。自由な対話こそがフォルケホイスコーレの教育の方法なのです。

多くのデンマークの教師たちが、グルントヴィの対話・相互作用について語るとき、ドイツのフランクフルト学派の現代の代表的な哲学者ユルゲン・ハーバマス（Jürgen Habermas, 1929～）の『コミュニケーション的行為』や『対話的理性』を引き合いに出すのは、ゆえのないことではありません。しかし、理論家ハーバマスよりも優れているのは、フォルケホイスコーレが現実の展開のなかで、この「強制なき対話」を実現しようとしてきたことでしょう。

❸歴史的―詩的

グルントヴィは人間を抽象的に捉えることはしませんでした。ストア派の賢者やローマの古典的学者たちが考えたように、人間性はどの民族にも共通したコスモポリタン的な抽象的本質としてあるわけではないのです。聖書が教えるように、人間が土くれから生まれたとすれば、その土地の具体性をもちます。同じ土地、同じ風土から生まれた人間は共通の社会を形成します。

しかし、この共同体は経済的な利益共同体、必要から生まれた共同体ではありません。それは、言葉を基盤にし、心の奥底から彼らの歴史を神話・宗教として生み出し、彼らの生活を統合している生命的なものであり、ひと言で言えば民族精神なのです。相互作用によって結び合わされた人倫共同体である精神は、多数存在し、それらがまた相互作用を及ぼしあって、歴史というものが形成されていきます。

それゆえ、どんな人間でも歴史的存在であり、「生きた言葉」によって彼は先祖たちから連なる精神の伝承のなかに生きています。これがそれぞれの人間性の奥底を形成するものだからです。逆に言えば、ある共同体の精神と人間性は、そこの神話と宗教のうちに発露を見いだすことができます。グルントヴィにとってそれは北欧神話の世界であり、キリスト教であるのは自明です。

人が北欧の眼をもって、キリスト者の光のもとに、精神の世界を見るならば、芸術や学問の普遍的で歴史的な進展の印象を受け取るだろう。それは人間の生の全体を、そのすべてのエネルギー、条件、そしてその達成でもって包括するものだ。……ギリシャ――北欧的生き方、言い換えれば新しいデンマーク的生き方とその文化は、北欧の神話が与えてくれるものだ。その神話のなかに可能性として潜んでいるものは、普遍的、歴史的に重要なものであり、われわれにとっては評価できないほど価値のあるものなのだ。（一八三二年に刊行された『北欧神話』の「序文」より）

伝承や神話を「生きた言葉」で語ることは、それゆえ、歴史的な空間のなかに生きている人間の深層に触れることであり、人々が生活の背景として無意識のうちに負ってきたものを、ヴィヴィッドに取り上げ、自覚することになります。しかし、グルントヴィにとっては、それは自国の文化を優位に置くことではなく、具体的に人間とは何かを探究する糸口になるものです。

グルントヴィ研究家のニールス・L・イェンセン（Niels L.Jensen）は言います。

「グルントヴィほど、温かい思いをもって祖国への愛を表明した者はいなかった。しかし、彼は伝統的な意味での愛国者では決してなかった。……グルントヴィにとって、祖国愛とは、ドイツ的な攻撃的かつ拡張的なナショナリズムをまったく意味しなかったのである」

彼は実際、ナショナリズム的な政治運動、当時、知識人や学生たちの間で盛んだった「スカンジナビア主義」の運動に与しませんでした。彼は、世界の民族はそれぞれ固有の発展をたどり、その全体の調和が摂理を示すと考えていたのです。どの民族精神も彼にとっては、神の摂理の偉大さを表すものでした。

こう書くと、慧眼な読者は、ドイツのシュトルム・ウント・ドランク運動の思想家ヘルダー(Johann Gottfried von Herder, 1744～1803) に似ていると気付くことでしょう。グルントヴィは、実際、彼から大きな影響を受けました。また、ヘルダーは、師のハーマンからこうした考えを受け継いだのですが、彼ら三人がリガ（ラトヴィアの首都）、ケーニヒスベルク（ロシア共和国のカリーニングラード）、そしてコペンハーゲンで活躍したことを考えれば、この三都市を結ぶ「バルト海文化圏」がこうした思想を生み出す基盤だったのかもしれません。

人間の「生」、人類とは何かを知るための陶治材《とうやざい》として、北欧神話や民衆の伝承、あるいは祖国デンマークの自然を歌った詩を使い、それをみんなで唱和し、思いや感激を対話のなかで語り合う。それを通じて、郷土への愛と日々の生活の尊厳、そして人生の神秘を知り、人間性を高めていく。こうした教育のあり方が、グルントヴィの言う「歴史的‐詩的」なのです。

それゆえ、何よりも教師は自分自身の感覚を磨き、人に語り掛け、若者のいまだ固まらぬイメージ、「生」への期待を喚起しなければなりません。ソーリォーにできるはずだったフォルケホイスコーレは、教師たちが、語り掛けの力を相互作用によって身につけていくところでもありました。

❹試験の廃止と生の啓発

「生のための学校」であれば、そこに資格や試験、単位など入り込む余地はありません。それらはみな、死んだ文字で書かれた本を覚えることにほかなりませんから。また、「生」のためだからといって、職業訓練を導入することも認められません。それは人間の「生」ではなく、利益のための「生」であるからです。大人社会の躾けやきまりを教え込むこともだめです。

　われわれが、むなしくも、われわれの子どもたちと子孫のすべてを、われわれ自身を模倣した（融通のきかない）石版画に変えてしまったら、それは、われわれ自身を貶めることであり、将来の世代を不幸にするために全力を尽くしているようなものだ。なぜなら、人間は猿ではないのだから。（一八三二年に刊行された『北欧神話』の序文より）

グルントヴィによれば、試験とは、「年長者が、若者の経験の範囲では答えられず、ただ他人の言葉を繰り返すことで答えとするにすぎないような質問で若者を苦しめるもの」となります。心ない大人が、自分でもろくにできなかったことを後進の者たちに試験として強要すればどうなるでしょうか。今日のわが国の受験体制の帰結、受験秀才の本質である模倣性、主体性のなさを見事に予測していたかのようです。

学校のシステムは試験に基づくべきではなく、「すべての賢明な学校のシステムは、絶えざる啓発に基づくものでなければならない」とグルントヴィは言います。各人が自己の、そして他者の「生」の啓発、人間の「生」に光を当てることが、学校の本来の目的なのです。

グルントヴィはこれを「生のオプリュスニング（oplysning）」と呼んでいます。「オプリュスニング」とは「啓蒙、啓発」といった意味ですが、上からのそれではなく、自分の内からそれに覚醒することです。このオプリュスニングは、人間の相互作用と「生きた言葉」に基づいて、心の奥底から引き出され、火がつけられます。

それは、試験や制度では永遠に引き出せず、それどころか去勢していまい、押し込んでしまうものとなります。そして、何よりも自由があってこそ可能なものなのです。これがあるかどうかで、単なるわがままの自由たる「放恣《ほうし》」と、実質的な、人間的な自由が区別できるのです。

フォルケリ――ユニヴァーサル

❶グルントヴィの多面性

グルントヴィの思想を一語で要約すれば、「フォルケリ（folkelig）」あるいは「フォルケリーヘズ（folkelighed）」ということになるでしょう。言葉の意味は、英語で言うところの「ナショナル」、あるいは「ナショナリティ」に近く、ある国民がもっているあらゆる特性、精神的・文化的伝承を含めたものです。しかし、これは翻訳不可能で、本書全体が、いくらかはその片鱗を示すことになるでしょう。

この「フォルケリーヘズ」という概念のもつ多義性自体が、グルントヴィ自身のもつ多面性をよく反映していると言えます。

グルントヴィがこの言葉を使うときは、具体的にはデンマークの民衆と文化、そして自然が意味されているのですが、すでに述べたように国粋主義を意味しません。彼はデンマークがシュレスヴィヒ・ホルスタインをめぐってプロイセンと戦争したとき、もちろんデンマークの側に立ったのですが、シュレスヴィヒの民族的な自立性を認め、支持したくらいです。

グルントヴィの詩はほとんどこの感情を言葉にしたものであり、彼の北欧神話や世界史に関する数多い著作も、これを扱ったものと言えます。フォルケホイスコーレ自体が、この目覚めと自覚のための場なのです。

政治的には、これは人民主義、自由への希求として現れます。デンマークだけではなく、自分たちのアイデンティティに立ち、額に汗して働いて、地域の自立と自由を求める人々、抽象的な人権でなく、具体的な人間の尊厳のために闘う人々は、みんな同じ地平に立っているのです。

グルントヴィの「フォルケリーヘズ」は、ナチズムや天皇制ファシズムとはまったく違います。これは「解放」という性格を内にもつからです。たとえて言えば、ナショナリズムに傾いた面はガンジーに近く、人民主義と解放の側面はマルクスなどに比べられるでしょう。

「グルントヴィが今日、カール・マルクスや毛沢東と比較されるのは何の不思議もない」と、彼の小伝を書いたポール・ダム（Paul Dam）は言っています。事実、一九七四年には、デンマークのクオリティ・ペーパーの一つである『インフォメイション』紙の編集主幹を務めたエイヴィン・ラーセン（Ejvind Larsen）が著した『グルントヴィ、そしてマルクス』は、デンマークの新旧左翼勢力や進歩的なグループから大変な反響を呼びました。

グルントヴィの似顔絵は、デンマークではしばしば大衆運動のパンフやビラに描かれます。一九六〇年代末の、若者の反乱のときもそうでした。そして今日、発展途上国の民衆の解放教育にグルントヴィが受け入れられ、ブラジルの有名な民衆の教育者パウロ・フレイレ（Paulo Freire, 1921～1997）と並び称される「解放教育の指針」とされるのも当然なのです。

グルントヴィは、またフェミニズムの先駆けとも言われており、女性の権利を一番に擁護した人でした。それはまた、彼の言うフォルケリーヘズ、デンマークの言葉と文化を、女性こそが子どもに伝えてきたことへの愛おしさから来るものでもありました。のちにできたフォルケホイスコーレは、女性の入学に道を開いたデンマーク最初の高等教育機関でもありました。

グルントヴィの独創的な神学の議論の一つに、女性のイエスが現れたとき救済が完結するというものがあります。男性のイエスだけでは救済史が成立しないのです。ここにも、グルントヴィにおける女性原理の尊重が見られます。

常に民衆や女性の味方で、知識人と教会を嫌いましたが、王室とはよい関係をもっていました。ソーリォーにフォルケホイスコーレの設立を提唱したとき、クリスチャン八世（Christian 8., 1786～1848）は喜んで受け入れましたが、その後すぐに亡くなり、跡を継いだ国民議会は、

労働着に身を包んだグルントヴィが、新しいフォルケホイスコーレを立てるのを手伝っている（ヘアマン・スティリング作・リノリウム版画、『Grundtvig og Danmark』1983年より）出典：『生者の国』新評論、2011年、252ページ。

もっと実用的で産業に即した学校でなければ認めませんでした。

本の知識や書かれた言葉を「死んだ言葉」と言いながら、これほど本の虫であり、多くの著述を成し遂げた人はいないでしょう。ラテン語を毛嫌いしつつも、北欧の重要な中世ラテン語の文献を翻訳しています。また、彼の文章自体、極めて複雑な構成でラテン語の影響が見られます。

デンマークでも、まだ彼の完全な全集はなく、できたと仮定すれば、厚い本で一三〇冊は下らないと言われています。生涯において彼が一番長くいたのは「書斎の机の前」と言われ、書くことによって自分の思想や感情を形にしていったのです。それゆえ、あちこち矛盾する内容も多いということです。

彼の理論的なライヴァルの一人、同時代の実存哲学者キェルケゴールも多量の著作を残した人ですが、グルントヴィは、彼ほどの思弁、体系性はありません。良くも悪くも、キェルケゴールはドイツの思想、ヘーゲル哲学に影響されていたのですが、グルントヴィはドイツ流の観念論を空疎なものだと最初に批判しました。

ドイツの学者（レーヴィット）がキェルケゴールをヘーゲル批判の一番手に位置づけてから、キェルケゴールは世界に知られたわけですが、デンマークの学者（ヘイルプ、タニング）はグルントヴィがシェリング批判を先んじて行ったときから、ドイツ観念論の脱構築ははじまったと考えています。

体系、思弁を嫌い、また啓蒙の合理主義も否定し、多面的な言動のモザイクのごとき組み合わせで、常に新しい視点を提供してくれるグルントヴィは、今風に言えば、すでにして「脱構築の思想家」なのです。

❷ドイツの詩人ヘルダーリンとの比較

グルントヴィ自身は、ドイツ・ロマン派の詩人ではノヴァーリス（Novalis, 1772〜1801）に親しんだのですが、彼に一番近いのはむしろヘルダーリン（Johann Christian Friedrich Hölderlin, 1770〜1843）ということができます。彼との対照が「フォルケリーヘズ」の間接的な理解につながると思いますので、ここで引き合いに出してみましょう。

ヘルダーリンはグルントヴィより一三歳年上で、ほぼ同時代人ですが、その時代はほとんど無名に終わり、重要な作品が知られずにいたため、直接の関係はありません。彼は当初、古代ギリシャに憧れ、のちキリスト教、そして北欧・ゲルマンの文化背景に立ち、浅薄な近代化、啓蒙の皮相さを批判して、民衆の教育者となること、そして人びとを詩によって統合し、新しい神話としての芸術宗教による共同体を夢見た人です。ライン川を越えたフランス革命であるマインツ革命（一七九三年）に関係があったともいわれ、ジャコバン派のシンパでもありました。

彼の親友であった哲学者ヘーゲルも含めて、古代ギリシャの思想のもとに民衆の教育者を志し、民主的な生き生きとした共同体を、精神革命によって成し遂げようとしたその試みは、近代のもう一つの可能性であり、もっとも優れたものの一つであったと言えるでしょう。それは、よく言われるように、フランス革命に欠けていたもの、すなわち生き生きとした人びとの有機的な共同性を、さらに精神の革命、新しい神話、詩による統合でもたらそうとしたものでした。

しかし、資本主義・官僚主義が、近代初頭にほのめいた、より良き社会と人間のあり方を侵食してしまい、個々の人間は巨大複雑なシステムのなかにがんじがらめに拘束されてしまいました。彼の説いた有機的な友愛の結び付き、美しき共同体は、まさに人間を分離し、孤立させ、歯車としていく近代の主要な傾向を阻止せんとしたものでしたが、散文的な現実の巨大さの前に詩人の理想はあまりにも無力で、学者、大学教授へと転身を図ったヘーゲルほどの俗物性がないため、のちは狂気に陥るしかありませんでした。

その直前に書かれた彼の詩は、その深さ、完成度の高さで、ドイツ文学の最高峰と言われています。内容は、ゲルマン文化やキリスト教の理念、あるいはドイツの自然（とくに川）で、暗やみに陥ったこの近代の疎外状況を救い、来たるべき、隠れた神の到来を詩人こそが告げて知らせられるという悲劇的な理想に満ちており、ドイツの民衆が二つの侵略戦争で苦しむとき、人びとの心の支えともなった崇高なものです。

詩の優劣はともかくとして、ヘルダーリンが成そうとしたことは、グルントヴィによって見事に実現されました。故国の危機を、詩によって民衆を統合し、彼らを皮相な啓蒙、近代主義から救い、歴史に培われてきた民族精神を一人ひとりに甦らせ、しかもそれが排外的、暴力的なナショナリズムではなく、民衆自らに友愛と共同と自由の市民的自覚をもたせるという理想は、フォルケホイスコーレの運動のなかに体現されたと言ってもよいでしょう。復古的なロマン主義ではなく、それは近代が生み出した最良のものの一つとして、私は「革命的ロマン主義」と名づけたいと思います。

近代の疎外批判として登場したロマン主義のほとんどが、わが国も含めて復古的・反動的なものとなったなかで、イギリスのウィリアム・モリス（William Morris, 1834～1896・ヴィクトリア時代の工芸家、詩人、ファンタジー作家、マルクス主義的社会主義者）とヘルダーリン、そしてグルントヴィこそが「革命的ロマン主義」のあるべき姿を示していると言えます。

❸晩年のグルントヴィ

ヴァルトウの救貧院協会に移ってからのグルントヴィは、その名声は高まるばかりでした。このチャペルはグルントヴィの賛美歌のメッカとなり（一一四ページの写真参照）、会衆は遠くからでも厭わずやって来ました。何よりも、地方の民衆は自ら「グルントヴィ主義者」と名乗り、その勢力をさまざまな分野で発揮したのです。

そうして、シュレスヴィヒ地方でドイツとの緊張関係が高まる一八四四年、最初のフォルケホイスコーレがロディン（Rødding）につくられます。また、農民とともに歩む改革派の牧師たちは、グルントヴィの批判、すなわち国協会の煩瑣《はんさ》な形式主義批判、簡素化の要求を繰り返し、無視できない力となりました。

救貧院協会で賛美歌を歌っている、晩年のグルントヴィを描いた絵（クリスチャン・ダルスゴ作）。出典：『生者の国』新評論、2011年、203ページ。

グルントヴィが望むと望まないとにかかわらず、政治、教育、教会と、ありとあらゆる民衆運動の分野でグルントヴィの名前は指導的なものになっていきます。コペンハーゲン郊外で、ヘルシンガーへ向かう道の途中にある彼の家は、あらゆる地方から訪ねてくる人でにぎわいました。

五〇歳を超えてからのグルントヴィは、身辺の平穏もあって、ユーモアに満ち、幸せそうだったと言われています。女性にも愛され、生涯で三人の妻をめとりました。それぞれ、前妻と死別したあとに一緒になったわけですが、彼は詩のなかで次のように歌っています。

最初の妻は妹のようだった
これほど牧歌的な人生だったことはこの地上ではなかなかない
二番目の妻は母のようだった
それはとても大胆でロマンティックな暮らしだった
三番目の妻は娘のようだった
これはこれでとても信じられない暮らしだ

（『私のアスタに』より）

グルントヴィは、革命以後の憲法制定会議の委員になったり、下院議員、最後は上院議員も務めますが、彼を党首に政党をつくろうとする試みには絶対加わりませんでした。また、彼自身つくる気もなかったのです。自分はキリスト者で、詩人だと考えていました。

一八七二年九月二日、彼はアーム・チェアに座ったまま静かに亡くなりました。享年八九歳でした。一一日に行われた葬儀には、デンマークとノルウェーから何千という人びとが参加し、悲しみの行列のなかで不世出の人物を偲んだと伝えられています。

「生きる喜び、解放と自由が、教会、教育、協同組合、そして政治における民衆の運動を特色づけた。それらはみなグルントヴィとつながりのあるものだった。そしてそれは、一九世紀後半のデンマーク社会にかくも大きなインパクトを与えたものだった」と、ニールス・L・イェンセンは語っています。

グルントヴィの肉体は滅びましたが、彼の魂は数多い賛美歌のなかに残りました。その後、『ホイスコーレ・ソングボウ（ソングブック）』、あるいは『デンマーク賛美歌集』や『デンマーク・コラール集』という本に収められ、フォルケホイスコーレ、そして教会のなかで、現在に至るまで、彼が愛したデンマークの自然、北欧に現れた神の摂理、家族や民衆への愛などが歌われています。いずれも、デンマークのどの家庭にも必ず一冊はあるというベスト・セラーとなっています。彼らは、結婚、子どもの誕生、クリスマスやお正月、いろいろなお祝や悲しみの行事、学校で、職場で、グルントヴィの歌とともに一生を送っています。

「国父」とも慕われるグルントヴィの威光は、コペンハーゲンに造られたグルントヴィ教会に示されています。デンマーク最大でもっとも美しい教会といわれ、伝統とモダン・デザインの幸福な一致の例として建築史でも有名です。巨大なパイプオルガンからは、グルントヴィの賛美歌が流れ、多くの観光客でにぎわっています。

でも、本当のグルントヴィを示しているのは、コペンハーゲンの中央、有名な繁華街のストロイエの横にあるヴァルトウの中庭に立つグルントヴィ像かもしれません（一一四ページ参照）。ここには、フォルケホイスコーレ協会以外にも、保育所やユース・ホステル協会、青少年クラブ全国事務局など、さまざまなフォルケオプリュスニングの教育組織が入っています。

保育所の子どもたちにとって、グルントヴィ像は今日もよき遊び相手の「おじいさん」となっているのです。

コペンハーゲン郊外にあるグルントヴィ教会（Grundtvigs Kirke）の正面と側面

第6章 フォルケホイスコーレ運動の興隆とクリステン・コル

最初のフォルケホイスコーレ——ロディン（Rødding）

ソーリィォーにつくられるはずだったフォルケホイスコーレは、グルントヴィの構想では、北欧の名門コペンハーゲン大学やウプサラ大学（スウェーデン）などの既存の大学に匹敵する規模と内容の一大国民大学となるはずでした。しかし、彼を支持した国王の死去によって、この案は実行されることはなく、実権を握ったブルジョアジーのナショナル・リベラルは、もっと実際的な、英独仏の最新学問を教える専門学校的なものにしか理解を示しませんでした。

しかし、グルントヴィの思想は、ちょうどわが国の自由民権運動にも似て、幾多の地方の人々によって実行に移されました。本来は国家的な大事業として考えられたフォルケホイスコーレは、地方の人々による小規模な手づくりの事業として展開されたわけです。グルントヴィの壮大な意図から外れはしましたが、しかし、これがかえってフォルケホイスコーレのそれぞれの個性をつくり出し、今日も続く特色である「多元主義」と「自由」を形成してゆくことになります。

最初のフォルケホイスコーレは、一八四四年一一月七日、シュレスヴィヒの南部ロディンにつくられました。

当時、この地方における最大の問題といえば、この地方、かつてのシュレスヴィヒ・ホルシュタイン公国がどこに帰属するのかという問題でした。この時代は、ヨーロッパの古い支配体制を地ならししたナポレオン体制が崩壊したあとで、ヨーロッパが国民国家形成をめぐってゆれ動き、どこの地域でもナショナリズムによる国民統合が叫ばれたときです。シュレスヴィヒ・ホルシュタインも例外ではなかったのです。

もともとこの両地方は、一五世紀半ば、ここの統治者であったアドルフ伯の甥が、その後のデンマーク王朝を築いたこともあって、両領の結び付きを解かないという条件で、デンマークに帰属するという「リーベ条約」を一四六〇年に締結していました。しかし、シュレスヴィヒにはデンマーク語住

最初のフォルケホイスコーレ、ロディン

民、ホルシュタインにはドイツ語住民が多く住み、近代のナショナリズム勃興の時代を迎えると、それぞれのナショナリティーが自覚されはじめて来たのです。

一八四八年には、ドイツ系自由主義者がシュレスヴィヒ・ホルシュタイン独自の憲法制定と統一ドイツへの帰属を求める運動を起こし、リーベ条約の根拠であったデンマーク王制が滅びるのを見て、キール（Kiel）に臨時政府を立てました。デンマークのナショナル・リベラルや北欧のスカンジナビア主義者たちは、これに武力で干渉し、参戦して来たプロイセンとの間に「第一次シュレスヴィヒ戦争」が起きます。戦いはドイツ軍優位で推移したのですが、イギリスとロシアの圧力により、旧状に復する条件で休戦しました。ですから、火種は残り、一五年後、再度衝突が繰り広げられることになります。

このような時代ですから、シュレスヴィヒのデンマーク語住民たちは、自分たちのアイデンティティの危機をひしひしと感じていたのです。グルントヴィの歌と詩、彼のフォルケリーヘズの思想が、大きなよりどころとなったのは言うまでもありません。

「ロディン・フォルケホイスコーレ」の創立者は、キール大学のデンマーク語の教授であったクリスチャン・フロア（Christian Flor, 1792〜1875）です。彼はグルントヴィ主義者でした。迫り来るドイツの脅威に対抗し、デンマークのアイデンティティの拠点をなそうと、コペンハーゲンのナショナル・リベラルの援助もあって、国境に近いロディンに大きな農家の家屋敷を買い、そこに最初のフォルケホイスコーレを開きました。校長は彼の友人のウェーゲナー（Johan Wegener, 1811～1883）で、ほかに教師二人、そして二二人の学生が入学しました。

まったく新しいタイプの学校ですから苦労は付きもので、初めは理解されず、当時あった一種の「新手の農業学校」かと思って来る人もいました。それやこれやでウェーゲナーが一年で去ったあと、フロア自身が校長として赴任しました。彼は、グルントヴィの思想に忠実に「生のための学校」、「フォルケオプリュスニング」を果たそうと努力しました。試験もなく、資格も与えず、実学を排したのです。ちなみに、教科は次のとおりでした（カッコ内は週の時間数です）。

デンマーク史（3）、地理（3）、総合科目（道徳、心理学、統計学）（4）、デンマーク語（6）、ドイツ語（3）、世界史（3）、博物学（2）、素描（4）、代数学（2）、幾何学（2）、体操（4）、歌唱（2）、合計三八時間。

デンマーク語とデンマーク史の厳密な区分けはなく、教師が北欧神話やデンマークの詩文を題材に、みんなで唱和し、語るという授業が行われました。読み書きも教えましたが、二次的なものでした。地理や世界史、統計学などは、グルントヴィがフォルケホイスコーレの科目として奨励していたものです。偏狭な国粋主義を避け、よき社会を支える市民となるには、世界の情勢や政治経済の資料を理解する必要があるからです。また、自然科学一般は実用的として嫌ったグルントヴィですが、純粋数学や生物の歴史である博物学は、若者の世界に対して大いなる興味を起こさせるとして認めていました。

グルントヴィの原則どおり、運営会議に学生を参加させようとしたフロアですが、これは行政の学事監督局から横やりが入りました。ナショナル・リベラルの後押しもあり、すでに公的な補助を一部受けていましたから、行政の学事監督下にあったのです。

学生たちは、農民の子弟だけではなく、地方の官僚・知識人の子ども、あるいは地主階級の子弟などが増えていきました。というのも、二年の修業期間では、農家の青年たちはとても参加できなかったからです。

ロディン・フォルケホイスコーレは、第一次シュレスヴィヒ戦争の間、三年間閉鎖され、その後もいろいろな変遷をたどりますが、最初のフォルケホイスコーレとして歴史にその名を刻み、そのフロンティアとしての伝統は「アスコウ・ホイスコーレ」に引き継がれていきます。

農民運動による学校建設

グルントヴィの影響が、農民の政治と宗教の改革運動に一番あったことはすでに述べました。このころには各地で農業学校がつくられ、農民たちの地位向上のための努力が図られますが、フォルケホイスコーレを高等農業学校の性格をもったものとして実現させる動きも出てきました。自らも農民出身であるラスムス・セーレンセン（Rasmus Sørensen）によって、一八四八年にユラン東部のウルドム（Uldum）につくられたフォルケホイスコーレがその例です。

彼はグルントヴィ主義者の運動である覚醒派の信仰再興運動に属し、その運動がもっとも強かった地域に、農民たちの援助のもとに学校を開きました。ロディンのフォルケホイスコーレが、どちらかといえば知識人主導で、学生たちも農民が減少していたのに対して、ウルドムは「フォルク」の名にふさわしく、農民のための学校となりました。

残念ながら、シュレスヴィヒ・ホルシュタイン戦争のため、すぐに閉鎖され、ラスムス・セーレンセン自身は学校を去らねばなりませんでしたが、一八五一年には再開され、跡を継いだロトヴィット（Rotwitt）によって、デンマーク語、デンマークの歴史などが教授されました。ここでは、農民たちの政治運動に力となりうるように、新聞の読み方、統計や法律の読み方なども教えられ、試験が導入されましたが、口頭試問にとどまっています。

こうした農民たちのニーズに沿った「ウルドム・フォルケホイスコーレ」は、たちまち農民運動の一大センターとなります。ほかにも、ここよりは穏健で、常時一〇〇人以上という当時最大の学生数を誇った「ヒンホルム（Hindholm）・フォルケホイスコーレ」などの学校が各地に次々とつくられ、農民運動とともに歩むフォルケホイスコーレの伝統が築かれました。

現在でも、フォルケホイスコーレは、全寮制の「農業学校」、主に女性が行く「家政学校」と密接な関係をもち、これとフォルケホイスコーレの中等部であるエフタースコーレと合わせて、全寮制の四つの学校として政府が同じ範疇に入れていることからもその歴史が分かります。

野良着のソクラテス、クリステン・コル

各地のフォルケホイスコーレを訪ねると、グルントヴィと並んでよく掲げられている男性の肖像画があります。かっぷくのよい好々爺然とした、グルントヴィとは好対照の、きまじめで神経質そうな風貌をしているこの人こそ、フォルケホイスコーレの実践において最大の寄与を果たした教師クリステン・コル（Christen Kold, 1816～1870）です。賛美歌においてグルントヴィが国民から敬愛されているように、「民衆の教育者」として今日もなお人々に敬愛されています。

コルについては語りたいことがたくさんありますが、紙幅の関係もありますので、ここでは簡単に触れることにしますが、コル自身が著した『コルの「子どもの学校論」』（新評論、二〇〇七年）を翻訳しておりますので、あわせて参照してください。

❶コルの目覚め

コルは、貧しい靴屋の息子としてユランのティステズ（Thisted）に生まれました。母親似だ

ったのか、靴屋にはむかず、師範学校へ行くことになりました。敬虔なキリスト教徒だったコルは、キェルケゴールの著作『愛の業』などに影響され、深刻主義者を地でいっていたそうです。

彼は幾度も精神的な危機に陥りましたが、師範学校で、あるときグルントヴィ主義者の説教師ペーダー・ラーセン・スクレッペンボー（Peder Larsen Skræppenborg, 1802～1873）の話を聞いてから世界観が変わり、グルントヴィ主義者となりました。それまで彼が教えられてきた敬虔主義の神、人の罪を厳しく裁く父なる神と違って、グルントヴィは「神はあらゆる人を愛する」と言うのです。

彼は、このときから世界が喜びに輝いて見え、生きることの力強さが心の奥から湧いてきたと言っています。うれしさのあまり、コルは会う人ごとに「神は僕らを愛してるんだ。知ってたかい」と呼びかけ、師範学校からティステズへの石ころだらけの道を、裸足で歩いて帰りました。それは、遠い昔、荒野を裸足で歩いて伝導し、神の愛を伝えた使徒たちの足跡を彼なりに確かめるためでした。人々はコルが狂ったと考え、子どもたちは石を投げてからかいました。

クリステン・コル

❷教育者としての彷徨時代

卒業後、代用教員を一年間したあと、彼は南ユランのある富農の子どもたちの家庭教師となりました。そのなかの「マリー」と呼ばれる娘は物覚えが悪いとされていましたし、事実そうでしたが、あるときたまりかねたコルが本の筋道を全部話してやると、その本の内容をそらで言えるほど覚えてしまったのです。

このときコルは、子どもは聖書の文句などを嫌々暗記させられるより、興味が覚醒したら自然とすばらしいやり方で身につけるものだと悟りました。

以後、再び代用教員として小学校に勤めたときは、教育方針をめぐって、暗記や機械的な読み書きの練習が小学校の課題と考える校長やほかの教師たちと常に対立していました。

こうした経緯から「危険人物」と見られ、公立学校に採用される見込みがなかったので、教師をやめ、トルコのスミルナ（İzmir）に赴任する牧師の助手として同行することにしました。その二年後、その牧師のもとを去り、さらに三年間トルコで給仕として働いたり、製本屋の見習いをしたりして旅費を貯め、帰国の途に就きました。厳しい旅で、馬車にも乗らず、一人、徒歩でヨーロッパを縦断したそうです。

このときの見聞が、のちに教師として、学生に人の「生」の不可思議さを語りかける際に生かされました。

❸フォルケホイスコーレの設立

戻ってから、フュン島のリュスリンゲ（Ryslinge）でグルントヴィ派の牧師の子どもの家庭教師となり、近くの農民たちの子弟も集めて、自分の思うとおりの教育を施しました。グルントヴィの思想が浸透したこともあり、住民の理解を得て、彼は自分で民衆のための学校をつくろうと考えました。質素な暮らしをして貯蓄していたとはいえ、あまりにもささやかな彼の資金では、当然、不可能です。そこでコルは、グルントヴィに相談すべく、援助を申し出ました。

当時、グルントヴィのところに、各地の民衆運動のリーダーや政治家、知識人など、有名、無名の人を含めて千客万来でした。ロディンやヒンホルムの成功は、その地方の名士や首都のナショナル・リベラルの支援もあって初めて可能だったし、校長を務めた人はのちに国会議員になるなど、それなりの社会的評価も受けていたのですが、実績も何もない田舎に住む無名の、教師にも採用されなかった男性が、デンマーク中にその名のかくれもないグルントヴィに「応援してくれ」と頼んだわけです。無視されても仕方ないかもしれません。

しかし、グルントヴィはこれに答え、彼の設立趣意書に賛同し、最初の寄付金となる一〇〇クローネを与え、知人にこの趣意書を回して協力を仰いでいます。

お墨付きの威力は、すぐに多くの農民の寄付に現れました。その一二〇〇クローネの寄付金と自分の貯金の一〇〇〇クローネを合わせて設立の資金とし、古い農民の家屋を買い取り、賛同する農民たちと手づくりで校舎を築きあげたのです。ロディンの十分の一の費用ですんだ、と言われています。現代の「トヴィンド・スクール」や「コーリン・フォルケホイスコーレ」などの手づくり校舎建設は、コルの伝統にならったものと言えます。

一八五一年一一月、一五人の学生をもって、コルのフォルケホイスコーレが開校しました。コルらしく、ささやかな手づくりの学校でしたが、これこそがのちのフォルケホイスコーレの精神を決定した大きな一歩となったわけです。

学生としては、一四歳から三三歳までの人が集まってきました。彼は、グルントヴィが主張していた一八歳以上という年齢制限にくみせず、もっと若くても大丈夫だと考えていました。しかし、冬学期の六か月間に、やはり歴史や聖書、北欧の神話を心の糧にできるのは、もう少し年齢がいっていないと難しいということに気付きました。

❹敵対する人々

一八五三年、学校はフュンの東北部ケァタミンネ近くのダルビュに移りました。コルは、フォルケホイスコーレ以外にも、児童を集めて私設の小学校を一八五六年からつくり、そこで無意味な暗記を排して、子どもへの語りかけを中心とした自由な教育を行いました。これが、今日まで続く自由小中学校「フリースコーレ」の起源となるものです。

当然、既成の学校関係者たちは、これを敵視します。また、フォルケホイスコーレも「非実用的な教育で益がない」と主張し、彼らは対抗して、独自の農業学校を政府の援助のもとにつくります。それればかりか、コルの学校への政府援助を打ち切るようにと請願書を出し、コルに対する誹謗中傷を行いました。

「彼らの学校は党派的で偏ったことを教えている。政府は、そんな役に立たない学校に援助をすべきではない」などです。まるで、どこか極東の国の、政財界のお偉方が教育に干渉するときの言葉とそっくり同じです。

コルの支持者や卒業生たちも反駁の陳情書を出しますが、一八五七年の援助はなく、翌年、コルの反対者が多い地方学事監督局から視察委員が来ることになりました。彼らは、「試験をするように」とコルに要求しました。コルは、これに強く反対しました。

「われわれは若い人たちを試験する権利をもっていない。彼らは、何よりも学ぶために来ているのだ」

しかし、視察委員は受け入れず、いくつか学生に質問をしはじめました。すると、彼らはみんなたやすく答えたのです。そこで、難問を出し、「フン族のアッチラを打ち破ったローマの将軍の名は？」と問うたところ、一人のユラン出身の農民の子どもが「アエティウスである」と答えたので視察委員は驚嘆し、「これこそ教育である」とコルの学校を高く評価したのです。

コルの教育方法が学生の覚醒に任せるものであったがゆえに、いったん目覚めると、知らぬまに自主的な勉強がどんどん進んでいたわけです。

❺コルの功績

こうして、反対派の画策も逆効果に終わり、コルの学校の令名は高まりました。一八六二年には、オーデンセ近くのデーロム（Dalum）に新しく建て直し、学校の規模を大きくしました。ここで初めて、夏に女性を迎え入れ、フォルケホイスコーレは女性に門戸を開いた最初の高等教育機関となりました。

コルのフォルケホイスコーレは、このように冬の六か月を男子学生、夏の三か月を女子学生という学期構成をとりました。重要な働き手である農村青年の、暮らしのリズムに合せたわけです。原則として全寮制をとり、教師も彼らとともに暮らし、時には同じ部屋を使うこともありました。

完全な平等を唱えたグルントヴィとは違って、コルは「教師と学生は親子の関係のごとくあれ」と考えていました。単なる暗記や技術ならともかく、生の啓発、精神的な成長には、どうしても経験による格差があると見ていたからです。

こうしたコルの学校の形式は、その後のフォルケホイスコーレのモデルとなり、ここにフォルケホイスコーレの性格づけが決定されることになりました。

授業科目も、グルントヴィの意図したものとは異なり、キリスト教に関する科目に力が入れられました。グルントヴィは、むしろ宗教色をなくそうと考えたのですが、コルは彼ほどのリベラリズムはもちあわせていなかったのです。グルントヴィが「フォルケホイスコーレは、よき社会を形成するための市民の学校」と考えたのに対して、コルは「よきキリスト者とする」ことを第一に考えました。「生の啓発」は、地上の「生」にとどまらず、来世まで考えられていたわけです。また、農業に役立つ実用的な科目も取り入れました。

コルの公立学校での経験に基づいてつくられた、暗記や訓練をしない自由な小学校である「フリースコーレ」も彼の大きな功績となります。代用教員時代、彼は子どもや父兄に支持され、代理した当の教師がそのまま辞めてしまったので、父兄はコルを後任に据えるように要求したのですが、行政は無視しました。このときの体験からコルは、子どもの教育は親と教師がするものであり、国家が介入してはならないと考えたわけです。

コルは次のように言っています。

「子どもは国家に属するのではなく、親に属するのだ。だから両親は、子どもの一時期に責任があるのではなく、そのすべての精神的な成長にわたって責任があると理解しなければならない」

国家の干渉を受けず、試験や訓練をせず、教師の語りかけによって生徒の自発性を尊重しつつ教育を進め、親と教師が緊密な連絡をとって授業内容を決めるコルのフリースコーレは、その後の公教育に影響を与え、次第に取り入れられて、今日では公立学校でも「当たり前」のこととなりました。その意味では、コルこそが、デンマークの義務教育のあり方を規定した最大の貢献者となります。そして、現在もフリースコーレは続いており、全国二八〇校に、同年齢の約一割の子どもたちが通っています（初版刊行時）。

コルはまた、自由な中学である「エフタースコーレ」の間接的な創立者でもあります。もともとコルのフォルケホイスコーレは、一四歳の子どもから受け入れていましたが、さすがに少し無理が生じたので、一八七九年にコルの協力者の教員ポウルセン－ダール（Poulsen Dal）が、フォルケホイスコーレへ入る前の一四歳から一八歳までの学生を別に受け入れる形としてはじまったものです。初めは通学制でしたが、のちにフォルケホイスコーレと同じく全寮制に変わっていきます。今日も存続しており、やはり一割以上の子どもたちが学んでいます（二五二ページから参照）。

❻コル伝説の誕生

コルは、生きているときからすでに伝説的な人物となり、死後はますます名声が高まりました。その理由は、コルこそが、グルントヴィの「生きた言葉」を真に語れた人であったからです。グルントヴィ自身、コルがフォルケホイスコーレのなかで最高の教師であり、グルントヴィが言う意味での「生きた言葉を語ることができる人」と認めたほどです。彼の名声に惹きつけられて、多くのコペンハーゲン大学の学生が支援に来ましたが、誰一人としてコルの衣鉢《いはつ》を継ぐことはできませんでした。

多くは聖書のエピソードや北欧神話、地域の伝説が話題となりましたが、時には彼の体験談、とくにトルコでの経験や、欧州縦断徒歩旅行中の各地での見聞が材料となったそうです。それをもとに学生たちと対話し、彼らの心に宿る精神の光を引き出したと言われています。

夕方に行われたホールでの対話や講話は、いつしか学校の壁を越えて地域へと拡がり、仕事を終えて、慌ててやって来た親たちまでもが参加するようになりました。まだ泥にまみれた人も交じった、地域の老若男女がコルの話に聞き入ったのです。そのとき親たちは、家では粗野で手に負えなかったわが子が、見違えるほどの落ち着きと自覚をもった青年の顔になっている様子に驚くほどでした。

終生、粗末なホーム・スパン地の農民の作業着をまとい、デーロムの学校が建ったときには、「私には宮殿のようだ」と言ったコルは、いつしか「野良着のソクラテス」と称されるようになりました。

どこの国でも、大なり小なり尊敬に値する教育者はいるものですが、コルこそは、デンマークが生み出した最高の教育実践者と言うことができるでしょう。本を著すということもなく、名声も求めず、生涯を子どもたちに捧げたコル。彼の名前は国中に拡がり、直接会ったこともない農民までもが、まるで知り合いのように親しげにコルの名前を語ったと言われています。

コル自身は政治的な人間ではありませんでしたが、彼の薫陶《くんとう》を受けた学生たちが、農民運動のリーダーや言論機関の主筆となったりしています。そうして、彼の教育のあり方、民衆とともに歩むその姿勢は、一大社会運動にまで発展したのです。公教育への影響は、その帰結と言えるでしょう。

彼の伝説はまだ生きているようです。私もまた、デンマークでコルについての話を聞いたり、肖像画を見ているうちに、いつのまにか懐かしさを覚え、まるでデンマーク人がよその人に誇りたがるように、「この人こそ、日本に紹介したい」と思うようになりました。

デーロムに建てられたコルのフォルケホイスコーレ。出典：『コルの子ども学校論』新評論、2007年、90ページ。

第７章

フォルケホイスコーレ運動の拡がり
――デンマークの農民革命

外に失いしものを内に取り返さん

第一次シュレスヴィ・ホルシュタイン戦争（一八四八年～一八五二年）が現状維持で終結したため、問題はいっこうに解決しなかったことは先に触れました。その後、さまざまな国際政治の駆け引きが繰り広げられたあと、一八六四年二月、ついにデンマークとプロイセン・オーストリア軍との間に、「第二次シュレスヴィヒ・ホルシュタイン戦争」が勃発しました。

ほかの北欧諸国の応援が得られると考えていたデンマークの見通しは甘く、またイギリス、フランス、ロシアも介入せず、善戦した前回とは違って、あっというまに北部シュレスヴィヒまで攻め込まれました。そして、ロンドンでの休戦会議のあと、デンマークはユラン半島の三分の一ほどを失ったのです。

この敗戦はデンマーク国民に大きなショックを与え、デンマークの未来についての議論があちこちで巻き起こりました。武力主義者、悲観主義者とさまざまでしたが、ヘルダーリン（一三五ページ参照）の言葉どおり、「危機のあるところ、救いもまた育つ」ものです。そして、以後数十年こそが、今日のデンマークのあり方を決定した偉大な時代ともなりました。

なかでも有名なのが、工兵大尉ダルガス（Enrico Mylius Dalgas, 1828～1894）によるユラン北部のヒースの荒れ野の開発です。内村鑑三の『デンマルク国の話』でわが国にも知られ、戦前は農民運動や協同組合運動に従事するキリスト者や知識人の心の糧になり、日中一五年戦争、太平洋戦争の敗戦直後は再び国語の教科書にも掲載され、敗戦で空虚になっていた人々の心を励ましました。

その一節を紹介しましょう。

「しかしながらわれらは外に失いしところのものを内において取り返すを得べし、君らと余との生存中にわれらはユトランドの曠野を化して薔薇の花咲くところとなすを得べし」……彼は彼の国人が剣をもって失ったものを鋤をもって取り返さんとしました。今や敵国に対して復讐戦を計画するにあらず、鋤と鍬をもって残る領土と闘い、これを田園と化して敵に奪われしものを補わんとしました。（『デンマルク国の話』より）

一八六六年三月、ダルガスはユラン第一の都市オーフスに「デンマーク・ヒース協会」を設立し、農民たちとともに灌漑と植林をはじめました。ノルウェー産のモミの木を植えますが、数年するとすぐに枯れてしまいました。試行錯誤の末、アルプス産の小モミを中間に植えると、相並んで育つことに気付きました。そうして、ある程度大モミが育ったら、アルプス産の小モミを伐ることによって、ヒースの大地を鬱蒼たるモミの森林に変えたのです。

私も、このモミの林を何度も歩きました。夏のさわやかな風のなか、あるいは二月の灰色雲の下を。ドイツやフランスの公園の森林と違って木々は小さく、手入れが行き届いて小ぎれいというわけではありませんが、これほどの豊かな緑を築きあげた先人の努力を偲ぶには充分なものでした。

歩きながら、宮沢賢治（一八九六～一九三三）の童話『虔十公園林《けんじゅうこうえんりん》』（偕成社、一九八七年）を思い出していました。知的障がいをもつが働き者の虔十が、人にばかにされつつも荒れ地に杉の苗を植えて、いつしかそれが子どもたちの遊ぶ森になるという話です。「全くたれがかしこくたれが賢くないかはわかりません。ただどこまでも十力の作用は不思議です」と、宮沢賢治は書いています。

巨大なビルの都市や工業地帯などをつくりあげるのとは違って、地味で、数十年という年月のかかることですが、デンマークの人々の成したことこそ、崇高さに満ちた賢い偉業だったと言えます。内村鑑三が「信仰と樹木とをもって国を救いし話」と言うのも、決して彼自身の信条による解釈ではなく、それがデンマークの事実だったからです。

農民たちとともにダルガスは、それだけではなく防風林の植林、用水路の建設、土地改良、道路網と軽便鉄道の整備など、次々と農業振興事業を行っていきました。また、泥炭採取にも力を入れました。そして、一〇〇万ヘクタールのヒースの大地は、今日七〇万ヘクタールまでが耕地となり、一九万ヘクタールは植林地となりました。この事業において、新たに二万五〇〇〇戸の農家がつくり出されたそうです。

今日の厳しい環境保護者の目から見れば、これも生態系を人間の都合で勝手に変えてしまった例にすぎないかもしれません。しかし、領土回復のために、武力に訴えず、荒れ地を緑に変え、ユラン（ユトランド半島）の二パーセントにすぎなかった森林面積を一〇パーセントに増し、降水量を増し、のちにデンマークを世界でもっとも成功した農業国、つまり太陽エネルギーをもっとも有効に消費する農業を中心とし、先進各国のように石炭の大量消費で二酸化炭素を撒き散らすことなく、逆にそれを吸収した国となったことは評価してもよいのでないかと思います。

アスコウとヴァレキレでのフォルケホイスコーレの躍進

デンマークのあり方をめぐって湧き起こった論争のなかに、コペンハーゲン大学の二つの対立するグループがありました。一つは「少壮神学者派」と呼ばれ、もう一つは有名な文芸史家ゲオルグ・ブランデス（Georg Morris Cohen Brandes, 1842～1927）に率いられた「バンド（団）」です。

前者は覚醒派、グルントヴィ主義に立っており、後者は、デンマークが戦争で負けたのも、グルントヴィやスカンジナビア主義者のナショナリズムのためにヨーロッパ文化を無視し、そのおかげで産業革命が遅れ、技術力や経済力が劣ったせいだと考えてヨーロッパ主義を唱えました。

フォルケホイスコーレ運動に貢献したのは、もちろん前者です。そのリーダーたち、ルードヴィ・スクローザー（Ludvig Schrøder, 1836～1908）やエルンスト・トリーア（Ernst Trier, 1837～1893）は、いずれもフォルケホイスコーレを創立し、グルントヴィとコルに続く大きな貢献をしています。スクローザーの設立したアスコウ、トリーアの創立したヴァレキレ（Vallekilde）の二つのフォルケホイスコーレは、言うなれば名門校として、今日も代表的なフォルケホイスコーレとなっています。

❶アスコウ・ホイスコーレ

スクローザーは、一八六五年、ユランの中南部ヴァイエンの近郊アスコウにフォルケホイスコーレを設立し、校長となりました。基本方針は、知識人主導だったロディンのレベルの高さとコルの学校の庶民性の統合でした。

教師三人、学生三〇人ではじまったこの学校は、次々に学生が増え、評判を聞きつけて、別のフォルケホイスコーレの卒業者すらもが再びアスコウの学生となるほどでした。ドイツ国境に近く、占領のため閉鎖されたロディンの後継として、自らをドイツに対するデンマーク精神の防波堤と位置づけたことが、ナショナリズムの情熱に燃える青年たちを惹きつけたのです。

一八七八年には、グルントヴィの構想に基づいて、既成の大学に匹敵する内容の進学課程をつくることになりました。入学資格や専門性が問われるため、反対の議論が出てもめたという経緯もあり、結果としては、充分な成果を上げることはできませんでした。

ただ、この当時にあったアメリカへの移民たちに付いていった牧師たちは、アスコウの進学課程でグルントヴィ主義の神学を学び、アメリカにおけるフォルケホイスコーレの建設を進めました。それを受けたアメリカ政府が成人教育の必要性に気付き、その部門での発展をもたらすなど、一定の役割を果たしました。

アスコウには、その当時のデンマークのすぐれた詩人や神学者、あるいは科学者が駆け付け、教師となりました。とくに著名な物理学者ポール・ラ・クール（二二一ページ参照）を迎え入れることができたのは、フォルケホイスコーレの歴史において大きなエポックを成すものでした。彼によって、フォルケホイスコーレに初めて自然科学の授業が導入され、自然主義・科学主義が優勢な時世、フォルケホイスコーレは時代遅れの役に立たないロマン主義を吹き込んでいるといった学者や知識人の批判は色を失いました。

ラ・クールは、自然科学の素養のまったくない農民の青年たちに、数学や物理学を、グルントヴィの「詩的－歴史的」方法を用いて物語として教えました。教育的効果は抜群で、今日の科学史という学問分野を先取りし、彼の教科書は、現代の科学史の基本的な考え方、クーン（Thomas Samuel Kuhn, 1922～1996）の「パラダイム概念」（同時代に用いられている知の枠組み）と同様の内容をすでに語っていたと言われています。

公式の暗記や意味も分からぬ計算の練習をせず、人類が発見してきた科学的な真理を、順を追って、プロセスとして、物語や実践で理解させるというやり方は、教育関係者にはお馴染みとなっている板倉聖宣（一九三〇～二〇一八）の「仮説実験授業」に似てなくもありません。

エリク・ヘニングセンの筆によるアスコウ・ホイスコーレ（1902年）

ラ・クールの実践において今日もっとも大きな意味をもつのは、世界最初の風車発電の実用化ですが、これについては橋爪健郎さんの補論（一八四ページを参照）を見てください。

アスコウ・ホイスコーレは、フォルケホイスコーレ運動の旗手と謳われ、他校の模範となりました。エリク・ヘニングセン（Erik Ludvig Henningsen, 1855～1930）による当時のアスコウを描いた一枚の油絵、壇上のスクローザー、脇にはホイスコーレの学生の母たる「校長夫人の鑑」と言われたスクローザー夫人、アスコウの二代目校長となる若き日のアペル（Jacob Appel, 1866～1931・のちに文部大臣）、作曲家のハインリヒ・ニュッツホーン（Heinrich von Nutzhorn, 1833～1925）、そしてラ・クールなどといった教師陣が前に座り、食い入るような目つきで彼らの話を聞く学生たちが描かれたものですが、フォルケホイスコーレの黄金時代を表するもっとも有名な絵となりました（前ページの写真）。

❷ヴァレキレ・ホイスコーレとデンマーク体操

ヴァレキレ・ホイスコーレは、アスコウと同じ年（一八六五年）に、エルンスト・トリーアによってシェラン島の東北部ヴァレキレに創立されました。

トリーアは、コペンハーゲンの裕福な、キリスト教に改宗したユダヤ人商人の生まれですが、大学時代からグルントヴィのヴァルトウ教会に通い、熱心な支持者となりました。卒業後、「民衆の生の啓発（オプリュスニング）」を目指して、コルの学校を模したフォルケホイスコーレをつくります。ここに、デンマーク体操を初めて授業として導入したことが彼の功績の一つと言えます。

デンマーク体操とは、日本から見ての名前で、もともとはスウェーデンのペア・ヘンリク・リン（Pehr Henrik Ling, 1776〜1839）によって考案されたものです。それまでは軍事教練のための運動やライフル射撃訓練などが身体運動の中心であったのですが、トリーアはこの体操、北欧の身体論に基づくリンの体操を軍事教練から切り離し、それ自体として楽しみ、心身の健康を増進させるために導入しました。

リン式の体操は、リム（壁にとりつけられた横棒）を使いますが、ヴァレキレ以後、一九八〇年代には、あっという間にどこのフォルケホイスコーレにもこのリムが付けられました。

デンマーク体操は、学校だけではなく、地域の農村にも積極的に取り入れられました。各地にクラブができ、老若男女問わず簡単にできる体操は、たちまちのうちに一番の人気を博しました。今でこそ健康のための運動と言えば当たり前ですが、当時はこうした発想は珍しかったのです。体を動かすといっても、仕事をするか、軍事教練しかなかった時代なのです。

当時の農民たちには、集団でするというマスゲーム的な要素も新鮮でした。共同性を高め、また人間の身体の表現の美しさに気付くことができたのも、この体操の成果と言えます。

私も、ヴァレキレのホイスコーレ史上最初の記念すべき体育館を訪れたことがあります。今も、昔のまま残っており、壁には美しい絵画や装飾模様が施され、体育館というよりは博物館か美術館の趣きで、デンマーク体操発祥の地という伝統の重さを感じさせてくれました。もちろん、現在もちゃんと使われています。

ヴァレキレでは、四季の花を農園で育て、それが絶えることなく校内を飾っています。廊下、階段、ゼミ室、食堂など、どこに行っても花が生けられており、こんなに美しい雰囲気の学校は初めて、と思えました。案内役の教師トーアがくれたリンゴをかじると、これがまた懐かしい香ばしさで、私の表情に気付いた彼は、すかさず「うちの学校農園の無農薬栽培さ」と補足していました。

広いキャンパスには自作の風車発電が建てられており、発電機が故障したのちは既製品の発電機を取りつけて、今も利用しています。

デンマーク体操発祥の地となる体育館

「協同組合的農民」とともに

❶協同組合運動の登場

一八四〇年代から世紀の変わり目となる一九〇〇年頃にかけて、今日のデンマーク社会を築きあげた最大の勢力といえば、もちろん農民たちでした。精神的には覚醒派の宗教改革運動、社会的には小農民の地位の向上、小作農の自作農への転化を求めた一大農民運動が彼らによって遂行されました。その精神的な拠り所がグルントヴィであることは言うまでもありません。

彼らはフォルケホイスコーレとその兄弟分の農業学校に通い、人間解放と自由平等の意識に目覚め、次々と政治活動に身を投じていきます。グルントヴィ主義者の多い地方教区の牧師やフォルケホイスコーレの教師、とくに校長は農民啓蒙のリーダーとなり、教会やフォルケホイスコーレの講堂は、同時に地方農民たちの政治集会の場所ともなりました。教師や牧師たちは、遠方の農民たちが夜にさまざまな学習会を自発的に企画すると、喜んで講師として駆けつけました。

ナショナル・リベラルの手引きによって「農民の友協会」という政治結社をつくり、新聞も発行するようになった農民たちは、政府に「農村委員会」をつくらせ、次々と新しい法律を施行させました。

基本的には、小屋住み農民（小作農）の賦役労働の全廃、自作農創設維持、農民の側に立った金融制度、小作制度改善などが共通する内容です。フォルケホイスコーレの卒業生たちがそのリーダーである場合がほとんどでした。

地主制が温存されたため、農民勢力が解放的な政治勢力として登場できず、農民といえば、常に都市のブルジョア民主主義者や社会主義者たちからは、反動的勢力で無知蒙昧《もうまい》の愚民と見なされ、「農業自体が悪」と思われてきた日本との大きな違いがここにあります。

農村の伝統的な共同体自体が「悪」であるわけがありません。わが国でも、近代以前の各地の百姓一揆で示された諸要求のなかには、明らかに農民自治、平等で搾取のない農民のユートピアを目指したものが数多くあります。彼らのイデオローグとも言える江戸時代、八戸の医者であり、思想家の安藤昌益（一七〇三～一七六二）の思想を思い浮かべるだけでも充分でしょう。

もちろん、デンマークでも事情は同じで、貴族や荘園領主と闘う中世の村落共同体の成文法は、現代人が驚くほどの民主的な内容をもっているそうです。

ただ、日本とデンマークの違いは、さまざまな社会改革、とくに自作農の創設によって伝統的な共同体が解体されていくなかで、デンマークではそれが自覚的に新たな共同体、世界にその名を轟かせた協同組合へと再編されていったことです。株式会社と違って、株数ではなく、すべての人が「一票の権利」をもつ人格的な結合の協同組合によって、より民主的な共同性が実現されたのです。

最初の協同組合は、消費者協同組合、いわゆる生協としてユランのティステズ（Thisted）につくられました（一八六六年）。農民たちの生協は順調に発展を遂げ、一八八四年には地域連合会、そして一八九六年には単一の全国連合会を組織するまでになりました。

生産者協同組合としては、一八八二年にユランのエスビャウ（Esbjerg）近くの村に酪農協同組合がつくられたのが最初です。この「イェディン酪農協同組合」は、その後の組合のモデルとなり、一九八〇年代、一九九〇年代を通してあっという間に全国に酪農協同組合ができ、独自の工場をもつようになりました。

組合の設立者ないしは発案者は、フォルケホイスコーレや農業学校の校長というのが多く、その卒業生たちが中心となりました。また、小規模のバター製造業者や乳業者も、競争に勝てないため進んで協同組合の一員となり、結果として、協同組合が最大の生産者となったのです。

酪農業者は養豚業者も兼ねる例が多かったため、同時期に豚屠殺販売協同組合も進み、酪農協同組合から出る脱脂粉乳を飼料に利用して高品質の豚肉を生産し、今日の世界における「豚肉輸出国デンマーク」の名声を築きました。

国際競争力をつけるために、株式会社にするという話も幾度となく出ましたが、農民たちは、それでは大資本家が自分の利益のために支配すると反対し、「一人は万人のため、万人は一人のため」とか「資本によってではなく人格によって決定する」協同組合の原理を守り通しました。

イギリスで生まれた協同組合の生みの親ロッジデール（Rochdale・マンチャスターの北東）の原則は、ここデンマークで、消費者組合だけではなく生産者の組合でも見事に体現されたわけです。熱い協同の精神は、ほかにも肥料購買や鶏卵輸出などの各種協同組合の発展や協同組合銀行の設立などをもたらしました。彼らを総称して「協同組合的農民（Andelsbonde）」と呼んでいます。

そして、二〇世紀前半には、高い生産性を誇り、世界一豊かで、フォルケホイスコーレに学んで教養にあふれ、協同組合デモクラシーと相互扶助の精神で自由と平等を成し遂げた、「美しい農民の国デンマーク」という評価を欲しいままにしたのです。

デンマークの協同組合は、法律によって保護されているわけではなく、民法と商法だけが根拠となっています。ということは、日本のように政府からの天下り式で協同組合がつくられるのではなく、自主的に下から組織されていったということを示します。しかも、組合員の連帯無限責任がその特色となっています。組合の負債には組合員が無限の責任を負うということですから、共同性の強さがなければとうてい不可能な原則となります。逆に、これが各人の共同性を高めているとも言えます。

今日においても、力のない個人が集まって協同組合をつくって、風車発電をしたり、市民農場を経営したり、学童保育を行ったりしています。所得の再分配が進み、金持ちや資産家という人が極めて少ないデンマークですから、何か事業をはじめるときは協同組合が一番なのです。己の分を知り、民主的なルールのもとにみんなで運営する地域デモクラシーの精神、フォルケホイスコーレという伝統のなかで培われた精神があるからこそ可能なのです。

現在の日本でも、生協のみならず、最近は生産の領域まで含めた「ワーカーズ・コレクティヴ」と言われる試みが出てきていますが、地域デモクラシーの歴史の厚みがない日本では、これからも土壌づくりの次元で苦労を続けることになるかもしれません。

ついでにいえば、一般にヨーロッパの生協はスーパー・マーケットへの対抗で店舗を増やし、店舗会員中心に移行したために衰退する一方となっていますが、デンマークの生協は依然としてヨーロッパ随一の勢力を誇っています。現在のデンマーク生協とて問題がないわけではありませんが、共同の精神に関する歴史がほかのヨーロッパ諸国と違う点に、その強さの秘密があることだけは確かでしょう。

❷政権奪取と社会福祉国家への道

初めは保守派に対抗するために、共同戦線を組んだナショナル・リベラルと農民勢力（農民の友）は、次第にその利害が対立するようになり、戦線が決裂しました。ナショナル・リベラルはコペンハーゲンを中心とする都市のブルジョア自由主義者で、彼らには、しょせん農民の理解ができなかったのです。地主層を中心とする保守派と一時期組んだ農民たちでしたが、自作農創設をめぐって当然対立し、一八七〇年、ついに「左翼党」を結成し、保守派とナショナル・リベラルの合同政党「右翼党」と対立することになりました。

左翼党は中央組織と地方組織をもち、機関紙や大衆宣伝を行うなど、デンマーク最初の近代的政党となりました。もちろん、長年の農民運動のなかで培われたものの延長にすぎません。

左翼党のリーダーたちはいずれもフォルケホイスコーレの出身者で、協同組合運動の指導者たちでもありました。自作農、小農が中心でしたが、小作農や都市のプロレタリアなども彼らを支持しました。近代デンマークでは、農民たちは常に革新勢力であり続けたのです。

一八八四年の選挙で反動的な保守派のエストロップ（Jacob B. S. Estrup, 1875～1894）が首相に就くと、対立が激しくなりました。エストロップはこれを懐柔するため、ビスマルク（Otto Eduard Leopold von Bismarck-Schönhausen, 1815～1898）にならって、一八九一年に最初の「年金法」を定め、社会福祉の端緒が築かれました。

左翼党は徐々に力をつけ、影響力を発揮しますが、その分、政権政党との妥協も出てきます。これに反対する勢力、議会外闘争を担う多数派は独自政党をつくり、左傾化してゆくというのがデンマークの歴史です。

一九〇一年、左翼党から分かれた「左翼改革党」が初めて政権を取ります。これはデンマーク政治史上画期的なことで、農民政党が社会民主党とともに労農政権を樹立したわけです。労農政権といっても、通例イメージされるような、農民は従属的な添え物でしかないそれではなく、下院総数一一四のうち七六議席を占めており、社民党が一四という立派な農民主導型の政権でした。

左翼改革党もまた政権を取ると右傾化したために、さらに「急進左翼党」が分離独立します。一九一三年以後、急進左翼党のゼーレ（Carl theodor Zahle, 1866～1946）内閣は長期にわたって政権を担い、婦人参政権、八時間労働制、小作農のための土地解放などの諸改革を推し進めていきます。

ゼーレの方向は、その後の左翼党内閣、そして社民党内閣に引き継がれていきます。産業構造の変化でコペンハーゲンを中心とした都市労働者層が増えるにつれて社民党の力が強くなっていきますが、彼らの登場までは左翼党勢力が変革の方向を導いたわけです。一九二一年には疾病保険法、翌年には老齢年金法が制定され、一九二四年の社民党スタウニング（Thorvald August Marinus Stauning, 1873～1942）内閣では、世界最初の女性大臣、ニーナ・バング（Nina Bang, 1866～1928）文相が誕生しています。このスタウニング政権以後、今日の社会福祉国家デンマークの道が確固たるものとなったわけです。

この間に国会議員はいわずもがな、閣僚ですら、多くのフォルケホイスコーレ出身者がその重責に就きました。右翼党から左翼党へ、そして社民党との連立内閣と、デンマークの現代政治の基本潮流を決定したのはフォルケホイスコーレに代表された民衆運動と言っても過言ではないでしょう。

ファシズムとの闘い

❶非暴力抵抗の牙城として

二〇世紀に入り、当面の問題であった農民の地位向上も達成され、「世界で一番豊かな、文化の香り高いデンマークの農民」という評価も固まりました。当時の世界各国の農業関係者が相次いでデンマークを訪れ、その成果を学びました。わが国とて例外ではありません。デンマークは農民のユートピアとして憧れの対象だったのです。

また、懸案のシュレスヴィヒ問題も、第一次世界大戦でのドイツの敗北により、戦後処理のヴェルサイユ条約で北と南のシュレスヴィヒの二地区で人民投票をすることが決定されました。一九二〇年の投票で、デンマーク語住民が多数を占めた北シュレスヴィヒが戻ってきましたが、南シュレスヴィヒはドイツ語系住民が多く、返還はかないませんでした。デンマーク人にとって大事な町フレンスボー（Flensborg・ドイツ名はフレンツブルク）が戻らなかったことは痛かったですが、ともあれ、これでフォルケホイスコーレ運動の焦点の一つは片づいたわけです。

フレンスボーは、友人のウルリヒの住む街だけあって、私もよく知るところです。ここには、デンマーク人の通う学校や図書館、フォルケホイスコーレなどが整備されていて、民族的マイノリティーの言語と文化保護がなされています。新聞もデンマーク語系とドイツ語系の二つがあり、昔からここに住んでいる人なら二つの言葉を操ります。

ドイツ国内のほかの地区から来た人はともかく、地の住民はデンマークに親近感を抱いている人が多いようです。とはいえ、友人のウルリヒのように、プロイセン・ドイツへの敵意を露わにする人もいます。民族的なアイデンティティの分裂という悲劇もありますが、その裏では、ドイツの経済力の恩恵とデンマークの民主的な国のあり方、またヨーロッパでの評判のよさという使い分けという利点もあったりします。

いずれにしろ、国境なんて為政者が勝手に引いた線にすぎないということが実感させられます。

さて、この第一次世界大戦後の時期は、労働者のためのフォルケホイスコーレ（エスビャウ、ＬＯ）や独自のアイディ

フレンスボーの街 © ヴォルフガング・ペーレマン

アをもつインターナショナル・ホイスコーレなどが登場したときでもありましたが、初期の目的はほぼ達成されたこともあって、フォルケホイスコーレ運動は相対的な安定期を迎えていました。フォルケホイスコーレとグルントヴィが再び前面に出るのは、それからしばらくして、ナチスによる占領時代のことです。

一九四〇年四月九日、ナチス・ドイツがデンマークに侵攻しました。しかし、デンマークの内政には干渉せず、保護を与えることを約束しましたので、政府は流血を避けるべく、言うとおりにしました。ドイツは、北海でのイギリス軍の活動を押さえるためのノルウェー支配の、いわば通過点としてデンマークを占領した向きもあり、当初はさほどの問題も起しませんでした。しかし、対ソ戦争などがはじまってくると、徐々に圧力をかけ、ドイツへの協力を強要してきました。

職場のサボタージュやイギリスの手引きによる国内のレジスタンス活動も登場し、デンマーク政府がヒトラー（Adolf Hitler, 1889～1945）の言いなりになって防共協定を受け入れると、全国的なレジスタンス運動が組織されます。非合法化されたデンマーク共産党を中心に、国内ではサボタージュやストライキ、反独デモ、国外からはイギリスのＢＢＣ放送を通じて抵抗を呼びかけるなど、次第に抵抗が激しくなっていきました。

フォルケホイスコーレ全体としては、武力によって、地下組織でレジスタンスを行うということは避けました。その代わり、青少年教育のための長老会議が組織され、デンマーク青年連合と共催で、ハル・コッホ（Hal Koch, 1904～1963）によるグルントヴィについての連続講演が占領下のコペンハーゲン大学で行われました。

ハル・コッホは、当時コペンハーゲン大学の教会史の教授で、のちにフォルケホイスコーレの校長も務めます。もともとまったくの非政治的な碩学の学者であった人ですが、彼はグルントヴィのフォルケリーヘズ、デンマークのアイデンティティの自覚、精神の自由と独立を若者に訴えました。

このことは、フィヒテがフランス軍占領下のベルリンで、危険をかえりみず行った有名な連続講演「ドイツ国民に告ぐ」（一八〇八年）を思い起こさせます。グルントヴィ自身、フィヒテのこの講義録から大いに学び、彼のフォルケリーヘズの思想につないだわけですが、今度はグルントヴィ自身がドイツ占領下のデンマーク国民を鼓舞するその人となるということは、何か運命的なものがあるとさえ感じてしまいます。

ハル・コッホは、講演のなかで、デンマーク人のなかにも広がりつつあるファシズムに抗して闘うことを力説しました。それは、グルントヴィのフォルケリーヘズとはまったく関係のないものだからです。自由と平等、精神の独立に立つグルントヴィ思想こそが、今ファシズム的な考えを乗り越えるものでした。この時代は、「グルントヴィ・ムーヴメント」が再び全土を席捲《せきけん》したときと言われています。

政府もこれにこたえて、一九四二年、フォルケホイスコーレに関する法律を改め、それまでの単なる資金援助から、フォルケホイスコーレの教員の賃金や設備への補助を決めるなど、大幅な支援に方向転換することになりました。

❷ユダヤ人を守った国デンマーク

デンマーク人がファシズムの考えからいかに遠かったかを表すエピソードが、ユダヤ人への対応です。暗さに覆われた二〇世紀前半の世界史における「唯一の救い」とも言えるものかもしれません。

デンマークのユダヤ人は、(その昔は、ほかのヨーロッパ諸国と同じくユダヤ人狩りなどの迫害に遭いはしたものの)一八一四年には、すでに完全な市民権が与えられていました。グルントヴィの宗教の自由もあって、ユダヤ人は人目を憚ることなくシナゴーグ(ユダヤ教の会堂)への出入りができましたし、社会的な差別もほとんどなかったということです。

ドイツの占領後、レジスタンスが強まった一九四三年一〇月一日、ナチス・ドイツは七〇〇〇名ほどいると見られたデンマーク・ユダヤ人の供出を迫りました。同様のことはデンマーク以外のほかのヨーロッパ諸国でもなされており、たとえばポーランドは、すぐさま「ユダヤ人狩り」を行っています。

ポーランドでは、このユダヤ人迫害は触れられたくない恥部として、今日も人びとの意識のなかに存在しています。表向きはナチスの占領のせいにするのですが、それに協力したというユダヤ人差別の意識は否定できないからです。

アンジュイ・ワイダ監督の感動的な映画『コルチャック先生』（一九九〇年）は、ポーランド人のそうした微妙な感情をよく表したものだと言えます。主人公の医者・教育者ヤヌシュ・コルチャック博士（Janusz Korczak, 1878?～1942）は、今日の「子どもの権利条約」の原案をつくった人ともいわれ、自らもユダヤ人でした。ユダヤ人の孤児たちを育て、ゲットー（ヨーロッパの都市におけるユダヤ人居住区）に送られてからも、献身的に守り通します。

最後は、子どもたちとともにトレブリアンカの収容所へ送られて死ぬのですが、この人も掛値なしに最高の教育者の一人として、もっと知られてもよいのではないかと思います。コルチャック先生が、もしデンマークにいたとしたら、彼はもっと生き延びて、まだ果たせなかった多くの教育的な実践ができたことでしょう。

フランスのユダヤ人狩りでは、近年ますますその評価が高まっているドイツの思想家ヴァルター・ベンヤミン（Walter Bendix Schoenflies Benjamin, 1892～1940）が、その犠牲者の例です。ゲシュタポの追跡を危惧し、国境を越えての脱走中に警察に捕まり、服毒自殺をしてしまいます。戦後まで生き延びた彼の友人、フランクフルト学派のホルクハイマー（Max Horkheimer, 1895

～1973）やアドルノ（Theodor Ludwig Adorno-Wiesengrund, 1903～1969）たちが大きな知的影響力を学生革命の時代に与えたことを思えば、ベンヤミンがもし生き延びていたなら、あるいはブレヒトと一緒にデンマークにとどまってさえいれば、世界はより深い解放の思想を得たかもしれないと思うのは私だけでしょうか。

実に、デンマークこそが、ナチス・ドイツからユダヤ人を守った唯一の国民なのです。

一〇月一日はユダヤ暦では新年にあたります。政府はユダヤ人の指導者たちにすぐヒトラーの指令を知らせ、シナゴーグで新年の祈りを行っていたユダヤ人たちに伝えさせました。一般のデンマーク人たちの協力で、彼らはみんな中立国スウェーデンに脱出し、事なきを得ました。

私の知人で、自らもユダヤ人の血をひくアメリカ人のデンマーク研究者スティーブン・ボリッシュ（Steven M.Borish）は、著書『生者の国』（福井信子監訳、新評論、二〇一一年）で感動を込めて次のように書いています。

シナゴーグに残されたユダヤ教の聖典は、コペンハーゲンの福音教会に隠され、ユダヤ人が戻ってくるまで保存された。彼らの残した職場、家までがそのまま保存され、庭の芝生まで、隣人がきちんと刈りとってくれていたのだ。（原書『*The Land of the living*』より筆者訳）

そして、付け加えて、次のようにも語っています。

デンマークの公式宗教はルター派福音教会で、その起源をドイツの神学者マーティン・ルターにもつ一宗派である。だが、ユダヤ人を裏切り者の民族と非難し、彼らの家が破壊されるように呼びかけ、シナゴーグが焼け落ち、聖典が燃えてしまうように要求したのも同じルターなのだ。(前掲同)

ボリッシュは、デンマークではなぜそれほどまでに宗教的な寛容があったのだろう、なぜ反ユダヤ主義がなかったのだろう、と疑問を提しています。

彼の答えは、私と同じく、「グルントヴィとフォルケホイスコーレが存在したから」ということです。そして、イスラエルの歴史家の引用を使って、「デンマーク人のこの偉大さは、彼らがしたことを、ごく当然の何でもないことと見なしている点にこそある」と述べています。

確かにそのとおりで、デンマークのこの偉業は、ドイツのワイツゼッカー大統領(Richard Karl Freiherr von Weizsäcker, 1920～2015)の演説ほど知られていません。ユダヤ人を守った側については何も知らず、迫害した国のことをほめそやす日本の自称リベラルなマスコミは、依然としてドイツ贔屓《びいき》なのでしょうか。

ユダヤとイスラム教徒が争う中東、イスラム教徒が「民族浄化」の名のもとに強姦・虐殺などが横行したボスニア・ヘルツェゴビナ、アフリカのルワンダ、イスラム教徒とヒンズー教徒が対立するインドなど、ごく最近でも目を覆うような悲惨な紛争が繰り広げられています。それほどでなくとも、ドイツにおける外国人・難民襲撃、フランスでのユダヤ人差別など陰湿なものも後を絶ちません。今こそデンマークの民衆が示したグルントヴィの自由の伝統、すなわち宗教的な寛容に立ち、迫害される者のために全力を尽くす態度こそを世界の人は学ぶべきではないでしょうか。

補論２　ポール・ラ・クール——世界で最初に風車発電を実用化した男（橋爪健郎）

アスコウ・ホイスコーレは、デンマーク風車発電研究の元祖とも言われているポール・ラ・クールがいたところです。彼が今日の風車発電普及の基礎を築いた人物であるとは知っていましたが、今回訪れて、彼の伝記がこのホイスコーレから出版されたことを知りました。主文がデンマーク語なので、英文レジュメと直接聞いた範囲でしか語れないのは残念です。

ラ・クールは、フォルケホイスコーレ運動と風車発電がなぜ結び付くのかという疑問に答える際のキー・パースンです。どちらかというと「文科系の運動」と言えるフォルケホイスコーレ運動と、彼みたいな理科系の人がどうしてつながったのでしょうか。私自身の問題意識とも関連しているし、興味があるので少し詳しく紹介していくことにします。それは、これからの技術のあり方を考える意味でも参考になると思うからです。

電信への関心

「デンマークのエジソン」とも称されるラ・クールは、大学でホルテンから指導を受けました。ホルテンは、電流の磁気作用を発見したことで知られる有名な物理学者エルステッド（Hans Christian Ørsted, 1777～1851）の弟子で、共同研究者でもあった人です。ラ・クールは、彼のもとで物理学と気象学を学んだのち、気象学にまず専念しました。

二四歳のとき、雲の高さを測定する手法を考案したりして、デンマーク気象研究所の副所長に任命されましたが、まもなく組織にあきたらず辞任しています。近代的な気象予報には、迅速かつ豊富な気象データの収集がもっとも重要となります。ラ・クールは、そのために必要な通信技術に関心を移しました。

一八七四年、彼が三〇歳のとき、エジソン（Thomas Alva Edison, 1847～1931）が四重通信機を発明しています。これは、たぶん、一本の線で四つの電信機が同時に使える装置であったと思われます。ラ・クールは同時期に、音差を利用した多重通信機を発明しました。この方式によると、一本の線で同時に一二の信号を送ることができました。

一つの電信機ごとにある決まった音の高さでツートンをやり、その音程以外は聞こえない装置をつけてやれば、一度に何台もの電信機でツートンをやっても混信することがないという原理だと思われます。決まった音程をつくり、またその音程だけを聞き分ける素子に音差を使ったということでしょう。現代では、電気的な素子でやっていることを機械的にやったわけですが、原理は変わりません。

彼はそれで特許を取ろうとしましたが、たまたまアメリカでも類似の発明があり、手続きで遅れをとったラ・クールはうまくいかなかったようです。そこで彼は、新たな発明に挑むことにしました。

今度は、テレビの原理に近い通信方式です。テレビでは一コマの画像をつくるとき、それに必要な何万という情報が一秒間に何十回と送られるわけですが、それを可能にするために同期信号というものがあり、送信する側に受像機がぴったりと息をあわせて情報を受けるという仕組みです。それがうまくいかないと画像が乱れます。

彼の発明は、以上の原理に基づいて、音差を利用して一定回転するモーターで同期信号をつくり出すなど、すべて機械的な方式で、多くの電信信号を同時に一本の線で送る方式をとったようです。

今度は特許での問題はありませんでしたが、モーターを同期させる方法について、後日、実用化した会社同士でゴタゴタを起こしています。

こうした発明でアメリカやヨーロッパの賞を受賞するなど、彼は誠に多才な技術者でありましたが、エジソンなどと違ってビジネスの世界ではうまくいかなかったようです。また、こういう面の発明に関してなら、歴史的に見れば、彼がいなくてもほかの誰かがやっていただろうと思われます。

フォルケホイスコーレの教師となる

彼をして、後日、彼たらしめたのは、デンマークの国民運動であったグルントヴィ思想との出合いでした。

グルントヴィも、宗教家、哲学者、教育思想家、詩人と多才な人物でありますが、グルントヴィ主義の運動は、彼自身がかかわった領域を越えて、農民運動や協同組合運動へとデンマーク中に広まりました。コペンハーゲンにおける学生時代から、ラ・クールはグルントヴィ思想と付き合いがあったようです。彼の叔父はグルントヴィの友人で、一緒に活動していた人でした。家庭には、多くの運動のリーダーたちが出入りしていたようです。

そういう環境に育った彼は、やがてヴァルトウ教会（一一四ページ参照）でのグルントヴィの集会の常連となりました。本格的に取り組むようになったのは、二九歳のときに結婚した妻フルダ・バルフォッズの影響によると言います。

本のなかの知識より民衆の生きた言葉による対話のなかに意味を見いだすグルントヴィ思想に共鳴はしても、それが電信技術とどう結び付くかは、ラ・クールにとっても、そう簡単に結論の出せる問題ではなかったようです。

一八七八年、彼が三四歳のとき、コペンハーゲンのチボリ公園で七〇〇人が参加して、フォルケホイスコーレの全国大会が行われました。そこで、アスコウ・ホイスコーレで、既存のフォルケホイスコーレの枠を越えた試み、進学課程をはじめようという結論が出たことが彼の人生の転機となりました。その年の秋、アスコウで具体的なことを決める会議がもたれたとき、ラ・クールはそこで数学と自然科学を教えることになったわけです。そのことは、単なる発明家を超えた視点をもたせることにつながりました。

ラ・クールは生物学を教えることは避けていましたが、デンマーク体操の提唱のため、それも研究することになります。これによって彼は、この新しい体操を普及するためのパイオニアの一人となったわけです。これは、軍事教練や競争という要素をもたず、個人ではなく団体しか表彰の対象にならず、老若男女、元気な人も病弱な人も可能な体操として導入されていきました。

そういう意味では、思想性をもったこの体操は、また政治的な論争の対象でもありましたが、ラ・クールはその一方の旗頭《はたがしら》として勝利しています。当時、支配的なイデオロギーともいえるダーウィン（Charles Robert Darwin, 1809～1882）の進化論に対して、彼はむしろ聖書の原理主義の立場であったというのも面白いところです。

　彼の本業は数学と物理学を教えることでしたが、グルントヴィ自身はこういう科目をあまり評価していませんでした。人間の生と死に直接結び付かず、コスモポリタン的な普遍性に立ち、個々の人間や共同体の言葉や思考に馴染まないという判断でした。

　しかしながらラ・クールは、グルントヴィの「歴史的－詩的」方法は、物理や数学を教えるのに取り入れられると考えたわけです。

　彼は、物理学を人類がたどった発達の歴史に沿って教えました。一八八一年に『歴史的数学』、一八九六年に『歴史的物理』が刊行され、以後二〇年ごとに再刊され続けています。

　講義は、グルントヴィの言う「生きた言葉」で行われ、学生たちに、知的あるいは情緒的な感動を与えました。最近、世界的に高い評価を得たデンマーク映画『ペレ』（一九八九年）の原作者であり、「デンマークのゴーリキー」と言われる小説家ネクセ（Martin Andersen Nexø, 1869～1954）もラ・クールに学んだ一人で、「それは、生涯忘れぬことのできぬ体験だった」と述べています。

風車の実用化に挑戦

一八八〇年代、グルントヴィ思想における歴史解釈、とりわけフォルケホイスコーレで好まれた『北欧神話』に対して批判が生じはじめました。時代が、ロマン主義から自然主義優勢に移ったわけです。結果的に、アスコウでは神話は扱われなくなり、リアリズムが重視されるようになりました。

ラ・クール自身はグルントヴィの「歴史的─詩的」方法の有効性を疑いませんでしたが、一八八〇年代には、教えるだけではなく、行動的にも物質的現実をより重視するようになりました。彼は、学生の出身地である地方の地域社会のために、再び発明家と実験物理学者に戻っています。この仕事では、学生や同僚の協力があったようです。

デンマークは風に恵まれていますし、また当時は、電気が普及しはじめていたときでした。ラ・クールは、風車発電こそがデンマークの、とりわけ地域の電化に貢献すると考えました。だが、風車の元祖オランダでは、風車による発電は否定的に考えられていたのです。効率の悪さと

風車発電の父、ポール・ラ・クール

エネルギー貯蔵という問題があったからです。こうした問題が、物理学者で、かつ発明家でもあるラ・クールを奮い立たせました。

一八九一年、彼の第一の仕事は、風力の変動があっても出力に変動のない調速機能を備えた風車発電の開発でした。彼の方式はのちに単純化され、デンマークのみならず各国で用いられています。また、エネルギーの貯蔵ということでは、水の電気分解によって水素と酸素を発生させ、貯蔵するといったアイディアを思いついています。

数年にわたる研究の結果、アスコウ・ホイスコーレでは、一八八五年から一九〇二年まで水素ガスにより照明がなされました。変動のある風車発電で賄っているにもかかわらず、一日も不足することがなかったと言われています。

また、一九〇二年からはバッテリーによる蓄電となり、学校だけではなく、アスコウの町すべてに電気を供給しはじめ、これは一九五八年まで続きました。

電気化学の研究においても、彼の目標は地域の小工場で可能な生産ということでした。風車発電の電気で小規模な炭酸ソーダの工場をつくる、というものです。

サハラ砂漠に太陽電池をたくさん並べて水素を発生させ、それをタンカーでヨーロッパの消費地に運ぶという水素エネルギー・システムが「未来」のエネルギー・システムとして、ドイツでは国や企業がこぞって研究していましたが、ラ・クールは水素エネルギー・システムをさきがけて実用化したわけです。ただし、小規模技術として、というのが大きな違いとなります。

風車自体についても、独自に風洞《ふうどう》を開発し、いろんな形状の風車についてその特性を調べ、どういう風車がもっとも適しているかの研究をしました。最終的に開発された風車は、従来型の四倍の効率でした。ちなみに、最新の風車はそれのさらに二倍の効率となっています。

対数的にいえば、完成させた革命的な近代プロペラ風車が忽然と出現したわけではなく、ラ・クールらによる、古典的なオランダ風車からの進化改良という歴史があったのです。

民衆の教育のために

ラ・クールの研究活動は一九〇二年に終わっています。なぜ終わったのかというと、同時に開発していた水素を燃料としたエンジンが、石油を燃料とするエンジンにかなわず、当時の技術ではこれを凌駕することが難しかったからです。また、政府の援助がこの年で打ち切られたということもあります。しかし、私が思うに、残された彼のエネルギーを後進の啓蒙教育に費やしたかったからではないでしょうか。

一九〇八年に死ぬまで、のべ数十万人に対して、科学技術はもとより、社会問題、道徳・宗教に及ぶ講演を続けました。子ども向けのエネルギーに関する「おとぎ話」すら書いたと言われています。どこかの町や村が発電所を造りたいという話があれば、風車発電と科学について分かりやすく書いた本を携えて出向き、風車発電の長所と短所を説明しました。

数多くの手紙、専門家、素人を問わずたくさんの質問が殺到し、彼に面会を求めて、一万人もの人がアスコウを訪れたとも言われています。

なお、一九〇三年に「デンマーク風車エネルギー協会」を設立し、一〇〇台の小規模な発電所を設計しましたが、そのうち三分の一が風車発電所でした。

同時に運転技術者の養成もしていましたが、三か月間の理論学習と平行して、アスコウ・ホイスコーレで風車発電の維持、改良に携わるというものでした。当時、電気技術者の養成機関は大きな町にしかなく、その期間も四年を要していました。デンマークの電気技術者の多くは、こうした分散型で無計画なやり方には批判的で、そのような養成方法を認めませんでしたが、地域住民が電気とその技術になじむのに貢献したことだけは認めざるをえませんでした。

フォルケセンターをはじめとする今日の風車発電の普及は、ラ・クールによるこうした歴史的な背景があってのことであると、想像に難くありません。そして、産業社会の真っただ中にある一九九〇年代の日本にとっても、未来の進むべき道というのはあまりに夢想的なものではないでしょうか。

第8章 フォルケホイスコーレと世界

現代のフォルケホイスコーレ

❶フォルケリーヘズとインターナショナル

グルントヴィの「自由とフォルケリーヘズ」を根本特色とする教育思想とフォルケホイスコーレの運動も、広い意味では「近代の国民教育の流れに沿うもの」と言うことができます。イギリスのロック（John Locke FRS, 1632～1704）やフランスのルソー（Jean-Jacques Rousseau, 1712～1778）、あるいはスイスのペスタロッチ（Johann Heinrich Pestalozzi, 1746～1827）やドイツのフィヒテ、あるいは時代が下ってシュタイナー（Rudolf Steiner, 1861～1925）などと並べ称することができるでしょう。

義務教育と徴兵制を根幹とする国民教育は、通例は農民層を解体し、都市労働者階級を形成して、農村の都市化、中央集権体制の強化を促進します。日本の近代史を振り返ればすぐに分かることですし、事実、デンマークにおいても公教育はそうした傾向をもっていたのです。

しかし、デンマークではフォルケホイスコーレという農民層を中心とする対抗教育の領域が、農民階級の運動と一緒になって自律的な展開をし、農民層の解体、プロレタリア化を押しとどめ、地方の自立性を保護して、逆に「都市の農村化」ともいうべきデンマーク独特の現象をもたらしました。これは農業が衰退した今日でさえ、デンマークの風景を見れば瞭然です。そして、政治的には徹底した地方分権に現れています。

結局、社会主義の教育論も含めて、近代の国民教育というものは、すべて為政者からの強制で、国民の再編成・再統合を図るものにすぎなかったということです。ただ、デンマークにおいてのみ、公教育に対抗して、民衆自身が自分たちのネットワークで、教育と社会運動の統合をグルントヴィのフォルケリーヘズによって成し遂げたのです。とすれば、真に国民教育の名に値するものはフォルケホイスコーレ運動にしかないのですが、わが国の教育学者は、国民教育の例としてグルントヴィとフォルケホイスコーレの名前を挙げることはまずありません。ちなみに、よく読まれている本の一冊として、堀尾輝久氏が著した『教育入門』（岩波新書、一九八九年）を手にとってみると、英独仏の近代教育の歴史には触れられているものの、デンマークのそれはまったく無視されています。

上からの国民教育、ナショナリティーによる国民統合の教育しか知らぬ者が、デンマークのフォルケリーへズをネガティヴに取るというのも、自分たちの歴史の貧しさから来るものです。デンマーク人が、「外国人、とくにドイツ人と日本人には、このフォルケリーへズは理解不可能だ」と言う理由もよく分かります。

たとえば、地理的な近さもあり、彼らはドイツ人と接することが多いのですが、グルントヴィの話になると、ドイツの知識人はナチズムやプロイセンの歴史を連想し、フォルケリーへズの概念を、自分たちのナショナリズムと同じと見てしまいます。この点は、根拠を失ったコスモポリタニズムが進歩的なことの証しと考える日本のリベラル知識人と同じです。

彼らは、過去の歴史の過ちから、ナショナリティーや地域共同体にかかわるものを否定し、均質な平均化されたバラバラの個人主義、いわゆる市民社会的自由のみに頼り、人間性や人権概念の普遍性を主張するのですが、それは浅薄なインターナショナリズムでしかなく、資本主義の世界支配と軌を一にし、地域性を無視した世界均質の労働エートスの形成に資することを忘れています。そして、それは、近代の産業労働者の育成という、公教育のもう一つの側面であったものの強調にほかなりません。

グルントヴィのフォルケリーへズの考え方は、本来、狭い意味のナショナリズムではなく、固有の文化と風土をもつ地域に根ざして生きる世界の民衆なら共有できるという普遍性を含んでいます。本書の冒頭に紹介したオヴェ・コースゴーは、それを「フォルケリ・ユニヴァーサル」あるいは「ポピュラー・ユニヴァーサル」と言っています。異質な者の相互作用と対話が根本にあれば、世界の人々にフォルケホイスコーレが開かれているのは当然なのです。

❷インターナショナル・ホイスコーレ

フォルケホイスコーレが、ナショナルとインターナショナルの第三の道としてのフォルケリの道を求めてきたことは、彼らが行ってきた運動という歴史のなかの国際性や開放性によく表れています。

たとえば、一九二一年にすでに、ペーター・マニケ（Peter Manniche, 1889～1981）によって、ヘルシンガー（Helsingør）に「インターナショナル・ホイスコーレ」が創立されました。第一次世界大戦の悲劇を繰り返すまいと、民衆レベルにおける相互理解の場として位置づけられたのです。また、戦争や紛争、貧困などがなぜ起きるのか、そのメカニズムを知る国際関係の学習がメインに置かれました。さらに、それまでの講義形式の授業から、学生の自主的なグループ研究中心のスタイルを取り入れたことでも知られています。

ここには、世界各国から学生がやって来ます。発展途上国の学生や政治難民、亡命者たちにも奨学金も付与され、何の心配もなく学ぶことができます。グルントヴィが言う、いろいろな世界からの人々の「生きた言葉」によるお祭り騒ぎが、毎日繰り広げられているわけです。

発展途上国でフォルケホイスコーレを設立した人々は、ほとんどこのインターナショナル・ホイスコーレで、グルントヴィとフォルケホイスコーレ運動を知った人たちです。ここは、グルントヴィとフォルケホイスコーレのアイディアを世界に伝えるメッセンジャーとして、その役割は想像以上に大きいものとなっています。

英語で授業をするフォルケホイスコーレですので、多くの日本人も学んでいます。今では、「　タームに日本人が必ず四、五人はいる」と、ある教師があきれ顔で私に語っていました。一九九一年八月に行われた、ヴィボーでの「フォルケホイスコーレ協会創立一〇〇周年」の記念シンポジウムの席上でのことです。そのときの外国人参加者がほとんどインターナショナル・ホイスコーレで学んだ人であったのに対して、私がまったく別系統でフォルケホイスコーレに親しんだということを知って驚いていました。

ペーター・マニケは、第二次世界大戦後は、「ホルテ開

インターナショナル・ホイスコーレでの食事（提供：有澤和歌子）

発ホイスコーレ」（Holte・コペンハーゲンより北へ一五キロに位置する都市）をつくり、発展途上国の農業支援を行いました。トヴィンド・スクールのさきがけともなるものです。

❸フォルケホイスコーレの変貌

第二次世界大戦以後、フォルケホイスコーレ運動は停滞期を迎えます。それは、世界に誇るデンマーク農業のかげりと軌を一にしています。

直接の原因は、旧ＥＣ（当時はＥＥＣ）とＥＦＴＡ（欧州自由貿易連合）というヨーロッパの二つの経済ブロックとの分裂でした。この原因は農業問題だと言われています。当時、デンマークの農業製品はイギリスと旧西ドイツが主要な輸出先で、この二つで七〇パーセントを占めていました。しかし、イギリスがＥＦＴＡ、旧西ドイツがＥＥＣとなり、デンマーク自身はイギリスと同じ歩調を取ったため、ＥＥＣ内の旧西ドイツへの輸出には多額の関税がかけられ、フランス、イタリアよりも国際競争力が劣ることになったわけです。しかも悪いことに、イギリスまでもが国内市場保護のために輸入制限をはじめました。

のちにデンマークは、イギリスのＥＣ加盟にあわせてＥＣに所属するのですが、工業製品はともかく、ここでも農業製品は貨幣格差によるスペイン・ポルトガル産農業製品の攻勢に追われ、一部の酪農製品と豚肉以外は国際競争力をなくしていきます。

いずれにせよ、世界資本主義の圧力とヨーロッパのブロック経済化の波を受けて、小農中心の農業は滅んでいくしかありません。デンマークの農民たちがいくら政権を取り、社会改革を成し遂げたにせよ、ヨーロッパの一国として世界資本主義のヨーロッパ・ブロックで生きてゆくかぎりは、国際経済の影響はまぬがれないのです。本当に理想的な社会をつくるためには、世界資本主義を打倒する世界同時革命しかないというテーゼは、単純ですが「真理」となります。

デンマーク農業の衰退は、日本ほどではないにせよ、目に見えて現れてきました。農業就労人口は一九六〇年の一七・七パーセントから一九七〇年の一〇・五パーセント、そして一九九〇年には五・八パーセントへと激化したのです。

デンマーク自身は、こうした産業構成の変化にうまく対応して、工業化社会へと脱皮し、一九六〇年代にはほかの北欧諸国と並んで、世界一の水準となる国民所得と世界一の社会福祉制度を謳歌します。北欧諸国は「理想の国」とよく賞賛されますが、一九七〇年代の石油ショックによる世界同時不況以後は、マネタリズム政策をとるレーガン、サッチャー、中曽根の日英米諸国によって、「無気力社会」とか「労働意欲減退社会」とこき下ろされたのです。

現実には、土地の騰貴もなく、インフレも日本ほどひどくなく、そしてトイレット・ペーパー騒ぎもなく、一人当たりの国民所得においても依然として日本の上をいっていたのですが、農業従事者にとっては厳しい時代であったことは確かです。

農村青年を主な対象としていたフォルケホイスコーレも、産業人口の構成の変動にともなって、都市の若者を中心に迎え入れるようになります。そのためには、フォルケホイスコーレ自体の自己改革が必要になってきます。戦後はずっと自然でゆるやかな変化で、何とか騙し騙し凌いできました。

本来は青年の学校教育施設であったのですが、余暇社会を迎えて、一般市民が学ぶカルチャーセンターとしての機能をもちはじめたこともその一つと言えます。みんなが休暇をとる夏に、主として「ショート・コース」が設けられ、今ではデンマークの国民的行事となり、農村や地域の若者たち以外に、都市部の市民がフォルケホイスコーレに親しむきっかけとなっています。その反面、フォルケホイスコーレがもっていた独自の学校教育としての性格が曖昧になり、アイデンティティが弱体化するというマイナス点も出てきました。

さらに、そのあと、フォルケホイスコーレ全体が自己反省に迫られる時期が待っていたのです。

❹オルタナティヴ・フォルケホイスコーレ

一九六〇年代末、先進国を襲った若者の反乱はデンマークでも盛んでした。もともと暴力を好まないお国柄ですが、コペンハーゲン大学などを中心に学生のストライキ、バリケード籠城、機動隊との市街戦も、外国ほどではないとはいえ、少しはあったようです。しかし、草の根民主主義の伝統を誇るデンマークです。ベトナム反戦、体制変革、教育改革などといったさまざまな社会運動がデンマーク全土を覆いました。

フォルケホイスコーレも、この激動の渦中にありました。変革の意識に燃えた大学の学生たちは、フォルケホイスコーレの原点に帰れば、それ自体が自分たちのコミューンとなりうると考え、フォルケホイスコーレの教師になる人が多かったのです。

この時期にフォルケホイスコーレは、大なり小なり残っていた古い体質を脱ぎ捨てることになります。それまでは校長に権限が集中していましたが、教師や学生をも含む直接的な学内民主主義の原理に変わり、学生の自発的なグループによる授業形式がメインとなります。

批判派は、グルントヴィの原則に戻れば、それ自体が革新的であることを知っていたのです。何しろグルントヴィは、一八〇年以上も前に「学校の運営会議に学生も参加させよ」と言ったり、唯物論者・無神論者・社会主義者でも優秀であれば教壇に立つことを認めてさえいましたから。批判派が撒いたビラや機関紙などには、グルントヴィの似顔絵がマルクスやホー・チ・ミンなどと並んで載せられていたものです。

たとえば、一九六八年六月、「リュスリンゲ・フォルケホイスコーレ」で起きた数か月に及ぶ学生たちのボイコットは、ここが、伝説的な人物コルが創設した学校であっただけに大きな反響を呼びました。

彼らは、教師たちが自分たちを一人前の大人として扱ってくれないことに反対し、教師の権威主義を批判しました。確かに、この時期から若者のアルコール中毒、ドラッグ中毒など、それまで農村地区では見られなかった退廃現象が目立ってきたのですが、たとえそうした学生であっても、フォルケホイスコーレが受け入れ、尊厳をもって接することが要求されたのです。

フォルケホイスコーレのカリキュラムの硬直化も批判の対象でした。いつまでも儀礼化した朝礼でグルントヴィの歌を歌うだけでよいのか、北欧の文学や歴史を化石のように教えるだけでよいのかなど、さまざまな議論がなされました。

そして、ボブ・ディランやジョーン・バエズのプロテスト・ソングやジョン・レノンの『イマジン』などがこぞって歌われました。そして今では、フォルケホイスコーレで歌う歌のなかにこれらの曲も取り入れられています。授業も、アクチュアルな国際政治・経済、エコロジー、第三世界論、フェミニズムなどが次々と開かれるようになりました。

こうした運動のなかでつくられた学校の代表的な存在が「トゥヴィン・スクール」である、とすでに述べました。それ以外にも、「コーリン（Kolding）・フォルケホイスコーレ」や「ブラネロップ（Brenderup）・フォルケホイスコーレ」などが有名です。

コーリン・フォルケホイスコーレは、伝統校アスコウを飛び出した教師たちによって一九七二年に開校されました。その二年前、アスコウで学内改革をめぐって激しい論争が起きたのが、事のはじまりです。改革派の教師を校長が支持し、穏健な改革を主張する理事会と教師の多数派に反対したため、理事会が校長を解任しました。改革派の教師たちはこれに抗議して辞職し、自分たちの求める教育のあり方を目指して、アスコウからほど遠くないコーリンの郊外に、自分たちで学校と寮を建設したのです。

トゥヴィンと同じく、一つのコミューンを意識して、互いの共同性が高められるような設計になっています。食事は当時としては最新のベジタブル・メニューで、そののちゲァリウなど各種の体育系フォルケホイスコーレやダイエット・フォルケホイスコーレなどに波及しました。

また、原発に反対して風車も建設され、校長や教師はデンマークの反原発・脱原発運動をリードした「ＯＯＡ」と呼ばれる全国市民組織のリーダーを兼ねていました。とくに、校長を務めたウフェ・ゲァトセン（Uffe Gertsen）は、デンマークが一九八五年に原発を禁止するにあたって大きな功績が

自分たちで建物のメンテナンスをするのも大事な教育

ありました。

授業も、学生たちの自主性を最大限に尊重して、教師は学生グループにアドバイスするのみで、指導してはならないとされていました。何をするかはグループ全員の討論で決め、決めたことはみんなで責任をもつことになっていました。ニカラグアの支援の話が出されると、教師がまず現地へ行き、サンディニスタ（SANDINISTA）政権の様子など見て、きちんとしたルートをつくって、そこから本格的に動き出すという具合です。

一九七〇年代から一九八〇年代初めにかけて、コーリンはトヴィンドと並ぶオルタナティヴ派の代表でしたが、現在は若者の保守化をデンマークでもまぬがれず、あくまで学生が中心という原則は、結局、音楽やバンド演奏、セラピー、ヨガといった、今の学生が好むソフトな科目に変化することを促進してしまいました。ここは、教師も固定性ではなく、学生の志向が変化するにつれて居場所を失った教師は別の学校へ移っています。

事務員のゲルダは、往時を知る数少ない人です。壁の写真には風車が写っているのに、校庭にはないのをいぶかしく思って尋ねると、「もう売り払ってしまった」と言います。そして、少し残念そうに、「今の若い人たちは、こんなふうにみんなで共伺して、汗を流して何かをつくりあげることを厭うようになってしまった」と付け加えていました。

ブラネロップ・フォルケホイスコーレは、別名「北欧平和ホイスコーレ」とも呼ばれ、平和運動をその柱とした学校です。かつてはパーシング・ミサイルの配備や核の冬の恐怖で平和運動が燃えた一九八〇年代初め、旅するフォルケホイスコーレの形式をとったキャンペーンなどで大いに活躍しましたが、今は地道に、バルト三国へのツアーやベルリンで冷戦の跡を見るといった授業を行っています。

世界へ拡がるフォルケホイスコーレ

フォルケホイスコーレは、デンマークの数少ない世界への貢献の一つとされています。それは、世界の成人教育、社会教育のモデルとなったからです。デンマーク外務省の発行しているパンフ類には、必ずそういった記述があります。

しかし、私個人の気持ちを言えば、フォルケホイスコーレは、確かにモチーフは与えたかもしれないが、その精神はほとんど諸外国に伝わっていないのではないかと思っています。フォルケホイスコーレを、単なる成人教育の範疇に押し込めることこそ、大きな誤解のはじまりです。グルントヴィのフォルケオプリュスニングの精神を欠いた官製の成人教育では、受動的で画一的な人間が生れるだけです。

とはいえ、フォルケホイスコーレが世界の各国に取り入れられたのは事実ですから、さしあたり、それについてだけは簡単に説明しておきましょう。

❶北欧諸国のフォルケホイスコーレ

デンマークのフォルケホイスコーレの精神が、比較的きちんと伝えられたのは、やはり北欧諸国です。ノルウェーには一八七五年に初めてつくられ、現在八三の学校数（以下、初版刊行時）を数えます。内容的には、デンマークのものとさほど変わりません。

スウェーデンには一二八校あり、最初のものは一八六八年につくられました。半分が全寮制で、残りは通学制となっています。デンマークのそれとは違って、スウェーデンの学校は、一般的なコースが終わったあと、さらに一年から二年の専門的な職業コースをあわせもっており、また高等教育へのステップとしての役割を果たしています。学校は、その特色によって専門化されているものが多く、ジャーナリズム教育、発展途上国教育、音楽教育、芸術工芸など、その道の専門家になる道が開けています。

フィンランドには九三校があり、うち一七校がスウェーデン語の学校です。スウェーデンに併合されていた時代もあり、トゥルク（Turku）地方を中心にスウェーデン語を話す人々がいるからです。

最初のフィンランド語の学校は一八八九年に建てられました。コースは通例一年間で、「アカデミー」と呼ばれる学校は二年の修業年限となっています。学校教育として位置づけられていると言えるでしょう。もちろん、短期コースもあります。

これら以外に、アイスランドやグリーンランド、それにファロー諸島（デンマーク領）にそれぞれ自分たちの言葉で教えられるフォルケホイスコーレがあります。

また、スウェーデンのイェテボリ（Göteborg）には、北欧諸国合同で設立された「北欧フォルケアカデミー」があります。これは、グルントヴィがフォルケホイスコーレの上の段階として唱えた「北欧大学」の理念に基づいて設立されたものです。北欧各国から教師が集まり、各国から参加者が来ています。

❷そのほかの先進諸国のフォルケホイスコーレ

フォルケホイスコーレは、先進諸国に知られてから、成人教育の成功例として理解はされたものの、試験をせず、全寮制で、対話を中心に行い、自由で民主的という点はさすがに理解されませんでした。それゆえ、各国にすでに例があったさまざまな成人教育の伝統にくっつけて導入されました。

そのなかで、イギリスのバーミンガムにある「フィアクロフト・カレッジ（Fircroft college）」は、デンマークのフォルケホイスコーレに忠実な形式をとりました。ここは、クェーカー教徒の支援によってつくられました。

これ以外にも、デンマークのフォルケホイスコーレで学んだ経験からつくられたウェールズの

「コレッグ・ハーレック（Coleg Harlech）」、スコットランドの「ニューバトル・アビィ（Newbattle Abbey）」があります。

そして、オランダでは、デンマークとスウェーデンのフォルケホイスコーレで学んだ人たちによってフォルケホイスコーレ運動がはじめられています。

ドイツでは、第一次世界大戦以後に「フォルクスホッホシューレ」（フォルケホイスコーレのドイツ語訳）ができ、官製のカルチュアー・センターみたいなものですが、これと平行してつくられた「ハイム（寮）・フォルクスホッホシューレ」が全寮制で、よりデンマークのものに近くなっています。

これら以外にも、オーストリア、スイス、フランスに、北欧のフォルケホイスコーレを訪ねた経験から設立されたものがあります。オーストリアとスイスには全国組織もあり、比較的活発な活動がなされています。

アメリカ合衆国にも、デンマークからの移民たちによってフォルケホイスコーレが導入されました。彼らのフォルケホイスコーレは、経済的な困難から長続きしませんでしたが、政府の成人教育政策に、そのアイディアが取り入れられていきました。短大形式のコミュニティ・カレッジはその末裔と言えるでしょう。

❸発展途上国のフォルケホイスコーレ

グルントヴィとフォルケホイスコーレのフォルケオプリュスニングの精神が、今もっとも生きているものといえば、発展途上国や東欧諸国でのフォルケホイスコーレ運動でしょう。それは、フォルケホイスコーレの運動の歴史、デンマークのオルタナティヴなヨーロッパ的でない近代化の歴史が、そのまま自国における地域自立の運動のモデルとなりうるからです。

日本型の追いつき追いこせの近代化路線、当然、西洋の科学技術を効率的に学ぶため、韓国や台湾で顕著なように熾烈な受験地獄が付随しますが、それを踏襲《とうしゅう》しているのがNIES諸国や中国です。これらを日本型としますと、派手さはなく、経済的な豊かさはもちろんありませんが、ヒューマン・スケールの豊かな暮らし、地域自立を求める動きが顕著に見られます。彼らは、日本型の中央集権システムでは地方が中央の豊かさの犠牲になることを、アフリカのケニアや、ラテンアメリカのメキシコなどの経験で知っているのです。

ナイジェリアにある「グルントヴィ研究所」は、「インターナショナル・ホイスコーレ」に入学した経験のあるカチ・オズンバ（Kachi Ozumba）によって一九八五年に設立されました。内戦で国が荒れ、地域が崩壊するなかで、農民や漁民たちに地域自立のノウハウと精神を、フォルケホイスコーレの方法で、すなわち「生きた言葉」による対話によって呼び起こしたのです。

識字率の低い民衆に「生きた教育」を施すために、いろいろな工夫がなされました。カフェやバーをつくり、それを経営することで簡単な計算や簿記、民主的な組織の運営を学んでいくのです。その名前は「バー・グルントヴィ」と言うそうです。

社会学者ロナルド・ドーア（Ronald Philip Dore, 1925～2018）が『学歴社会――新しい文明病』（松井弘道訳、岩波書店、二〇〇八年）で詳述しているように、受験勉強のプレッシャーは発展途上国になればなるほど強まります。エリートと民衆の格差が大きいからです。ナイジェリアでも、村を捨てて都会に行った第二世代の親たちは、過度なほど教育熱心となり、子どもに勉強と試験を強いるそうです。都会からはるかに離れた地域であればあるほど、甚だしい地域差別を受けることになります。

フォルケホイスコーレにおける試験拒否という思想は、無学だと卑下する伝統的な地域の人々に対する大きな励ましとなりました。先進国のように政府からの援助を受けず、自分たちで底辺から、自立と共生の社会づくりを目指しているのです。

発展途上国、とくにフレイレのお膝元のブラジルでは、フレイレとグルントヴィに共通点を見て、両者の思想のもとに民衆の解放教育を行っています。対話を根本に置き、文化総合において指導者と民衆の相互の交渉を成し遂げるなど、言葉こそ時代の違いがありますが（フレイレの教条マルクス主義的言辞にはやや閉口します）、両者がよく似ているのは確かです。

グルントヴィのフォルケリの概念は、ガンジー（Mohandas Karamchand Gandhi, 1869～1948）

やタゴール（Rabindranath Tagore, 1861〜1941）の思想とも共鳴するらしく、インドでもフォルケホイスコーレ運動が盛んです。カルナタカで「ヴィドヤピース」というインド的な伝統に根ざすフォルケホイスコーレの校長ラジャサドリや、ケララで「ミトラニケタン（友の家）」という名前のフォルケホイスコーレを主宰するヴィシュワナタン（二一六ページから参照）は、二人とも、タゴールがシャンティニケタン（カルカッタの北西）に創設した大学で学んだ人です。彼らは、デンマークに招待されたとき、「インターナショナル・ホイスコーレ」に滞在して、グルントヴィとフォルケホイスコーレ運動を知り、そこから多くのインスピレーションを受け、インドの民衆教育に応用していきました。

インドにはいくつもの言語があり、また識字率も低いのですが、伝説や神話、地域の言葉を使って、書物ではなく「対話と実践」によって学ぶフォルケホイスコーレは、まさしく地域の実情に即した学校となりました。メタンガス発電など、適性技術を扱う点もインドの風土にあっていたわけです。

東南アジア、あるいは東アジア地区には目立ったフォルケホイスコーレはないようですが、フォルケホイスコーレの国際委員会のトーア（ヴァレキレ・ホイスコーレ教員）の話によれば、「フィリピンに三か月フォルケホイスコーレづくりに行っていた」ということですから、すでにフィリピンでフォルケホイスコーレが動き出しているのかもしれません。

いずれにせよ、素晴らしいのは、こうしたフォルケホイスコーレが、デンマークの支援を仰ぎつつも、デンマークのイニシャティヴのもと、規格に当てはめてなされていないことです。そこがシュタイナー学校との違いです。グルントヴィのフォルケリーへズに従えば、そこの地域文化のうえにアイデンティティがありますから、デンマークからフォルケホイスコーレを輸出するという発想はありません。むしろ、「同じものであってはならない」というのがフォルケホイスコーレ関係者の意見でした。

❹東欧諸国のフォルケホイスコーレ

現在、フォルケホイスコーレ運動が爆発的な広がりを見せているのが東欧諸国です。もともと、ポーランドでは一九二四年に導入されるなど、一定の歴史があったのですが、その後の情勢の変化、とくに戦後旧ソ連の影響下に置かれると反革命的として閉鎖されました。その代わり、官製の社会教育施設が造られました。

しかし、ここでは民衆の自発的な要求ではなく、共産党委員会のカリキュラムによって、上からの、形式的な社会主義教育が中心となります。これでは「死の学校」でしかありません。民主主義を学ぶ学校が欲しいと、東欧の民主化が吹き荒れた一九八九年から一九九〇年にかけて、フォルケホイスコーレ建設運動は「民主化の闘い」における一つのシンボルとなったそうです。

長い間の社会主義政権により、「見ざる」、「言わざる」、「聞かざる」といった無関心状態に置かれていた人々は、いつのまにかそれが習い性となり、無気力状態に陥っていました。自分たちで、下からのデモクラシーを築きあげていく場として、フォルケホイスコーレは最適だったのです。

たとえば、ハンガリーでは、幼稚園教師ユーディット・ローナイによって、彼女が勤務している幼稚園内にフォルケホイスコーレがつくられました。ユーディットはまた、民主化運動のリーダーの一人でもありました。

幼稚園の一室を借りて運営された学校はすぐに手狭となり、次には軍の払い下げた建物を改築して、校舎と寮を造ることになりました。このとき、デンマークのフォルケホイスコーレ協会に協力依頼があり、協会から教師や学生が大挙押しかけて、人海戦術でたちまちのうちに学校を造りあげたそうです。「ピープルズ・パワーだ」と言って、私に自慢していました。まぁ、フォルケホイスコーレの連中なら、このくらいは「朝飯前」であることを私も知っています。

ポーランドでも再開され、ルーマニアやチェコでもフォルケホイスコーレが誕生しています。旧ソ連も同様で、デンマークのフォルクホイスコーレ関係者の最大の関心は、エリツィン（Boris Nikolayevich Yel'tsin, 1931～2007）大統領の行方で、フォルケホイスコーレの命運も保守派との闘いにかかっているようです。

バルト三国は、歴史的な付き合いの深さ、民族的な近さがあり、デンマーク人のイメージでは北欧諸国の一部を成すものですから、もっとも力が注がれています。少し前、バルト三国が旧ソ連からの独立運動で武力鎮圧を受けたときなどは、フォルケホイスコーレからさまざまな民主化および独立運動に対する支援がありました。フォルケセンターなども、旧ソ連からの原油供給を絶たれたとき、自然エネルギー利用のキャンペーンに行っています。

独立がかなった今では、バルト三国のほうでも、政府レベルからフォルケホイスコーレを導入し、それに付随する北欧諸国の各種文化機関や貿易事務所を誘致しています。双方にメリットがありますから、ここは順調に発展していると言えるでしょう。

東欧諸国や発展途上国は、自国の発展モデルを、かつての日本のように英・独・仏・米にはとっていません。ましてや、世界の事情を知らぬ経済評論家が勝手に言うように、日本が発展のモデルになっているわけでもありません。少なくとも、私が出会った人々、ここに書いた人たちはみんな、「日本は反面教師だ」と言っていました。経済的な豊かさのみに偏った「まずい例」なのです。

それぞれの場で民衆教育に携わったこうした人々に私がデンマークで出会ったということは、とりもなおさず、彼らが国づくりのモデルとして、デンマーク、とくにグルントヴィと農民たちによって成し遂げられたその歴史と社会のあり方を参考にしているということです。

それは、近代の先進国によって成されてきた市民社会と資本主義による発展、その豊かさが自国内の農民や辺境の人々、そして第三諸国を犠牲にして成り立つ発展を経ずに、地域の自立と民衆の社会的自覚を第一に置き、「緩やかな農民革命」ともいうべきプロセスを経て、内発的な発展を目指すということでもあるのです。

社会主義でもなく、社会民主主義でもなく、農本主義でもなく、分散型社会、多元主義、地域自立主義、具体的人民主義、あるいは「フォルケリーユニヴァーサルな道」とでも言うべき姿となります。

補論3　「ミトラニケタン（友の家）」――インドのフォルケホイスコーレ

ミトラニケタンは、一九五六年、インドの南部ケララ州のトリバンドラム郊外に、さまざまな団体、個人の援助を受けて設立されました。インドの組織もあれば、アメリカ・オハイオのコミュニティ・サービス、あるいはデンマークのフォルケホイスコーレや農民協同組合などが協力しました。

創立者のヴィシュワナタン（K.Viswanathan）は、タゴールがシャンティニケタンに創設した大学で、インドのアイデンティティ、ガンジーの思想とインド独立の立役者チャンドラ・ボース（Subhas Chandra Bose, 1897～1945）の実践に基づくことの重要性を学びました。その後、各種の奨学制度で欧米に学び、とりわけアメリカ・オハイオ州のアーサー・モーガン（Arthur Morgan, 1878～1975）が指導する「ランド・グラント・カレッジ（Land-Grant College）」に影響を受けたそうです。モーガンは、インドにもこの「農村開発大学」を設立し、発展途上国援助の一つの形として活動をしていました。

一九五五年には、デンマークの「インターナショナル・ホイスコーレ」でも学び、彼の目指す民衆教育の有効な方法として、グルントヴィとフォルケホイスコーレ運動の成果を知ることになりました。そして、帰国した翌年、それまで築いてきた各種の人脈を頼りに援助を受け、インド的なアイデンティティに立つフォルケホイスコーレ「ミトラニケタン」をケララ（Kerala）に創設したのです。ケララはタミール語の地域ですから、この名前はタミール語で「友の家」を意味するそうです。

ケララ州はインドのなかでも特徴ある地域で、共産党勢力の力が大きいところです。州の政権は共産党と国民会議派が交互に取っているとのことで、そのせいもあってか、「民衆科学運動」なる大衆啓蒙活動が盛んだそうです。こうした特色は統計の数字にも現れており、インドのなかでもっとも貧しい州でありながら、平均寿命、識字率、保健サービスのレベルがもっとも高く、逆に乳幼児死亡率と出生率はもっとも低い州となっています。

この事実は、発展途上国は貧しいがゆえに出生率が高く、また識字率が低いために、何よりもまず経済的豊かさの達成と社会資本の整備なしでは途上国問題は解決しないという先進国の常識を覆すものとして、ユネスコなどといった各種国際機関から注目されています。

こうした土壌が有利に働き、幾多の困難はありつつも、ミトラニケタンは順調に発展を続けて、現在五〇人の職員と七つの家族、それに二〇〇人の子どもたちが生活する一大コミューンとなりました。

その活動は、保育所、幼稚園、小学校、中学校、農業・園芸、キノコ栽培・養蜂、基礎科学技術指導、印刷・出版センター、工芸センター（機織り、ロウソク製造、絨緞製造など）、健康保健サービス、畜産、学校ドロップアウト少年の補習学校、林業などと多岐にわたっています。

各種政府・非政府機関の援助を受けて、そうしたセンターを設けたり、あるいはそれらの機関の施設を定期利用したりする形で、民衆の自発的な教育、地域自立のための学習と技術を授けています。また、諸外国との交流も盛んで、欧米にある大学で発展途上国について研究している学生たちのフィールドワークを受け入れており、互いの刺激としています。

ヴィシュワナタンは、一九九二年八月、私たちが主催した「民衆大学（フォルケホイスコーレ）上陽インターナショナル・セミナー」にも参加しており、九州各地をはじめとして、さまざまな人々との交流を果たしています。日本の伝統的な農業技術と適性技術を学びたいという彼の意向にあわせて、養蚕、有機農業、アイガモ農法（アイガモを使って害虫駆除をする有機農法）、竹細工、線香をつくる水車、陶芸工房、家具工房など、さまざまの施設を見学しました。

近代化の病にあえいでいると考えていた日本に、インドでもすぐに適用可能な適性技術・地縁技術がたくさんあることに驚き、感激していました。出会った人々に、「ケララへぜひ来て、ミトラニケタンに滞在してほしい」と宣伝し、ミトラニケタンで何か役に立ちたいと願う若者たちとたくさん知り合うことができました。そのなかの何人かは、きっとすぐにでもインドへ向かうことでしょう。

彼から来た手紙には、次のように書かれていました。

ミトラニケタンでの稲作風景

小さな町を備えた田舎の地区は、私にはとても魅力的で理想的なロケーションに見えました。経済的な発展とエコロジカルなバランスが取れているように見えたからです。山間の村、なだらかな丘の村、海辺の漁村は、農業や工芸、小規模の漁業といった産業のもと人々が集まり暮らし、とても美しく感じました。それらは、発展途上国が熱心に見習うべきよい例だと思います。

緑の絨緞に覆われた平地、竹林や針葉樹林が豊かな山腹、こうした環境は人と自然が適正技術によって共存できる継続的な発展をもたらすことができるものです……。

日本とケララとの間の友好関係が確立されるなら、私たちの、ケララでの発展を大いに助けてくれるものとなるでしょう。というのも、ここの農業形態や米づくりなどは、私が日本で見たものにとてもよく似ているからです。

実に、日本の田舎こそは、民衆の手で自立しようという発展途上国の大多数の人々にとっては一つのモデルとなり、その伝統的な技術は、民衆レベルでの援助・連帯を可能にするものなのです。巨大なダムや機械化農業を社会資本が整っていない地域に導入し、地域の経済・文化を破壊して、結局は多国籍企業とその国の高級官僚を富ませることにしかならないODA（政府開発援助）やPKO（国連平和維持活動）よりも、わが国の地域の人々が自分たちの伝統的な地縁技術

をもって発展途上国の地域と連帯するほうが、はるかに役立つ国際貢献となるのです。
わが国に、地域文化に立つフォルケホイスコーレができたなら、そこは一つの地域自立を目指す民衆の国際的なセンターとして、現実的に、発展途上国の民衆と連帯できる場所になることはまちがいありません。互いの中央政府を通さず、地域の文化、風土などの事情を熟知した人同士がともに自立を目指して協力しあう「フォルケリーユニヴァーサル」の場が、フォルケホイスコーレなのです。

さて、鹿児島では有機農業農民や竹細工業者たちと交流し、その後、西日本のフリースクールや登校拒否児たちが楽しく集うオープン・スペースを主宰している教育問題を考える人々を訪ね歩いたヴィシュワナタンは、福岡での最後の夜、新聞記者のインタビューに次のように答えて、帰国の途に就きました。

――子どもに問題はない。あるのは、われわれ大人たち。これから、大人がどうやって変わっていくかです。（毎日新聞西部本社版、一九九二年八月二五日付）

第9章

フォルケホイスコーレと日本

日本とデンマークの違い

グルントヴィとフォルケホイスコーレ運動がつくりあげてきた近代デンマークの姿は、小国主義、非暴力主義、緩やかな農民革命による平等主義、人権尊重のリベラリズム、と言うことができます。ここで大きいのは、農民たちがすでに一八世紀末に農地解放を成し遂げ、自作農が中心となり、彼らが小作農を巻き込む形で階級勢力としてもっとも左派に位置したことでしょう。

彼らがブルジョア・リベラリズム勢力と対抗しながら、自分たちの社会形成を成し遂げていくなかで、首都圏を中心とした労働者階級が保護され、力を得ていきます。農民政党の左翼党たちと協力して政権政党となるにつれ、革命による政権奪取を目指すマルクス主義路線から社会民主主義へと転換してゆくわけです。いわば、農民たちが脆弱な労働者階級を育てていったという経緯がそこにあります。

わが国においては、地主階級が強く、農民たちはその軛《くびき》のもとに置かれていました。時として都市ブルジョアジーと地主階級は対立することもありましたが、小作農と労働者たちは、この両者によって常に抑圧されていたというのが日本の近代史と言えるでしょう。

デンマークの姿は、最初、キリスト教系知識人によってわが国に紹介されました。のちにその協同組合運動が産業組合の見本として紹介され、次いで、ようやくグルントヴィとフォルケホイスコーレが農民教育の模範として推奨されていきます。

しかし、それらは英・米・独の文献経由でなされたため、根本的にはグルントヴィとフォルケホイスコーレの思想は理解されないままでした。グルントヴィのフォルケリーヘズは単なる国粋主義、ナショナリズムとされ、徴兵制と義務教育をその根幹とする近代の国民教育一般と同置されたのです。改めて、日本との関係について詳しく説明していきます。

フォルケホイスコーレは、いわゆる「農本主義者」として近代史を色彩る人たちによって、「国民高等学校」の名で導入されていきます。それは、都市の人間によって侮蔑の対象として蔑まされている農民と農村振興における理想の姿となりました。農業による文化的国家の樹立の実践例がここにあるということでデンマークとフォルケホイスコーレが紹介され、国民高等学校がつくられたわけです。

農村と農民の繁栄、地位向上を目指した彼らの努力は超人的で、賞賛に値するものですが、問題点は、彼らが地主階級の側に立ち、農村を階級融和の場として、農業生産性を上げて豊かになることで矛盾を隠蔽しようとしたことです。その矛盾が昭和初期の農業恐慌によってどうしようもなく吹き出すと、政党政治や都市ブルジョアジーの無能さのせいにして、軍部を支持するようになり、皇国イデオロギーを全面に押し出しました。

それゆえ、わが国では、国民高等学校といえば農本主義イデオロギーの一つと見られ、天皇制と結び付けがちとなっていました。

言うまでもなく、デンマークのものとは根本的に異なり、グルントヴィの思想が本来的に誤解されたというのは簡単です。しかし、一番大きな相違点は、わが国の農民が地主制から解放されておらず、小作争議の徹底弾圧や懐柔など、革命的な勢力になることを押さえ付けられたことです。

その結果として、デンマークのような労働者たちとの共闘が一度たりとも実現されず、労働者階級の成長を保護することもなく、互いに足を引っ張り合い、戦後優勢となった労働者の側からは蔑まれ、保守的、反動的と見なされる農村、農民という形になったのです。

都市の住民や労働者階級が代表する近代主義イデオロギーは、農村、保守、天皇制の反動的、復古的なイデオロギーと正反対というだけで肯定され、そのなかに潜む物象化の問題が論議されることもなく、右も左も、進歩、革新、成長に驀進する高度成長路線、経済大国主義を支えてきました。

その結果、両国にどのような違いが生じたでしょうか。一度も侵略戦争をすることなく、植民地ももたず、農民が中心となって小国主義に徹し、豊かな近代化、今日に至るまで人間の解放と自由と平等を成し遂げてきたデンマーク。かたや、侵略戦争に走り、一〇〇〇万人以上のアジアの人々を殺戮した一方で、原爆や空襲、沖縄戦の悲惨を味わいながら、今また、外へは経済侵略やPKO派遣で拡張主義、大国主義を貫き、内には農業の破壊、死滅を迎えつつあるというのが日本の姿です。

一部の見識ある人々が、今ようやく、伝統的な日本の小農形態の農業こそ、自然景観を守り、地域社会の解体を押しとどめ、何よりも環境破壊を防ぎ、豊かな食文化を与えるものだと気付きはじめました。そして、伝統的な農業の再発見や産直運動、市民農園などが盛んとなっています。また、農民の側でも、たとえば青森県の六ヶ所村の核燃料再処理工場反対運動の闘いに代表されるように、一部では、既存の社会勢力のどれよりも今の社会の根本矛盾を問うという形が主体的な勢力となりつつあります。

かつて地主制に縛りつけられ、行政の委任事務と警察制度、国家神道、そして公教育を通じた天皇制中央集権体制のもとで窒息を余儀なくされた農民や地方の人たちは、今ようやく、真の意味で、デンマークの地域住民、農民たちの地域自立と人間解放の歴史が学べるステージに立ったと言えるのではないでしょうか。

そして、汚職や政治不信のはびこる日本の土壌を見て、「日本には、英仏式の市民社会が形成されなかったからダメなんだ」と、依然としてモデルを英独仏米に仰ぐ近代主義者、市民社会論者を尻目に、発展途上国とも理解を共有できる地平で、適性技術や自然産業を基盤とし、社会福祉や協同組合に代表される地域の協同性を高める、適正規模の地域づくりを行ってゆく時代に来ているのではないでしょうか。

すぐれた日本近代史家である鹿野《かの》政直《まさなお》（早稲田大学名誉教授）は、『日本近代化の思想』（研究社、一九七二年。改訂版講談社学術文庫、一九八六年）という本で次のように語っています。

> このように文明開化の勝利は、少なくとも化政期以来半世紀の歳月をけみしてきた自主的な変革思想を流産させてしまった。そのことは、世界資本主義を背景とする明治政府が、日本の農業革命の達成を阻止したことを意味する。日本の変革は、幕末に高まってきた世直しの想念の延長線上にではなく、その抑圧のうえに展開されることとなったわけである。農民の負担による近代化への強行的な出発は、そうした論理の経済政策をあらわしていた。

ここで含意されているのは、世直しや百姓一揆の延長線上、あるいは有名な田中正造（一八四一～一九一三）の「谷中自治村・人民国家」の論に見られるような、土着的な人間解放の思想に満ちた独自の農業革命の可能性が日本にあったこと、そして、それが現実になされていれば、西欧のそれとは異なる日本独自の近代化の可能性としてあり得たということです。

また彼は、同じ書で内村鑑三（次ページで詳述）についても触れており、そこでは、「(内村が提唱した）四つの柱すなわち平和的発展の願い、民衆的国家像の樹立、近代批判の発足、被抑圧国との連帯意識の形成をつなぐとき、それは、明治国家の目指していた路線の対極に像を結ぶ」と述べています。

すでに述べてきたように、デンマークは世界資本主義の間隙を突き、独自の農民革命を行い、市民社会と資本主義の浸透（それは、とりもなおさず植民化を行い、農民層を解体してプロレタリアを創出し、資源と市場をめぐっての帝国主義戦争を行うことですが）という英仏流の「近代化」の道を経ず、農民が市民社会を取り込み、協同性をより高める形で社会と人間の解放を進め、英仏以上の人権と社会保障を誇る「北欧型近代化」を成し遂げました。

また、この一〇〇年もの間一度も戦争をせず、民衆的国家をつくりあげ、英仏流の近代化を批判して、今もなおフォルケホイスコーレ運動に見られるように被抑圧国と連帯をしています。内村鑑三がデンマークを模範国としたのは必然です。

もう一度、日本の近代のあり方を考え直し、これからでも可能な独自の道を探し、内村鑑三の言う四つの柱に基づいた将来を考えるならば、フォルケホイスコーレとデンマークの実践史は、今再び学ぶに値するものとして私たちの前にあると思います。過去のフォルケホイスコーレ受容が取り残し、見失ってきたものを、今度こそきちんと探さなければなりません。

フォルケホイスコーレを紹介した人々

❶内村鑑三

フォルケホイスコーレそのものではありませんが、デンマークを理想の国として紹介した代表的な人が先に述べた内村鑑三です。彼は一九一一（明治四四）年に有名な「デンマルク国の話」を講演し、彼の『聖書之研究』一三六号に掲載しました。また、それ以前には、一九二四年の『国民新聞』に「樹を植えよ」という短文で植林の話を紹介しています。

『デンマルク国の話』[1]は内村鑑三の文章のなかでも反響の大きかったものの一つで、多くの青年たちが理想国デンマークに興味をもつようになりました。また戦前、戦後と小学校の教科書にも載せられ、その年代の人たちがよく知る話でもあります。

内村鑑三は、ここでダルガス（一六〇ページ参照）の植林の話を紹介しているのですが、同時に彼の思想、小国主義と非戦主義も述べています。これは、当時、日清・日露の戦争に勝って、世界の一等国とばかり、富国強兵、大国主義に浮かれる世相に反省を求めたものとされています。

そして、次のように、まるで今日のデンマークのエネルギー政策を予知していたかのような、すぐれた現代性も示しました。

（前略）国の大なるはけっして誇るに足りません。富は有利化されたエネルギー（力）であります。しかしてエネルギーは太陽の光線にもあります。海の波濤《なみ》にもあります。吹く風にもあります。噴火する火山にもあります。もしこれを利用するを得ますればこれらはみなことごとく富源であります。かならずしも英国のごとく世界の陸面六分の一の持ち主となるの必要はありません。デンマークで足ります。然《しか》り、それよりも小なる国で足ります。外《そと》に拡《ひろ》がらんとするよりは内《うち》を開発すべきであります。

内村はその後も、『国民新聞』に「西洋の模範国デンマルク」を発表するなど、あるべき日本のあり方としてデンマークを示しました。その正当性は今日にお

67歳の内村鑑三

（1）　一九四六年に初版が発行された『後世への最大遺物――デンマルク国の話』（岩波文庫、岩波書店）は、二〇一一年に改版されています。

いても確かで、また彼の弟子たちへの影響によって、わが国のデンマークへの関心を、その後も喚起し続けたという功績は大きいと言えます。

❷農本主義者たち

内村鑑三が『デンマルク国の話』を書いて以来、時代が大正デモクラシーということもあり、また当時の青年の通過儀礼とも言えた「トルストイ・ブーム」（徳富盧花の『美的百姓』や武者小路実篤の『新しき村』など）もあって、理想の農業国「デンマーク・ブーム」が起きます。「国民高等学校（フォルケホイスコーレ）」を紹介したのは、東大の農科大学（農学部）に学んだ学徒が中心です。彼らは、自分たちの研究中、英米独の文献からデンマークの実情を知り、フォルケホイスコーレに関する英独の文献を翻訳したのですが、そもそも、これが誤解のはじまりと言うことができます。

当時のデンマークの農業は、その農産物の主たる輸入国イギリスをはじめとして、ヨーロッパ諸国の注目を浴び、イギリスとドイツを中心に、デンマーク紹介や訪問記の類いが盛んに出されていました。それらが、当然、日本の学徒の目にも留まったわけです。

最初のまとまった紹介は、農学者の那須皓《しろし》（一八八八～一九八四）が矢作栄蔵《やはぎえいぞう》（一八七〇～一九三三・当時、東京帝国大学教授）のすすめにより、ドイツ人の学者ホルマンの著書を翻訳した

『国民高等学校と農民文明』（同志社、一九一三年）です。

那須皓は、こののち東京帝国大学農学部の教授となり、戦前の農業経済学の泰斗《たいと》となります。著書の端々でデンマークの国民高等学校に触れましたが、彼の研究のメインになることはありませんでした。しかし、彼は、自分の東大時代の友人たちが農業教育に従事し、農民道場の発展として国民高等学校を設立する際には熱心な賛同者となります。

彼の友人で、有名な農本主義者としては、山崎延吉（一八七三～一九五四）と加藤完治（一八八四～一九六七）の二人がいます。

山崎延吉は、愛知県の安城市の県立農林学校（現在の安城農林高校）の校長として農村振興に務め、愛知県の安城市を中心とする碧海郡一帯が「日本のデンマーク」と呼ばれるようになった立役者の一人です。主著に『農村自治の研究』（永東書店、一九〇八年）があり、官製の当時の地方政策に対して農民側の自治を尊重した、今風に言えば「村おこし」を唱えました。

基本的に天皇制を統合原理としており、地主制の矛盾には触れず、地方を明治国家中央集権体制に再編成した地方行政組織と教育制度、つまり村長と小学校の校長の役割重視を前提としたために理論としてはお粗末ですが、農業実践からの農民プラグマティズムに立ったため、単なる官製農村改良政策とは異なる実効性を上げました。

ちょうどデンマークがそうであったように、次々と農業や教育、協同組合（当時は産業組合）

などの分野で有能な地元の人材が輩出され、「日本のデンマーク」と呼ばれるほどの豊かな農村となったのです。

山崎一人の力というよりも、彼は触媒にすぎず、この地方が昔から蓄えてきた実力と地元の農民や為政者たちの努力が根底にあったからこそ可能であった事業と言えるでしょう。

なぜ、デンマークの名が冠されたかははっきりしませんが、農村文化講習会などで、前述の那須や当時デンマーク研究家としてデビューしたばかりの平林広人《ひろんど》（一八八六～一九八六）などを招いて、デンマーク農業などの話をしたことがきっかけではないかと言われています。

ちなみに、平林広人は、キリスト教会の牧師からデンマークのことを聞き及び、一九二四年から三年間、「アスコウ・ホイスコーレ」や「ヴァレキレ・ホイスコーレ」に留学しています。帰国後、デンマーク研究家として活躍し、またキリスト教図書館長として長く勤務しました。晩年は、東海大学の北欧文学科の講師にもなっています。

山崎延吉と安城の農村振興については、岡田洋司が著した『ある農村振興の軌跡――「日本デンマーク」に生きた人びと』（農山漁村文化協会、一九九二年）という労作があります。

ただし、この本のなかで「国民高等学校は、第二次世界大戦中には、ナチズムの温床になっている」（一二ページ）とあるのは、何を根拠にしたのかは知りませんが、明らかな事実誤認と言えます。それは、この本を読んできた人にはいわずもがなでしょうし、のちに述べる松前重義（一九〇一～一九九一）の訪問記『デンマークの文化を探る』（東海大学出版会、一九八七年）のなかで、フォルケホイスコーレが、ナチスに追われて亡命した多くのドイツ人を学生として迎え入れ、保護している、と記されていることからも明らかです。

さて、加藤完治は山崎延吉の後輩（東京帝国大学）にあたります。内務省などで官僚をしたのち、生来の倫理的潔癖感から人生に迷い、自殺未遂などを企てたあと、農民として生きることを決意します。そこで山崎に農林学校の教師を斡旋され、安城市で三年にわたって農業実習を教えました。

このとき以来、山崎や筧克彦《かけい》（一八七二～一九六一・東大法学部教授で独自の神道観に立つ国粋主義者）の古神道の考えに影響を受け、農業と国家神道を結び付ける独自の農業観や教育観を形成しました。のちに、内村鑑三の弟子の一人である藤井武（一八八八～一九三〇）が、大正天皇の大典記念事業として、一九一五（大正四）年にデンマークのフォルケホイスコーレを模した「山形自治講習所」をつくり、そこの所長に推薦されて赴任します。というのも、加藤は、一九一二年に一年間、デンマークの農業を学ぶべく、シェラン島の「ロスキレ・フォルケホイスコーレ」やユランのアスコウに滞在した経験があったからです。

一〇年間の所長時代を経たのち、彼はいよいよ、農科大学の出身者である前述の那須や石黒忠篤（農商務省）、橋本伝左衛門（京都大学）、小出満二（九州大学）らの支援のもとに、一九二七（昭和二）年、茨城県友部に私立の農民塾として「日本国民高等学校」を設立しました。これが、名前のうえでは、フォルケホイスコーレの日本版の恒常的な学校と言えるものとなります。しかし、その内実は、農業教育と一般教育を加味するのはよいとしても、筧克彦《かけいかつひこ》による「やまとばたらき（日本体操）」などの皇国教育を精神的支柱とする点は、デンマークのそれとは明らかに異なるものと言えるでしょう。

一九三二年、日本帝国主義の傀儡国《かいらいこく》「満州国」が建国されると、加藤はさっそく奉天に「日本国民高等学校分校」を設立し、満蒙開拓に乗り出します。六年後には、「満蒙開拓青少年義勇軍」を組織し、日本の大陸膨張的侵略戦争における民間からの推進者となるのです。多くの農民たちを大陸に押しやり、また二万人以上と言われる少年義勇軍の子どもたちを死なせました。さらに、多くの農民たちの土地を奪い、殺し、今日まで引き続く悲惨な状況を生み出したその罪は重いと言わざるをえません。

さらに、いかなる弁明があるにせよ、こうした侵略主義が「外に失いしものを内に取りかえさん」とする、デンマークの近代精神とは正反対のものであることは言うまでもないでしょう。ましてや、いかなる人々にも己のフォルケリーヘズがあるとして、その尊厳を認めたグルントヴィの精神に逆らうこと甚だしいものです。加藤は、ロスキレの一年間でいったい何を学んだのか、と疑わざるをえません。

加藤完治がつくった「日本国民高等学校」の名は、当時は大きな影響力をもちました。やはり農本主義者として有名で、「五・一五事件」に加わった橘孝三郎（一八九三〜一九七四）も、これに刺激されて「愛郷塾」なる農民教育施設をつくったほどです。一九三〇年よりはじまった昭和農業恐慌により、農村の疲弊は増し、政府の自力更生計画推進運動のもと、各地に農民道場のたぐいが次々と設立されていきましたが、その際、加藤の国民高等学校や山崎の学校「神風義塾」が一つのモデルとなったわけです。

こうした国粋主義的な学校づくりに対して、キリスト者系のフォルケホイスコーレに対する受容は、内村の正当な後継者と言えるかもしれません。キリスト者では、賀川豊彦（一八八八〜一九六〇）が内村のあとを受けて、デンマークを産業組合の模範国として、いろいろな場で推奨しました。彼の弟子にあたる杉山元治郎（一八八五〜一九六四）も「日本農民組合運動の父」として活躍し、戦後には衆議院副議長まで務めています。そんな彼が一九二七（昭和二）年につくったのが「日本農民福音学校」です。これがフォルケホイスコーレをモデルとしたものと言われています。

杉山は、その著『農民組合の理論と実際』（『明治大正農政経済名著集18』所収、農文協、一九七七年）で次のように書いています。

今日デンマークは富の平均に於て、教育の普及に於て、人間らしい人間の多いという点に於て世界の何れの国にも優っているのである。

斯くの如く生き生きとした青年の様な国家となったのは何であるか、是を一言に云えば農村の開発、農村文明の建設からである、若し彼の国を旅行する者の一人が「お身の国が如何にして今日の様な立派な国になったか」と尋ねるならば、三尺の童子と雖《いえど》も「そは首府コーペンハーゲンの公園に建てられたる銅像の老人のお蔭である」と答える。銅像の老人とは誰か、文豪にして宗教家、火の如き愛国者にして教育家なるグルウントヴィッヒ其人である。彼は農民高等学校を起し、青年を教育し、デンマーク農民文明の根底を置いたからである。斯くの如く殆ど倒れんとしたる国家も農村の復興により新しく蘇生したることを思わば、農村と国家の関係此の一事を以て見ても略ぼ察知すべきである。

こうした言い方は、当時のデンマークとフォルケホイスコーレについての決まり文句だったようです。

❸宮沢賢治と岩手国民高等学校

大正初期から昭和の初めまでのデンマーク国民高等学校のブームは、一つの興味ある成果を残しました。それが、「岩手国民高等学校」と宮沢賢治の出会いです。

宮沢賢治は、別にフォルケホイスコーレの紹介者ではありません。とはいえ、ブームとなり、十数冊のデンマーク関係（農業、国民高等学校、デンマーク体操、産業組合などに関するもの）の書物がこのころに出版されていますから、宮沢賢治も知識としては知っていたと思われます。彼の勤めていた花巻農学校が岩手国民高等学校に指定されたことで、賢治も講義をすることになりました。

このときの講義メモが、『農民芸術概論綱要』（八燿堂、二〇二一年）として残されたものです。これは、偶然にも、賢治の詩心がグルントヴィの精神と共通するものを見事にとらえたものと言えるでしょう。それは、わが国の不幸なフォルケホイスコーレ受容史のなかで、未来に誇るべきもっともすぐれた遺産となりました。

岩手国民高等学校は、当時の政府がすすめた農村更生運動の一環である国民高等学校計画に従い、一九二六（大正一五）年一月一五日より三月二七日まで、県立花巻農学校で三か月にわたって開催されました。これを誘致したのは県社会教育主事の高野一司（一八八

宮沢賢治（1924年撮影）

八～一九四八）で、彼は筧克彦《かけい》や加藤完治の直系と言われています。

県の農学校卒業者など一八歳以上の農村青年が推薦で集められ、将来の農村リーダーの育成を目的とした、全寮制の講習会形式となっていました。授業科目は農業経営法や産業組合法といった専門科目に、文学概論、芸術概論、音楽概論、最新科学の進歩、世界之体勢、近世文明史といった一般教養科目、それに国史の精神、国民体操、やまとばたらきなどといった皇国精神涵養のための科目が教授されました。

そのほかにも、産業組合や県庁、議会、裁判の公判などの見学や、植物病理、緯度観測、自治制といった課外講演も組まれていたので、国粋主義的な要素を除けばフォルケホイスコーレの影響がうかがえる内容となっていました。

すでに述べたように、賢治はここで農民芸術概論の講義を担当します。彼自身の思想的な源泉は、法華経、トルストイ、そして当時は一種のブームとも言えたイギリスの社会改革家ラスキン（John Ruskin, 1819～1900）とウィリアム・モリス（William Morris, 1834～1896）、それに、そうした主張にシュペングラー（Oswald Arnold Gottfried Spengler, 1880～1936）が著した『西洋の没落』（村松正俊訳、中央公論新社、二〇一七年）のペシミズムを折衷した、当時流行していた評論家室伏高信《むろふせこうしん》（一八九二～一九七〇）のそれと言われています。

直接グルントヴィとフォルケホイスコーレに関係がないとはいえ、賢治が次のように述べるとき、そこには時空を超えた不思議な力が働いていたと言うしかないほど、大いなる共通点が見いだせます。

おれたちはみな農民であるずいぶん忙しく仕事もつらい
もっと明るく生き生きと生活する道を見付けたい
われらの古い師父たちの中にはそういう人も応々あった
近代科学の実証と求道者たちの実験とわれらの直観の一致に於て論じたい
世界がぜんたい幸福にならないうちは個人の幸福はあり得ない
……
正しく強く生きるとは銀河系を自らの中に意識してこれに応じていくことである
われらは世界のまことの幸福を索ねよう求道すでに道である
……
農民芸術とは宇宙感情の　地　人　個性と通ずる具体的なる表現である
そは直観と情緒との内経験を素材としたる無意識或は有意の表現である
そは常に実生活を肯定しこれを一層深化し高くせんとする
そは人生と自然とを不断の芸術写真とし尽ることなき詩歌とし

巨大な演劇舞踊として観照享受することを教へる
そは人々の精神を交通せしめ　その感情を社会化し遂に一切を究境地にまで導かんとする
かくてわれらの芸術は新興文化の基礎である（『農民芸術概論綱要』より）

---

❹土田杏村《きょうそん》と自由大学

フォルケホイスコーレと関係はありませんが、戦前、フォルケホイスコーレに一番その精神が近かったものとしては、土田杏村（一八九一～一九三四）の「自由大学運動」があります。

土田杏村自身、エリートコースから少し離れたところで苦学して学んだという経験があり、日本の学校教育の弊害をよく知っていました。また彼は、筋金入りの自由主義者で、権力と対峙することも恐れず、終生在野で過ごしました。この点が、東京帝国大学の農学部出身者で、帝国大学、内務省や農商務省、県立学校などに職をもち、上から官製国民高等学校運動を推進した連中（那須、石黒、山崎、加藤、橋本、小出ら）と根本的に異なる点であり、農本ファシズムの片棒を担がなかった理由と言えます。

一九二〇年に、信州上田の神川《かんがわ》村（現・上田市）の青年に乞われて講演会をしたことから、官製の成人・社会教育に対抗した民衆自身の系統的な教育機関の必要性に目覚め、翌年「信濃自由大学」を開講します。

彼は、学校とは労働しつつ学ぶ教育機関であり、学校教育中心主義を批判し、学校教育こそが成人教育に従属するものでなければならないと考えました。それは、彼自身が同盟休校をして、学校を拒否し、自分たちではじめた夜間塾で学んだ少年のころの体験にも裏打ちされています。わが国の脱学校論、学校神話解体論の、もっとも早いものと言えるでしょう。

フォルケホイスコーレとは直接の関係はありませんが、グルントヴィの「死の学校」論にも通ずるものがあり、官立学校に対抗する自立した民衆教育の場を構想した点でも、フォルケホイスコーレの精神に近いものと言うことができます。

❺松前重義と東海大学そのほか

それほど知られていないことですが、日本大学に次ぐわが国の大きな私立大学である東海大学は、実はフォルケホイスコーレの教育をモデルとして設立されたものです。

東海大学の創立者である松前重義（一九〇一～一九九一）は、青年時代に内村鑑三の薫陶《くんとう》を受けた人で、内村を通してデンマークとグルントヴィを知ります。時代が軍国主義に染まり、「日中十五年戦争」がはじまるなかで、デンマークが戦争による国土の荒廃をグルントヴィとフォルケホイスコーレ運動という教育によって乗り越えたことを聞き、キリスト教とヒューマニズムに立つあるべき教育の姿として、彼の思想の原点となりました。

一九三三（昭和八）年、通信技術研究のためにドイツへ留学した松前は、休暇を利用して翌年、長年の憧れであったデンマークへ行きます。そこでいくつかのフォルケホイスコーレを訪ね、デンマークの農村社会をつぶさに見ます。期待にたがわず、対話と相互作用を中心とし、教師と学生が家族のような共同生活を送るフォルケホイスコーレと、それまで彼がいたドイツとはまったく違うデンマーク社会は、彼に大きな感銘を与えました。

このときの体験記は『デンマークの文化を探る』と題されて、東海大学出版会より一九三六年に出版されています。彼はこの本で、デンマークがほかのヨーロッパ諸国とは異なり、都市よりも農村国家の道を選んだこと、そのために清冽で健康的な雰囲気に満ちあふれ、治安もよく、英独仏に見られた東洋系の外国人への差別・見下しもなく、まるで故国に帰ってきたような安心感さえ覚える、と何度も強調しています。

デンマークの国民高等学校は只学校に於て生徒を訓練するところではない。常に生きた社会を指導する文化の原動力である。信仰に於て、産業に於てデンマークの社会は国民高等学校を中心として動いている。茲に真に力強い深いデンマークの文化がある。

彼の訪問記は、私自身が感じたこととよく似ており、自由なデンマークのフォルケホイスコーレが独自の伝統をこれほど長く保つものかと、正直驚きました。彼の訪ねたときから九〇年以上が経っているのですから。そして彼が、「デンマークは遠き将来に於て、今の文化を維持してゆく限り欧州否世界の真の指導者として立つ時が来るであろう」と言うとき、今のデンマークは国際経済の荒波のなかで少々くたびれはしたものの、フォルケホイスコーレ運動に関するかぎりは依然として真理だと思います。

松前は帰国後の一九三七（昭和一二）年、長距離無装荷ケーブルの発明によって得た資金で、東京にフォルケホイスコーレをモデルとした「望星学塾」を開きます。のちの一九四三（昭和一八）年に静岡の清水市に「航空科学専門学校」、翌年、東京に「電波科学専門学校」を設立し、一九四六年、両者を合併して「東海大学」を創立しました。この二つの専門学校が東海大学の母体となるわけですが、その精神は「望星学塾」に由来します。

デンマークに範をとったこともあって、東海大学は私学唯一となる「北欧文学科」をもち、デンマーク語とデンマーク文化の教育の数少ないセンターとなっています。(2) これ以外にデンマーク語を教えるのは国立の「大阪外国語大学」（現在は大阪大学と統合）だけで、ほかにないことを考えると、東海大学の果たした役割は大きいと言えます。事実、民間レベルで、フォルケホイス

（2）　現在は、「文化社会学部北欧学科」となっています。

コーレや社会福祉関係でデンマークと交流をしている人は、この大学の出身者が多いようです。

北欧文学科の学生は、ユランのカリューの語学フォルケホイスコーレでデンマーク語研修をするということですし、また付属の「医療技術短期大学」の学生は、毎年デンマークの病院や社会福祉施設で研修を行っています。コペンハーゲン北部の高級住宅街のヴェデベック（Vedbæk）には、「東海大学ヨーロッパ学術センター」を設置し、日本とデンマークの文化交流にひと役買っているほか、体育系のフォルケホイスコーレで柔道の講習を行っているとのことです。

とはいえ、大きくなりすぎた東海大学自体、フォルケホイスコーレのような教育を成すことは不可能です。また、わが国の教育土壌から見ても、試験もせず、資格も与えず、共同生活による学校などが経営的に成り立つとは思えません。

松前重義はこの矛盾が心にあったのか、晩年（一九八八年）、デンマークのプレスト（Præstø）に全寮制の「東海大学付属デンマーク校」（二〇〇八年三月閉校）を設立し、フォルケホイスコーレに近い形式の学校を実現させました。

これは日本の学校教育法に基づく中学と高校で、主にヨーロッパ在住の日本人の子弟が学んでいます。少人数でゆとりのある施設、豊かな自然に恵まれ、経営的にはとても採算は合わないとのことでしたが、そこに、亡くなる前の松前重義の最後の意地が感じられます。

私学関係者では、玉川学園の創立者である小原國芳《おばらくによし》（一八八七〜一九七七）も、グルントヴィとフォルケホイスコーレから多くを学んでいます。松前重義ほど直接の関係はないのですが、創立当時にはデンマーク体操を導入したり、彼の教育方針である「全人教育」に何ほどかの影響を与えたようです。

このほかにも、何らかの縁でフォルケホイスコーレを知り、個人的に小規模ながらもフォルケホイスコーレをはじめたという人びとは、昔から今に至るまで少なからずいます。現在は閉校していますが、北海道の『瀬棚フォルケホイスコーレ』がその一つです。リーダーであった河村正人さんは、デンマークとノルウェーのホイスコーレで学び、第２部第１章で紹介する、リュ・ホイスコーレの前校長であったオレ・トフトデル（Ole Toftdal）の家にホームステイをしていました。

当然のことながら、私の知らない小さな学校がいくらでもあるでしょうし、たとえフォルケホイスコーレからヒントは得ていないにせよ、似たような個人塾が数多くあることでしょう。現代のゆがんだ公教育に苦しめられる子どもたちが生き生きと通うこうした施設については、詳しく紹介された教育関係書がほかにもありますので、ここでは述べないことにします。

終章

フォルケホイスコーレから学ぶもの

フォルケホイスコーレが開く展望

わが国でこうしたフリースクールを紹介すると、通例パターン化した反応があります。いくら感心はしても、所詮外国の特殊な事情だとして意に介さない人、もう一つは、その日本校をつくってほしいと願う人です。

ただ、わが国の文部行政では、よほどの資産がないかぎり私立学校の創設はできませんから、一朝一夕にこうした自由な学校をつくるというのは不可能です。

そうすると、経済的な余裕のある人は、自らの子どもをその国の学校に留学させます。イギリスの有名な「サマー・ヒル学校」は、一クラスの三分の一は日本人で占められていると聞きました。私の滞在したドイツでも、「ヴァルドルフ・シューレ」(シュタイナー学校)に来ている日本人が多く、短期的な留学を入れると相当な数になるでしょう。

フォルケホイスコーレでも、英語で授業をするヘルシンガーの「インターナショナル・ホイスコーレ」には、一クラス二〇名のうち四、五人を日本人が占めており、特定の国に偏っており、また言葉の不自由さから日本人だけで固まって、充分な教育効果が上げられていないと話す教師もいます。

円の強さ（初版刊行時）は、こうした留学生公害を、フリースクールのみならず普通の語学学校やアメリカの大学、あるいは日本の学校の欧米校などどんにおいても引き起こしています。とはいえ、少なくともフリースクールへ行く子どもと親たちにとっては、どうしようもない選択という側面もあり、それだけ日本の教育の貧しさ、ひどさが彼らを追い込んでいると言えます。

フォルケホイスコーレは、単に日本校をつくればそれでよい、というものではありません。フォルケホイスコーレは、学校という入れ物が大事なわけではなく、一つの対抗教育としての制度であり、一貫したシステムだからです。このシステム自体を構築するための努力をしなければ、フォルケホイスコーレの精神である「フォルケオプリュスニング（民衆の社会的自覚、共生の自覚）」は根づかないでしょう。

そして、何よりも重要なことは、それらが一つの社会運動として、現実に社会を変革してきたという点です。子どもたちを受け入れる学校をつくって「それでよし」とするのではなく、私たちがフォルケホイスコーレ運動から何を学ぶのか、その点が問われています。そして現在、発展途上国や東欧諸国などで繰り返されつつある民衆自身の社会運動にどのように連帯してゆくのか、そこまでを射程に入れて考えないとフォルケホイスコーレ運動のもつ豊かさは見えてこないでしょう。

それゆえ、フォルケホイスコーレは、単なるフリースクールではないのです。それは、教育を、これまでの単なる「訓練」から解き放ち、社会運動として展開する可能性を開くものなのです。

さまざまな解放への希求を、一つのラディカル・デモクラシーの学校という求心点で統一し、ナショナルとインターナショナルとの葛藤をグルントヴィの思想で調停して、自立を目指す地域や発展途上国が進むべき内発的な発展を、身をもって示してくれています。それは、グルントヴィ主義などといった「原理」を出して、みんなに「学べ」と言っているわけでもありません。地域分散と多元主義がフォルケホイスコーレの特色なのです。

フォルケホイスコーレ運動が提起するのは、固定した「原理」や「信条」ではなく、人々が錯綜した状況のなかで、自らが行動するための「判断力」を鍛え、意欲を鼓舞することです。解放への希求をバランスよく調和させ、原埋や正当性をめぐっての争いに巻き込まれることのない成熟した運動のあり方、そして、多様性を認めるとはどういうことなのかを示してくれるものなのです。

言い換えれば、環境問題、南北問題、民族問題、エネルギー問題など混沌とした二一世紀を迎えて、人々が新しく連帯できる可能性はどこにあるのかを示唆するものと言えるでしょう。

フォルケホイスコーレが日本にできるとしたら

現実的にフォルケホイスコーレが日本にできるとしたら、すでにあるいくつかの運動の方向性のうえに、それらの一つの帰結としてつくられることが考えられます。

❶受験教育への批判、あるいは現今の管理教育批判に立つ登校拒否の子どもたちが学ぶ場として。
❷発展途上国連帯の場として。
❸脱原発社会を目指して、再生エネルギーや分散型エネルギー社会の研究実践を進める場として。
❹地域文化にたち、地域自立を考えるもう一つの「村おこし」のセンターとして。
❺生徒や大学生、社会人が普通の学校や大学、あるいは企業では学べないことを学ぶ研修センターとして。
❻民衆レベルの国際交流センターとして。

これらの要素をもった施設がつくられることは、現代の社会ニーズにもかなっていると思います。

フォルケホイスコーレには従わなければならない基準というものがありませんから、つくりたい人が勝手につくればよいのです。本書のなかで述べてきた精神に触れ合うなら、その学校はフォルケホイスコーレを称するに値します。「元祖」も「本家」も関係ありません。複数できたときは、デンマークのように協会をつくって、政府への援助要求など、共闘するにこしたことはありませんが、だからといって無理に群れる必要もありません。

とはいえ、グルントヴィとフォルケホイスコーレ運動と、わが国のさまざまな運動をつなぐ架け橋となるものがあればいいと思っています。

「ハイムダール」の招来——「日本グルントヴィ協会」の設立

フォルケホイスコーレ運動は一つのシンボルマークをもっています。「ハイムダール」という北欧神話の神です。ハイムダールは、神々の世界と人間世界をつなぐトリック・スターの神で、巨人族の来襲をホーンで知らせ、危険を予知します。また、人間に知恵と愛を伝えるという、人間の祖先とも言われています。

フォルケホイスコーレのシンボルマークのハイムダールは、虹の上に乗っています。虹は、天上にある神々の超感性的な世界と、地上にいる人間の感性的な世界をつなぐ架け橋だからです。虹に乗ったハイムダール、それはまた、西と東、デンマークと日本、先進国と発展途上国、男性と女性、老人と若者、健常者とハンディキャップの人々などをつなぐシンボルでもあります。

私たちは、こうしたハイムダールにならい、二つの世界をつなぐ架け橋として「日本グルントヴィ協会」を設立しました。建物はありませんが、人々の集まりが日本のフォルケホイスコーレの働きをするわけです。デンマークや世界のフォルケホイスコーレ運動と連絡を取り合いながら、グルントヴィとフォルケホイスコーレ運動に関すること、すなわち、本書で扱われたさまざまな課題に挑戦していきたいと思っています。

人々の輪がつながり、また良心ある団体や自治体などが関心を示してくれるなら、彼らとともに、いつの日か、施設をもったフォルケホイスコーレを設立したいと思っています。それが実現したとき、わが国の地域運動、地域づくり、教育、再生可能エネルギー、途上国援助といった分野において、「大きな貢献」となることはまちがいありません。

ハイムダールが混迷する日本の教育界に降り立つのか、それは、彼を呼ぶあなたの声にかかっています。

虹の上に乗っているハイムダール

補章

デンマークのフリースコーレとエフタースコーレ

本書の初版が一九九三年に刊行されて以来、読者の要望として多かったのは、「小中学校や高校はどうなっているのか書いてほしい」というものでした。日本における学校教育のひどさと貧しさを反映しているのでしょう。大人がどのように変わるのかという社会教育よりも、わが子が通う学校のことがやはり関心として高くなり、デンマークの現状を見ることで自分の足下を比較してみたいという人が多かったのです。

この要望にこたえて、フォルケホイスコーレの義務教育版である「フリースコーレ」と「エフタースコーレ」について若干詳しく述べることにしました。おそらく、ここでの記述が、日本の読者には一番衝撃的なものとなるでしょう。しかし、これらは、すべて社会教育であるフォルケホイスコーレ運動がもたらしたものであるということを常に念頭に置いてください。学校が変わるためには、何よりも大人が変わる必要があり、よい学校に子どもを通わせれば、それで世の中がよくなるわけではありません。

また、初版刊行以後におけるデンマークのフォルケホイスコーレ運動に起きた変化についても簡単に記していきます。この間、縁あってフォルケホイスコーレ協会の年次総会に来賓として参加し、内部の事情を同時進行で知ることができましたので、その報告となります。

民衆運動がつくった学校

「フリースコーレは、学校や教育という形ではじまったものではない。それは、一八世紀の中頃からデンマーク社会を変えた民衆の運動とともにはじまった」

デンマークのフリースコーレ協会が発行しているパンフレット「デンマークのフリースコーレ」（一九九五年）の冒頭に書かれている言葉です。フリースコーレが農民たちの解放運動とともに発展した経緯については、本書の第1部を読まれた人には周知のことだと思います。このことは、いかに強調してもしすぎることはありません。この事実が意味することは、教育という営みが、社会から切り離された学校という空間で、純粋培養のように子どもたちを教育することではなく、本質的に、大人たちが形成する社会のあり方と関連づけられているということです。

わが国のように、社会的な要求から教育内容が決定されているようなところでは、管理教育を嫌って自由な教育を行うフリースクールへ子どもを通わせる親も多くなっています。しかし、彼らに共通している悩みは、そうした自由な学校を子どもが出たとしても、その後、せちがらい世の中で生きていかなければならないということです。

結局は受験勉強で勝ち抜いた子どもが有利になり、表現や創造性を豊かにした子どもたちは、何かと不利に働くように世の中の仕組みができています。そういうものを気にせず、跳ね返すだけの「生きる力」をもっている子どももいるでしょうが、本来、使わなくてもいいことにエネルギーを浪費してしまうことになります。

「よい」と言われる学校へ子どもを通わせれば、それですべてが解決するわけではありません。いくら「自由」と言われようが、良くも悪くも閉鎖的な学校に子どもを送り込んで「よい子ども」になったとしても、大人の価値観に合うような子どもをつくり出す工場みたいなものであることに変わりはありません。

それよりも、学校教育を一つの市民運動と考えて、社会とリンクさせ、大人と子どもが一緒に何かをつくり出し、社会全体を変えていく方向に向かえば面白いのではないでしょうか。つまり、自由な学校で伸び伸びと育った若者たちが、世の中に媚びすることなく、彼らの流儀で生きていける場所をつくればいいのです。

本書で見てきましたように、デンマークのフォルケホイスコーレ運動は、こうしたもう一つの社会形成を心がけた結果、それが公認された例となります。現在でもこれらは、既成の公教育に対して「オルタナティヴな教育」と称されています。

フリースコーレからはじまって、エフタースコーレへと続き、そしてホイスコーレで学ぶ過程で、自由や表現・創造、生きた言葉での語り合い、互いに尊重しあうことの大事さを学んで知った人たちは、自分ばかりが得をするような生き方を選びません。

時には、こうしたあり方が「時代錯誤である」と批難されることもあります。日本やＮＩＥＳ諸国が国際的な批判を浴びながらも、熾烈な受験勉強で経済成長を遂げている実状を見て、デンマークでも詰め込み・競争主義の勉強が必要ではないかという論者も出てきています。「子ども中心主義の教育」から「経済中心主義の教育」へと先進諸国では叫ばれはじめているわけですが、デンマークのオルタナティヴな教育は、こうした荒波にもめげずに、多くの子どもや若者の支持を集めています。

ほかの先進諸国では、競争社会・産業社会の価値観に抵抗するこうした領域は「カウンター・カルチャー」と呼ばれ、アカデミックでない芸術や環境保護運動、あるいは新興宗教やオカルト的な文化を生み出す土台となってきました。先進国に共通していることですが、デンマークでは「カウンター・カルチャー」と並んで、グルントヴィとコルの独自の民衆的・農民的な伝統もまた、「オルタナティヴな文化」形成に大きな役割を果たしてきました。言ってみれば、モダンなオルタナティヴ文化と伝統的なオルタナティヴ文化が錯綜しているわけです。

この二つが結び付いて、近年大きな成果を上げたのが、デンマークにおける風車発電の普及と、それを通しての各種環境企業、市民団体、研究所の設立でした。

教育分野にかぎれば、伝統的なフリースコーレ、エフタースコーレ、ホイスコーレといった大きな運動と並んで、一九六八年世代のつくった革新的な学校や、それ以前からあるシュタイナー学校の運動が個別に展開され、両者のオルタナティヴな教育が公教育に影響を与えています。とくに、フリースコーレなどの運動が公教育に取り入れられ、両者はほとんど差異がなくなっています。

教育という領域が、なるべく市場原理から離れて、人間のもつもっとも大事な価値観、「友愛」とか「共生」とか「芸術・文化」を育むところであるとするならば、そうした面を強調するオルタナティヴな教育のほうが説得力はあります。

デンマーク社会に深く浸透し、まるで当然のことのようになったため、国際的には注目を浴びなかったのがデンマークの教育です。イギリスのような統合や管理が進むところで「サマーヒル」のような学校がユニークなことをすれば目立ちますし、教育ジャーナリズムが取り上げるでしょう。しかし、教育全体が自由なデンマークでは、個別の学校がユニークなことをやっても目新しいものとはなりません。だからこそ、二一世紀の初めまで日本では知られていなかったのです。しかし現在（二〇二四年）、ご存じのように、デンマークをはじめとする北欧の教育については、多くの本が刊行されるなど注目を浴びています。

小さな国における大きな成果（フォルケホイスコーレや風車）については前章までで紹介しましたので、以下では、「フリースコーレ」と「エフタースコーレ」の動きを紹介していくことにします。

デンマークの教育とフリースコーレ

デンマークの義務教育には、以下のように、さまざまなおもしろい面があります。

・就学義務がなく、自分で学ぶ権利がある。
・中学一年まで試験を禁止している。
・一クラス二五名以下と法律で定められており、全国平均では一クラス一九・四名（二〇二三年現在）。
・公立学校の教育に不満があったり、公立学校が合理化で閉鎖されたりした場合は、自分たちで私立学校をつくってもよい。
・行政は、この私立学校の経費の七五パーセントを補助しなければならない。
・私立学校の教員は、教員資格がなくてもかまわず、普通の人でもなれる。
・転校は自由。学区制はない。
・公立学校、私立学校とも理事会が運営する。公立学校の場合、通常一二名で構成される理事会に、生徒の代表となる委員（二名）の参加が義務づけられている。
・第一〇学年があり、自分の意志で義務教育期間を一〇年にすることができる。半数以上の子どもが第一〇学年に進級している。
・公立、私立を問わず、放課後、小学校四年生までの児童が集う施設をもっている。専任教員がおり、親が迎えに来るまで預かっている。

私立学校の種類

デンマークの教育を独自なものにしているのが、私立学校です。国民の二〇パーセント以上が何らかの私立学校に通っています。そのうちの最大多数が、フォルケホイスコーレ運動のなかから生まれ、グルントヴィとコルの教育方針に基づく「フリースコーレ」です。現在、二八〇校、一万三九二九人の子どもが通っています（二〇二三年現在）。

次に多いのが、エリート教育を施す「プリヴァーテ・スコーレ（Private Skole）」です。学校数は一五八校（二〇二三年現在）ですが、一校当たりの人数が数百人規模であるため、生徒総数ではフリースコーレよりも多くなっています。教科教育を中心としており、ギムナジウムや大学につながるアカデミックな教育を特色としています。

これ以外にも、一九六八年世代によってつくられた、自由・反権威・革新を特徴とする「リレ・スコーレ」があるほか、カトリック系の小中学校、デンマーク国籍のドイツ人のための小中学校などが私立学校の範疇に入ります。ちなみに、イスラム系の小中学校やシュタイナー学校も、フリースコーレのグループとともに活動しています。

フリースコーレ、レアル・スコーレ、リレ・スコーレの三つは、かつて同じ組織をつくって、行政への申請や要求などをともに行っていましたが、近年、意見の違いからフリースコーレがそこを離れ、独自の組織をつくりました。内容的には近いはずのフリースコーレとリレ・スコーレが対立し、水と油であるはずのリレ・スコーレとレアル・スコーレが協力しあうという、一見矛盾した関係になっています。

フリースコーレの特徴

フリースコーレと公立学校の違いとして、まずクラスの生徒数の少なさが挙げられます。フリースコーレでは、一クラス平均一一名が学んでいます。少人数がゆえに教師と生徒のコミュニケーションが多くなるため、一九七〇年代後半以降は、グルントヴィやコルの名前を知らず、とくにフォルケホイスコーレ運動に関係のない親たちも、子どもを尊重し、教育環境がよいという理由で通わせるようになりました。

授業科目やカリキュラムの自由度は高く、学校ごとに異なっていますが、創造的な科目（音楽、美術、陶芸、木工・金工、染め物、ダンス、身体表現、演劇、デンマーク体操など）を重視しており、どこの学校でもワークショップ活動にかなりの時間を割いています。その分、デンマーク語、数学、英語などの時間数が少なくなりますが、中学や高校へ行ってからの成績には差がないと言います。

グルントヴィとコルの「生きた言葉」の思想を受け継いでおり、必ず「お話の特間」が設けられています。本の朗読をすることもあれば、教師が自らの体験を語ったりもしているようです。また、生徒が家族でどこか外国へ旅行した場合などは、その報告をしてもらっています。

テニング・トレーデン・フリースクール（Tønning-Træden Friskole）における授業

公立学校も同じですが、教科書は各教師が適当に決めています。教科書は学校の所有となり、生徒に貸与するという形となっていますので、リサイクルにも貢献しています。授業時間は、各学校によって違っており、三〇分、六〇分、九〇分となっています。

教員が初めの一〇分くらい説明をして、あとはグループワーク中にアドバイスをするとか、ドリルをしてもらい、その間に一人ひとりを回って個人指導をするといった形が多いです。要するに、説明しっぱなしという授業はほとんどありません。また、理科は実験が中心となっているほか、数学や英語でも模型や人形をつくらせるという形で創造的な手仕事をしてもらい、集中度や興味を高めています。

教師は、担当科目に関する研修が受けられ、大学やフォルケホイスコーレ、あるいは「デンマーク教員ホイスコーレ」（教員のための研修機関）に通えるようになっています。当然、校長は、教師から申請があれば、その費用と時間を保証しなければなりません。

一人の教師が三科目くらいを担当しています。もちろん、時間数が一番多いデンマーク語は必ず担当しなければなりません。担任となったクラスに一番多く行きますが、ほかのクラスにも教えに行きます。日本の小学校のように、一人の教師が多くを教えるということはありませんが、それでもひと通りの科目を教える能力が要求されています。

原則として、教師は担当のクラスをもち上がることになりますので、生徒とは七年間（中学課程をもつところは九年間）をともに過ごすことになります。十数人程度のクラスで七年から九年、あるいは一〇年にわたって付き合うことになるわけですから、その関係はきわめて親密で、家族的なものになります。

もちろん、すべてがうまく運ぶわけではありません。教師との相性が悪い場合もあります。その場合、一学年に一クラスしかないので、別の学校に転校していきます。公立学校からフリースコーレへ、またはその逆というパターンが多いです。

公立学校では、日本でいうところの中学一年生、つまり第七学年までは試験をしてはいけないことになっています。一方、フリースコーレでは、原則として最後まで試験はありません。最近は試験をする学校が増えてきた、レアル・スコーレなみに詰め込み教育をする学校が出てきた、と耳にしますが、各学校にイニシャティヴがあり、枠組みを押しつけないフリースコーレ運動の自由な面の現れと言えるでしょう。とはいえ、試験をしない学校が多数となっています。グルントヴィとコルの精神からして、「当然である」と言えます。

ただ、フリースコーレでも、義務教育の課程を終えたことを証明する国家試験を卒業時に行っています。すべての学校において義務となっており、学校へ行かずに勉強した子どももそれを受けることになります。

各地方の教育担当官の認可のもと、全国統一の試験を行っています。たとえば、デンマーク語の試験では、文章を読んだうえで設問に対して論文形式で答えますが、三時間という十分な長さが設定されています。普通の力があれば、一時間もかからない程度の問題となっています。

国家ではなく、親と教師がつくる教育

フリースコーレを特色づけている最たるものといえば、行政ではなく親が子どもの教育をする主体である、という考え方です。一八五二年、コルによって最初のフリースコーレがリュスリン

ゲにつくられましたが、そのときのモットーが「国家から子どもを取り戻そう」というものでした。政府が干渉することなく、自分たちで教育の自治・自主管理を行うという姿勢から「フリースコーレ（自由学校）」と名づけられたわけです。

この伝統は、最重要なものとして現在も引き継がれています。行政からの補助を受ける現在でも、月に一度は親が集まり、校舎の建設や改築・遊具づくりなどに汗を流しています。予算的に難しい学校では、その施設のほとんどを、親たちのボランティアで建設しているくらいです。運営は親や地域の代表で構成される理事会が受け持ち、学校からは校長が出席するぐらいです。

具体的な予算などについては、すべての親が出席する総会「スクール・サークル」で決められています。この総会が最高の決定機関となっており、理事はこのなかから選ばれます。また、授業や学校運営に関しては、月一回から二回の親と教師の連絡会議で決定されます。ある日の夜、各学年の父母の代表と教師が熱心に話し合う姿を私も見たことがありますが、その熱量、すごかったです。もちろん、実質的な運営については教師の裁量が大きいと言えますが、それに対して親は、いくらでも関与できるようになっています。

リュスリンゲ・フリースコーレ
（Ryslinge Friskole）

日本にもPTAがあり、その総会もあります。しかし、デンマークのそれとはかなり質が違っているように思えます。PTAのように、教師、とくに校長のすることを形式的に追認する機関ではなく、親たちが主体的に学校運営にかかわるというのが「スクール・サークル」であり、理事会なのです。

日本のPTAの場合、会長をはじめとした役員には名士が多いものですが、デンマークでは社会的な地位はあまり問われません。私が見た「ランスグラウ・フリースコーレ」という学校の役員には、失業者の父親がいました。この彼は、放課後に生徒が利用する「児童の家」(わが国でいう学童保育にあたる施設)でアルバイトをしていました。

ランスグラウ・フリースコーレ(Lansgrav Friskole)

話は変わりますが、日本で言うところの「過疎」はデンマークにはありません。とはいえ、財政合理化という面から小さな学校が閉校になり、大きな学校に統合されることはあります。こうした場合、その学校の教師と親たちはまずフリースクールをつくることを考え、理事会を組織してスタッフをそろえて、申請書類をつくります。

建物は、それまでのものを使えばいいので、資金はあまり必要としません。スタッフも、大きな学校に行きたがる人を除けば、それまでの教師がいます。財政的には二五パーセントのマイナスとなるほか、施設の拡充や整備も自分たちでやらなければなりませんので、決して楽ではありませんが、心意気がそれを補っているようです。私も、こうした学校を訪れたことがあります。そのときも、校長は忙しく動き回り、教師に指示を出していました。

ちなみに、子どもたちは統合先の学校へ行く権利をもっています。自宅の近くをスクールバスが走っているのですが、「統合先へ行った子どもはほとんどいない」と言っていました。例外となったのは、地理的にそちらのほうが近いという子どもだけです。ほとんどの子どもたちが、これまでの学校が残って喜び、親たちも、自分たちが卒業した学校が残って喜んだわけです。

こういうところを見ると、フリースコーレには、公立学校にはない教育の原点、熱気みたいなものを感じてしまいます。

新時代の教育「エフタースコーレ」

爆発的に増えるエフタースコーレ

今日のデンマークでもっとも注目を集め、新しい教育の可能性を示しているのが「エフタースコーレ」です。とはいえ、エフタースコーレは一八五二年にコルが創設したものですので、古くて新しい学校だと言えます。

エフタースコーレは、義務教育段階の第八学年と第九学年（日本の中学二年生と三年生）、そしてデンマーク独自の制度である第一〇学年の生徒が通う全寮制の中学校です。一番多いのは、第九学年と第一〇学年を設置している、「一年間のみ」という形式の学校です。つまり、義務教育を九年で終える人も、一〇年をかける人も、最後の学年となる一年間をエフタースコーレに行くということです。

一五歳から一六歳という年齢は、親や大人たちとの関係が難しくなるときです。デンマークでは一八歳が成人となっており、その年齢ともなれば精神的にかなり落ち着いてきますが、一五歳～一六歳では、反抗や独立心は旺盛でも、判断力がまだ追いついていないという中途半端な年頃となります。エフタースコーレは、そうした子どもたちを受け入れる学校なのです。

不安定な年頃に、それまでずっと一緒にいた家族と離れ、同世代の若者と寝食をともにするという生活スタイルの効果は想像以上に大きいです。自分のそれまでのあり方と親との関係を相対化し、より自立し、成熟した若者になって帰ってくる、と言います。

デンマークでも産業社会が高度化し、若い世代に対する社会的な管理・抑圧が増しています。ドラッグやアルコール中毒などといった問題も多くなっていますが、今のところ、エフタースコーレがそれらに対する唯一の対抗策として評価が高まってきています。つまり、エフタースコーレに行くことで子ども自身が変わり、親もつられて変わり、より良い人間関係が形成されるということです。

何よりも、若者自身がモチベーションを発見する場としての実績が口コミなどで広まったことが大きいと言えます。ここ二〇年で、エフタースコーレの生徒数は爆発的に増え、多くの教育学者やマスコミの注目を浴びるようになり、現在、デンマークではもっとも成功した学校群、「新時代を切り開く教育」として論議の対象となっています。

とはいえ、エフタースコーレ自体としては、昔と同じような教育をしてきたにすぎません。二〇年ほど前までは、公立学校で問題を起こした生徒、たとえば教師を殴ったとか、素行不良で退学させられた生徒のほか、成績の悪い生徒が行く「二流の学校」という社会評価でした。実際、そういう生徒を受け入れてもいました。

それは、エフタースコーレが試験をせず、成績評価も重視せず、「生のための学校」というグルントヴィとコルの伝統に立っていたからであり、差別をしないという学校のあり方が、逆に「オチコボレや不良の集まる学校」というイメージを生み出したものだと言えます。

ところが、社会のほうが変化して、高度産業社会にともなう若者の問題が深刻化し、現状ではどうしようもないということに気付いた一方で、エフタースコーレに行った生徒や親たちの評判がよく、そのうちみんなが行くようになり、実際に行ってみると「すばらしい」と気付き出し、「救世主」として世間の注目を浴びるようになったわけです。日本に置き換えると、現状の教育が行き詰まり、全寮制で自然教育をする学校や山村留学などが注目を浴び出したケースに似ているような感じがします。

エフタースコーレのほうでも、増え続ける需要に対応するため、グルントヴィとコルの伝統によらず、新しい教育を模索する「オルタナティヴ派」と呼ばれる学校が増えてきて、大きな勢力となっています。こうした学校は個性的で、チャレンジ精神に富んだ新しい教育方法や内容をもっていますので、ますます若者からの支持を得ると思われます。

「グルントヴィ・コル派」と「オルタナティヴ派」が、二大勢力としてエフタースコーレを引っ張っているわけですが、お互いに反目しあうことはありません。協調して、相互に影響を与えあっており、エフタースコーレがますます成長する原動力ともなっています。いわば、古い革袋に新しいお酒を盛っている状態です。このような協力関係のもと、エフタースコーレ協会はさらなる発展を遂げようとしています。

エフタースコーレでの教育と生活

デンマークのエフタースコーレは、二〇二三年現在二四二校あり、生徒数は三〇六六九人です。生徒数は三五人から六〇〇人まで、さまざまな規模の学校があります。教師数は学校の規模に応じて違いますが、二〇〇〜三〇〇人という中程度の学校ではおよそ一〇〜一五名程度で、そのうち二～五人が非常勤となっています。また、専任教員が二～三名、生徒とともに寮に住むといったケースが標準的となっています。

郊外の学校では敷地内に教員住宅があり、常時、五～六名の教師が生徒の周りにいます。フォルケホイスコーレと同じく、生徒と教師が一種の教育コミューンをつくっていることになります。

それぞれの学校ごとに特色があります。グルントヴィとコルの伝統を継承する学校、音楽・芸術に力を入れている学校、アウトドアやイドラットなどスポーツを中心とした学校、オルタナティヴな教育を売りにしている学校などです。かつてはグルントヴィ・コル式が九割で、一九七〇年以後に半数となりましたが、現在では、音楽・芸術系、スポーツ系とオルタナティヴ派が急増しているというのが特徴です。

オルタナティヴ派に多いのが、環境教育を中心にするものです。私が毎年のようにスタディ・ツアーで訪れた「フラッケビャウ・エフタースコーレ」もその一つです。フラッケビャウでは、かつては校長を置かず、教員が平等に責

フラッケビャウ・エフタースコーレ（Frakkeberg Efterskole）

任をもって運営していましたが、一九九六年の法令改訂で形式上校長を任命せざるをえなくなりました。しかし、あくまでも形式上で、教師たちの会議が尊重されるのは変わりません。食料は自給、有機農業や畜産などを自分たちで行い、ゴミのリサイクルなどを徹底して行っています。

音楽・芸術系も生徒の人気が高くなっています。とはいえ、専門の音楽学校や芸術学校になっているわけではありません。たとえば、ユラン半島の北東部に位置するラナース（Randers）近郊にある「メレロップ・エフタースコーレ」は、現在デンマークでは若者に一番人気があるポップス歌手のアルベルテ（Alberte）が学んだ学校として有名です。しかし、その一方でグルントヴィとコルの伝統にも忠実で、バランスのとれた教育を心がけています。

音楽のコースが充実しているというのは事実ですが、生徒たちは、デンマーク体操や工芸・美術のコースにも出入りができますので、音楽ばかりをやっているわけではなさそうです。

メレロップ・エフタースコーレ（Møllerup Efterskole）の寮の前で

授業の様子を見ていきましょう。

一〇人程度のクラスで、デンマーク語や数学、理科（物理、化学、生物）、語学（英語・ドイツ語は必修、フランス語が選択）などを午前中に行い、午後は五人程度のワークショップでさまざまなことにチャレンジするというパターンが多いです。

ワークショップの内容は千差万別で、たとえば「クランク・エフタースコーレ」では馬術に力を入れていますし、「ホウ・マリーン・エフタースコーレ」ではヨットやボート、ウインド・サーフィンなどを売りにしています。教師は、一般的な教科のほかにこうしたワークショップの指導をしなければなりませんので（町の専門家が来ることもあるし、大学生やフォルケホイスコーレの学生が、実習を兼ねて来ることもある）、人間としての幅の広さが必要とされます。

ちなみに、クランクで仲良くなった英語の外国人講師ポウルは、ワークショップの際、スケートと家具製作、インテリアデザイン、さらにアーチェリーを教えていました。

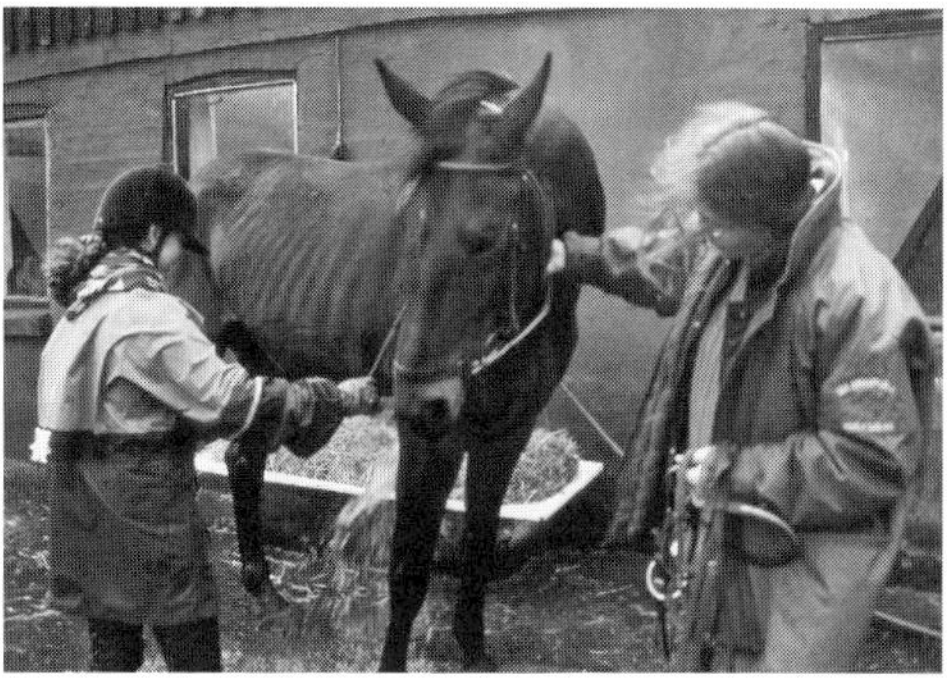

馬術に力を入れている、クランク・エフタースコーレ（Krank Efterskole）

昼間は授業を受け、午後はワークショップで楽しむという生徒たち、それ以後の自由時間は、各自が責任をもって仲間とともに学校の施設を使って、自分たちの好きなワークショップをするという生活を送っています。午後三時以降は授業がなく、スポーツを体育館でしたり、音楽スタジオでバンド演奏の練習をしたり、互いの部屋でおしゃべりをしたり、校庭でローラースケートをするといった感じで過ごしています。施設などの鍵を職員室に取りに来て、終われば後片づけをして返しています。

夜も自由時間となっていますが、宿直教師との対談や個人指導の時間となっています。必要に応じて生徒が教師を訪ねたり、教師が各部屋を回って話を聞いているようです。ドアをノックし、「何か問題や悩みはないか？」と話し掛けているわけです。

夜一〇時以降は、自分の部屋に戻ることになっており、掃除や就寝の準備ができているかどうかを教師がチェックしています。「夜一〇時以降は異性が同じ部屋にいてはならない」という校則を定めている学校が多いので、それを確認するためでもあります。

一五歳～一六歳の男女の交際については基本的に自由で、セックスも禁止していません。しかし、「学校内でのセックスや同衾《どうきん》は認めない」という方針になっています。親から未成年の子どもを預かっているという責任があるからです。

一方、喫煙については、デンマークでは未成年も自由にできるため、厳しく禁止はしていません。ただ、校舎内では「禁煙」というところが多く、生徒の集まる談話室や校庭のベンチなどに灰皿が置かれている学校もあります（現在の法律では、タバコまたは電子タバコの購入は一八歳以上となっています）。

しかし、「フラッケビャウ・エフタースコーレ」では、禁煙教育の徹底を学校の方針としています。喫煙は環境の汚染、と考えているからです。基本的に、子どもは健康に育つ権利をもっており、タバコは成長期において大きな害悪をもたらすため、禁煙教育が必要であると考えているわけです（二〇二〇年の喫煙率は一七・五パーセント）。

体罰はありません。デンマークでは厳しく禁止されており、人権侵害とされています。「いじめもないのか」と尋ねてみましたが、他人と違う行動をとったり、風貌が違うことをおかしいとか異質だと受け取る感性がないデンマークでは、人を集団でいじめるという発想そのものが少ないようです。

とはいえ、まだ判断力の不十分な小学生のころには、コペンハーゲンや地方の大都市にある大きな公立学校において、「いじめにあった」とか「いじめをした」という子どもが結構います。しかし、エフタースコーレに来て、彼らは大きく変わるようです。

ある教師の話を聞くと、「エフタースコーレにおける家族的な雰囲気によって彼らの心の傷が癒され、互いに思いやりをもって接するという気持ちに目覚めるのだ」と言っていました。大きな家族として二四時間暮らすうちに、その接触の長さと深さが、友だちを単なる人以上の存在、自分にとって親しい存在であると変えていくのでしょう。相手をよく知り、互いに認めあった仲では、いじめなどが起こるはずはありません。

確かに、性格が理由で人と打ち解けず、静かにこもるという生徒もいます。そういう生徒はほって、おかれるだけで、差別されるとか、いじめられるなどということはありません。しかし、たいていの場合、そのような生徒に構うというお人好しが出てきますので、そのうち仲間になっていきます。

また、学校が気に入らなければ、いつでも転校できるという自由がありますので、問題が長引くということはありません。実際に来てみて、「自分のイメージと違う」と言って退学し、転校するという生徒が五パーセント程度いつもいます。日本のように、転校そのものを、「逃げ」とか「敗北」と感じる発想もありません。

エフタースコーレから別の学校に転校する理由として一番多いのは、校則を破り、退学処分になるケースです。とくに、ドラッグの使用は厳しく処分されます。飲酒はさほどでもありませんが、度が過ぎるとやはり同様の処分が下されます。また、セックスがたびたび発覚した生徒も対象となります。

とはいえ、公立学校で教員を殴って放校処分になった生徒とか、登校するのが嫌になった、あるいは親との間で深刻なトラブルがあったという生徒を受け入れてきたのがエフタースコーレです。こうした生徒にも話を聞きましたが、「公立学校の教師とは違って、ここは親身になってくれるので居心地がいい」と言っていました。

生徒の自己決定権

エフタースコーレの特徴は、生徒の自主性を尊重しているところです。だからといって、自分勝手にやらせるという意味ではなく（日本では、この点がいつもごっちゃになっている）、彼らを一人の人格として尊重するという意味です。それゆえ、だらしない場合は教師が厳しく指導することもあります。付け加えると、生徒自身が自らの人格の尊厳を、「だらしなさで傷つけている」と考えているからです。

先に挙げた放校処分というのもその一つです。本人と親、そして教師による協議のもと、処分を下しています。たいていの場合は、次に行く学校を紹介しているようです。

一般的にエフタースコーレでは、週に一回、全生徒と教師全員の会議があります。その場で生徒は不満や要求をぶつけ、教師は理解を求めています。私が参加したときには、ある生徒が教師とともに行う企画の通営に対して不満を述べたところ、別の生徒が「それはおかしい」と言って、生徒同士の論争になっていました。

このときの会議では、教師が事務連絡をしたり、生徒たちが自主的な企画、たとえば週末に行われるロックバンド・コンテストへのツアーについて討議したりしていました。

付け加えますと、先にも述べたように、デンマークの公立学校では、理事会に生徒代表が参加することが義務づけられています。一方、フリースコーレやエフタースコーレにはこの制度はありません。となると、公立学校のほうが進んでいるような気がしますが、日本でもそうであるように、内実が遅れているからこそ、自己決定権を声高に主張せざるをえないという場合があります。

差別があるからこそ、行政は「差別をなくそう」と声高に呼びかけ、男女の就職差別がひどいがゆえに「男女雇用機会均等法」が制定されています。人種差別が残るアメリカが一番人種差別に敏感であるのと同じです。制度によって定められたということは、内実が備わっていないことを証明してしまいます。

メレロップ・エフタースコーレ（Møllerup Efterskole）での会議

確かに、フリースコーレやエフタースコーレでは、制度として理事会に生徒代表が出るということはありませんが、日常の授業と運営においては彼らの人格を対等なものとして扱い、親身な対話を繰り返すことで自己決定権を保証していると言えます。

大きな家族としての学校

エフタースコーレをはじめとして、デンマークのフリースコーレやフォルケホイスコーレでは、年に一回卒業生たちが母校を訪ね、在校生たちが食事や歓迎の催しを教師とともに行うという日が必ずあります。私も「クランク・エフタースコーレ」で、このパーティーに招待されるという光栄にあずかっています。言うまでもなく盛況で、食堂では席が足りないために体育館を使ってパーティーを行っていました。

集まったOB、OGたちに話を聞くと、「この学校にいたときが今までの人生で一番楽しかった」とか「今も支えになっている」と口々に語っていました。

昼から夜遅くまでいろいろな催しが続き、次から次に卒業生たちが訪れ、入れ替わっていきます。自分の住んでいた部屋を見に来る人が多く、私にあてがわれていた部屋にも数人の見学者が来ていました。書類の整理をしていた私も、そのうち慣れてきて、「どうぞ」と案内していました。「昔と全然変わっていないなあ」とつぶやく彼らの顔の輝きがとても印象的で、洋の東西を問わず、学校というものがもつ懐かしさや爽やかさを再認識させられました。日本では学校嫌いが増えていると耳にしますが、学校というところは、こんなにもすばらしい笑顔を生み出すところなのです。

エフタースコーレの寮は、基本的には二人部屋となっており、みんなルームメイトとともに来ていました。そして、「ここは大きな家族だったよ。その後も連絡をとっている人が多い」と語っていました。

エフタースコーレでは、生徒と教師、あるいは生徒同士のコミュニケーションが密であるため、問題を抱えた人も立ち直っていくケースが多いです。当直になった教師は、朝から深夜まで働き詰めとなりますし、敷地内に住む校長とその家族は、生活のすべてが学校にかかわってくるので大変ですが、その付き合いの時間と深さが、単なる知育ではカバーできない「生のための教育」を可能にしているのです。

デンマークといえば、社会民主主義国家で労働組合が強く、管理社会ゆえに人間関係が合理的というイメージを抱きがちですが、共同生活を好む点とか、生活と仕事の区別がつかなくなるエフタースコーレの教師を見ていると、日本の学校のほうがよほどドライだという感じがしてきます。「教師は聖職者」という意識はまるでありませんが、教育をビジネスライクに捉えることなく、人間的なものとして考え、生徒たちとともに生きるその姿は、古くて新しい教育のあり方かもしれません。

現在、エフタースコーレの人気はすさまじく、入学希望を二年か三年前に出さないと希望する学校には入れないという状況になっています。入学試験などがないので、先着順となるからです。各学校でも定員を増やすなどといった対応をしていますが、当分は解消されないかもしれません。このような成功状態を自負して、エフタースコーレ協会のディレクターであるエルセが、帰り際、私に対して次のように言いました。

「全寮制の青少年教育ではイギリスのパブリック・スクールが先輩だけれど、エフタースコーレは青少年教育にもう一つの新しいコンセプトを生み出した。こちらのほうが、きっとポスト産業社会に貢献できると思うの」

「クランク・エフタースコーレ」で仲良くなったイギリス人の英語講師ポウルは、デンマークのエフタースコーレこそがイギリスの病める若者を救うと確信し、デンマークで調査・研究を続けていました。同じく、日本からエフタースコーレに関心をもってやって来た私を同志だと思い、次のように話しました。

――先進国には共通して、シックス・ティーン・プロブレム（一六歳頃の問題）がある。イギリスでは、この世代が荒れてパンクやフーリガンなどになり、反社会的な行動を繰り返している。アメリカもそうだ。先進国では、デンマークと日本がこの時期の子どもたちが荒れるのを回避しているが、受験勉強という管理で大人しくさせている日本の場合、問題は残るだろう。デンマークだけが、好ましい形でこの問題を解決している。それがエフタースコーレだ。

ミツル、ミスター・クリアウォーター（私の名前の意味を知ると、彼はいつもこう呼んだ。ちなみに、彼の姓はグッドチャイルドという。いかにも教育者にふさわしい姓として、みんなからいつもからかわれていた）、ぼくらの力で日本とイギリスにエフタースコーレをつくり、手をつなごうじゃないか！

この言葉は、直接私に向けられたものですが、おそらく、日本の心ある人々に対しても向けられた期待だと思います。

補記 二〇二四年七月に『日本のアタリマエを変える学校たち――誰もがインターナショナルスクールで学べるように』（有澤和歌子編著、新評論）という本が刊行されましたが、その第9章にエフタースコーレに関する記述があります。参考にしてください。

第 2 部

校長へのインタビューと留学体験記

（第２部の記述は、2024年の「改訂２版」刊行に際して新しく掲載したものですが、かつて書かれた「留学記」などにあわせる形で文体を変えています。ご容赦ください。）

エンゲレスホルム・ホイスコーレ（第２章参照）

はじめに

一九八〇年代の保守党支配による財政改革のあおりをくらって、フォルケホイスコーレへの補助金が年々少なくなっていき、廃校となった学校もある。スポーツや趣味的なものを教えるところは盛況であったが、グルントヴィに忠実な伝統校には学生があまり集まらないという事態を招いてしまった。

高学歴化が進み、高等教育は大学や専門学校で学ぶので、今さらフォルケホイスコーレで哲学や政治経済、あるいは文学といった人文諸科学を学ぶ必要はない。それよりは、余暇社会を迎えて、もっと趣味的なカヌーやヨット、ウインド・サーフィン、テニスやバスケット、ダイエットにエアロビクスなどを学びたいという傾向が蔓延したわけである。

フォルケホイスコーレ協会は、政権が交替したのを機に、以前のような手厚い保護を政府に求めたが、政府はフォルケホイスコーレを公式の学校、つまり大学や専門学校のような正規の学校制度のなかに位置づけることを提案した。それなら制度的に保証されるので、廃校などといった問題が起きないと考えたわけである。

言うまでもなく、政府からの好意的な提案であったが、制度として正規の学校教育に取り込まれると、経営的には安定しても、政府からのコントロールを受けることになってしまう。それは、グルントヴィやコルが説いた「教育の自由」とか「民衆の自発的な教育のイニシャティヴ」という大原則に反するものとなってしまう。

フォルケホイスコーレ協会では、二年越しの大論争となった。グルントヴィとコルの伝統を色濃く受け継ぐフォルケホイスコーレ（アスコウ、リュなど）は、補助金を断ってでもフォルケホイスコーレにおける教育の自由を主張した。政府・国家からの自由と独立を失ってしまったら、それはもはやフォルケホイスコーレではないという考え方である。

しかし、このような考え方は十数校という少数派にとどまった。多くの学校は、それぞれが経営面で不安感を抱えており、制度的な学校として認知されるのであれば、自分たちの生活基盤も安定すると考えたわけである。とはいえ、ホイスコーレにおける「教育の自由」という伝統の重要性は知っているため、中立の立場をとっている。

賛成派となったのは、オレロップをはじめとする体育ホイスコーレや、趣味に傾いたモダンなホイスコーレである。「オレロップ体育ホイスコーレ」は、デンマーク体操の立役者であるニールス・ブック（第1部参照）が創始した学校だが、現在は時流にあわせた競争スポーツを中心とした学校となっており、人気が高い。その点では、同じ体育ホイスコーレでも、民衆の伝統を重んじて、あまり現代スポーツに傾かない「ゲァレウ・ホイスコーレ」とはかなり姿勢が違っている。

このようなモダンな学校は、総じてグルントヴィの伝統を、「時代遅れで、インターナショナルなものではない」と見なしており、グルントヴィ的な「教育の自由」よりは「財政的な安定」と「制度的な保護がよい」と考えた。もちろん、デンマークにおける「教育の自由」は、日本では考えられないほど社会に根づいているので、政府が掌握するからといって日本のような「官僚支配」はありえないという理由もある。よって、実質的に自由は獲得されているわけだから今さら何をこだわるのか、という考え方となり、フォルケホイスコーレ協会全体としては政府の提案を受け入れる方向が多数派となった。

こうした背景をふまえて、第2部第1章として掲載したインタビューを読んでいただければ理解が増すのではないかと思っている。

第1章

リュ・フォルケホイスコーレのオレ校長にインタビュー（二〇〇八年三月）

フォルケホイスコーレにゲストの芸術家が来訪し、ワークショップ、講義、講演などを行うという機会が時々ある。学校側がカリキュラムの一部として設定する場合もあるが、外国人の場合は、講演や発表が行われたときなどを利用して交流するといった形式がとられている。

ここで紹介する「リュ・ホイスコーレ」と私は、長年にわたるご縁があり、芸術教員のリーネ・フリスルン（Lene Frislund）が友人でもあるので、彼女といっしょにこのシステムを利用して、日本の芸術家五人が一週間滞在して、ワークショップをするという試みを、二〇〇八年三月一〇日より五日間行った。同行した芸術家たちは、日本画、彫刻、洋画を美術大学で専攻した人々であり、現在は、現代美術家としてインスタレーションを行っている。私（清水）はというと、コーディネイターとしての参加であった。

毎日、アートの時間が午後に二時間設けられ、五日間を通してワークショップを行ったわけだが、水曜日の夜には、日本人の芸術家たちが自らの作品をスライドで見せるという「夕べ」を設定し、フォルケホイスコーレの学生たちにインスピレーションを与える場ともなった。

私は芸術家ではないので、もちろん教えることはない。余った時間で取材などを行ったわけだが、その一つが、校長であるオレ・トフトデル（Ole Toftdal）にインタビューをすることであった。当時のホイスコーレ事情について話してもらったわけである。

オレは、二〇〇六年に校長としてここに来る前は、フォルケホイスコーレの伝統校である「テストロップ（Testrup）・ホイスコーレ」で、長年にわたって音楽教師をしていた。

テストロップ・ホイスコーレは、グルントヴィの伝統を忠実に守るところでありながら、内容のよさ、たゆまぬ日々の革新などで人気校となっており、当時、多くのフォルケホイスコーレが学生募集で苦労していた時代においても、学生が殺到することで有名であった。日本人で、フォルケホイスコーレに留学したいという人には、現在でも「おすすめ校」の一つとなっている。そんな

日本人の芸術家５人によるアート・ワークショップ

リーネの授業である「アート」の様子

テストロップで中心人物として活躍していたうえに、「低迷していたリュ・ホイスコーレを再建しつつある」とリーネから聞いていたので、ぜひ話をしたいと思ったわけである。

リュ・ホイスコーレも伝統校の一つで、教員の質、内容のよさは知られていたが、一九九〇年代の終わりから二〇〇〇年代にかけての「ホイスコーレ危機」の影響を受けて、理事会は学生募集に関する手続き改善のために、コストカットと学生募集の能力に長けた校長スヴェン・トアハウゲ（Svend Thorhauge）を採用した。

しかし、スヴェンが、長年にわたって貢献してきた多くの教師を雇い止めしたほか、スタッフや学生の反感を買うなど、混乱状況に陥ってしまった。また、プログラムの内容を、伝統的なものからアウトドア、ＩＴ関係などといった若者に迎合したものに変え、一〇〇年以上にもわたって続いてきた伝統が刷新されてしまった。

スヴェンは混乱を招いた責任を取り、早期に自主退職することとなった。そこで理事会は、再び新しい校長を募集することにした。理事たちも反省したのか、幾人もの応募者のな

リュ・ホイスコーレ

かから、伝統をよく知り、かつ学生募集にも長けたテストロップ出身のオレ・トフトデルを選んだわけである。

新校長となったオレは、早速、リュ・ホイスコーレを再び伝統校の一つに戻しつつ、アップトゥデイトな内容も盛り込み、かつての盛況を取り戻すことに成功した。

そんな彼にインタビューを行った様子を紹介するわけだが、冒頭に記したように、二〇〇八年のこととなる。現時点からするとやや古く感じられるかもしれないが、その後、リュ・ホイスコーレにおいては大きな変化はなく、比較的安定した状況が続いていると聞いている。よって、現代にもつながる内容と判断し、掲載させていただくことにした。

なお、このインタビューは、日本グルントヴィ協会の会報である「ハイムダール　29号」（二〇〇八年三月）に掲載されたものを加筆・修正したことをお断りしておく。

清水　一九九〇年代の後半から二〇〇〇年代の前半にかけて、少子化や実利志向などによって、少なからぬフォルケホイスコーレ（以下、ホイスコーレと略）が閉校に追い込まれましたが、最近は安定した募集数になっているようですね。近年の危機は乗り越えられたと思いますか？

オレ　危機は乗り越えたと思います。確かに、学生を集められなかったホイスコーレは閉校しましたが、その代わりに新しいホイスコーレもできています。

「危機状態」というのは確かで、それを否定するつもりはありませんが、統計的な数字を見れば、ホイスコーレに来る学生の世代比率はあまり変わっていません。今は、若い世代自体が少ないですからね。だから、公教育全体も「危機」と言えば「危機」なのです。

大学などでは、考古学を専攻する学生がいないために学科の存続そのものが問題になっています。そういう意味では、ホイスコーレだけが「危機」と言われるのはおかしいです。私は、学生が来る来ないという意味では、「ホイスコーレに危機はない」と思っています。

とはいえ、「構造的」には確かに危機状態ですね。それはホイスコーレだけではなく、前述したように、公教育を含めて現状の教育体制そのものが「危機」と言えます。

問題は一九九〇年代の中頃から発生したと思います。当時の若者は、ホイスコーレが大都市から遠く離れた田舎にあることを懸念していました。デネブロー（ドイツとの旧国境に近い地域、ユラン半島南部）やユラン半島の北部にあるホイスコーレは、困難な状態を抱えていました。だから、それらの多くは、人気があって、学生募集で苦労しない「エフタースクール」に変身しました。

校長室でのオレ

ホイスコーレは、ある意味「目覚まし時計だ」と私は思っています。今は、教育空間そのものが混迷し、危機状態にあるのに、旧態依然として眠り続けています。ホイスコーレは、アラームを鳴らして、目覚めさせる役割をもっているわけです。なぜなら、ホイスコーレでの教育はとても現代的で前衛的だからです。

ここでは、「何かをしろ！」と強制されることはありません。試験や資格のために、教師からあれこれと指示されることもありません。学生は、自分の意欲に応じて学ぶ内容をつくっていくことができるのです。とはいえ、目覚まし時計は朝の三〇分くらいしか役に立ちません。だから、社会のメイン・ストリームに位置することはないのですが、社会において何が起きているのかについては警鐘を鳴らすことができます。

ホイスコーレでは、学生に何をすべきかと教えることはありませんが、今の時代に「何が大事」なのか、「何が必要」なのかに関しては意識してもらうことはできます。だから私は、ホイスコーレは最良の学校であり、もっとも現代的な学校だと思っています。多くの学校が、時代をコピーし、ついていくのに精いっぱいで、「時代」を見ることを忘れています。ホイスコーレは、「現代とはいったい何か」と反省できる学校なのです。

清水　以前ここに来たとき、政府のホイスコーレ学生への奨学金がなくなり、その予算がコンピュータ学校へ行く学生などに振り分けられたという話を聞きました。そして、それがホイスコーレが停滞する理由であるとうかがったんですが、それは本当ですか？

オレ　いや、それは違いますね。確かに、ホイスコーレへの政府援助についてはいつも大きな議論になっています。一〇〇年前、政府の援助がはじまったときからね。しかし、援助がなくなったことは一度もありません。

ただ、一九九〇年代の初めまでは失業者がホイスコーレに行くときに奨学金が出ていましたが、それはなくなりました。これが、一部のホイスコーレが危機に陥った要因とも言えます。でも、それはそれでいいと思います。時代が変われば、こちらも戦略を変えなければなりません。ホイスコーレは社会の孤島ではなく、社会から孤立したユートピアでもありませんから、社会が変化すればこちら側も変化し、自らの位置づけや役割を社会に示さなければならないのです。

政府から補助金をもらっている以上、社会に対して何らかの義務があります。それをふまえずに、「金だけ寄こせ」というわけにはいきません。だから、さまざまな形で「社会に貢献している」ということを証明する必要があります。この報告書（ÆSTETIK og DANNELSE［美学と教育］）が書かれた理由は、まさにそのためでしょう。

ホイスコーレの初期は一種の農民学校で、確かに教育的な要素がありました。当時は、多くの人が学校へ行けなかったわけですから。人々はホイスコーレに行って「民主主義とは何か」

を学び、必要とされる知識を学んだのです。

今日では、すべてが変わっています。学生は、ここ「リュ・ホイスコーレ」や「テストロップ・ホイスコーレ」のような場を探しています。そこは、学校と文化の中間に位置するような場なのです。学生は、ホイスコーレで今日的な関心であるエコロジーを学んだり、自分が「いかに生きるか」について発見していくのです。

学生にとって必要なのは、私がこの報告書に書いた「第5章　テストロップ・ホイスコーレにおける音楽の教育（MUSIKFAG PÅ TESTRUP HØJSKOLE)」）ように、「世界は何と美しいのだ」という事実を知ることです。というのも、多くの学生は、現在問題となっている社会的な病理から精神的に追い込まれ、さまざまな心の悩みを抱えており、それらから解放される必要があるからです。「世界は美しくてすばらしいのだ」ということを知る、それが現代の学生にとっては一番必要なことだと思います。

「美学と教育」の表紙

もし、彼らがホイスコーレに来なければ、ずっとそのような悩みに苦しみ、逃れることができないでしょう。もちろん、ホイスコーレはセラピーの場ではなく、専門家もいません。でも、ここに来て、自らの内面を他者に語り、相互に影響しあえば、大なり小なり、その人の内面に作用するはずです。

清水　あなたは、以前「テストロップ・ホイスコーレ」にいましたが、そこはグルントヴィの伝統に忠実な学校として有名ですね。「リュ・ホイスコーレ」も、かつては伝統校の一つだったわけですが、今はどうなのでしょうか？

オレ　「リュ・ホイスコーレ」は、再び伝統校に戻りました。私が校長になるときに理事たちと話したのですが、彼らは、「リュ・ホイスコーレ」がかつての伝統に戻ることを強く望んでいました。ですから、「リュ・ホイスコーレ」が「テストロップ・ホイスコーレ」と違っていた時期はごく僅かということになります。

前校長の課題は、悪化した経済状態をいかにしてよくするのか、ということでした。だから前校長は、カヌー、マウンテン・バイクなどのアウトドア・スポーツをメイン科目に据えまし

5. MUSIKFAG PÅ TESTRUP HØJSKOLE

Ole Toftdahl

Underviser i fagene musik og retorik. Har været ansat på Testrup Højskole siden 1991. Er cand. mag. i musik og historie.

Højskolen og eleverne

Den 2. februar ankommer 105 elever til min højskole. Heraf har 36 på forhånd valgt at deltage på skolens musiklinie. Eleverne befinder sig aldersmæssigt fra 19 - 27 år.

Gruppen deles i de første 8 uger i tre stamhold med hver sin lærer. Der er 12 ugentlige musiktimer hvoraf 4 foregår i andre grupper end stamholdene. I disse timer arbejdes der i 2 ud af 3 workshops med hhv. med vokaltræning, rytmisk grundtræning eller studieteknik.

Holdene arbejder sammen 8 timer ugentligt med sammenspil i forskellige genrer, og er sammensat af elever på forskelligt fagligt niveau. Niveauet varierer fra MGK - niveau til lettere øvet. De musikalske genrer der arbejdes med, er fortrinsvis indenfor den rytmiske genre.

Undervisningsindhold

Undervisningen i sammenspil er normalt samlet i perioder på 4 lektioner. Den enkelte undervisningsgang er bygget op om følgende skabelon:
1. opvarmning
2. indstudering af nyt musikstykke
3. repetitioner af tidligere musikstykker.

Opvarmningen begynder som regel med en lettere fysisk opvarmning efterfulgt af en opvarmning af stemmen. Opvarmningen har dels det formål at "varme op" men også at "stemme instrumentet" - at komme i stemning. Ofte har den karakter af en musikalsk leg, men den kan også være en kamufleret indstudering af det nye musikstykke, der

32 | Æstetik og Dannelse

「美学と教育」の第５章扉

た。事実、それがこの学校を救ったのです。経済的な意味だけではなく、教育的な意味でもね。

学生たちは野外に行き、山などに登って大自然を満喫すると、先ほど言ったように、「世界はなんて美しいんだ」と感動することができたのです。だから私も、このような科目に否定的な感情をもっていません。

野外活動家は、「今の社会を考えると、このあと五〇年はこういう科目がすごく重要である」と言います。保守的なホイスコーレ関係者も、こういう科目を軽視せず、教育的な重要性を改めて認識しなければならないと思います。

うちの担当教師も、科目の内容をじっくり考えています。アウトドア・スポーツは、ある意味、「自然のなかで哲学をする」ような科目だとも言えます。だから、哲学に劣るものではないし、それと対立するものでもありません。

清水　元校長であるイェンス・ボネロップ（故人）は、このようなアウトドア・スポーツに力を入れたモダンなホイス

アウトドアの授業で使うカヤック

コーレ、たとえば「オウア・ホイスコーレ」みたいなものに対して強固な反対意見を述べていましたが……。

オレ　私は、ホイスコーレ原理主義者ではありません。「オウア・ホイスコーレ」に行ったことはないし、実際、興味もありませんが、「われわれが本来のホイスコーレで、君たちのところはホイスコーレではない」と言うことはできませんし、言う必要もありません。ホイスコーレのような、デンマークのフリースクール、自由な学校における伝統では、どこが正しくて、どこがダメなどという基準は設けられません。「自由」なわけですから。

確かに、そうした学校は伝統的なホイスコーレの要素を部分的に無視し、捨て去っています。でも、それは新しいチャレンジをするためなのです。「オウア・ホイスコーレ」も、かつての「トヴィン・スクール」も、新しいチャレンジをするためにホイスコーレの形式を利用したと言えます。

「オウア・ホイスコーレ」がゴルフを科目に取り入れたとき、確かに大きな議論が起きました。私は、「ゴルフが悪くて、これまでの科目がいい」と「判定」したくはありません。しかし、もし「オウア・ホイスコーレ」が、ただゴルフだけをやり、朝に歌を歌わず、陶芸や音楽などの科目をしないとなれば、「ホイスコーレではない」と言うことはできます。

個々の科目については、誰も判定できないと思います。そういう基準なるものがまかり通れば、補助金を出している政府からの、「あれをやれ」とか「これを設置せよ」といった指示を認めることになります。私は、「これはあったほうがよい」と判断して、コースを設置しているだけです。

朝の歌があり、宗教、哲学、音楽などといったさまざまな科目が用意されている。ある者は、「それこそが伝統的なホイスコーレだ」と言うでしょう。だけど、多くの人たちは、そもそもホイスコーレの伝統が何であるかとは考えていません。問題はそこにありますね。だから、自分たちの好きなものを設置して、それを新しいチャレンジと見なし、「前よりはいいんだ」と思っています。だけど、それ以前のものをよく知らないのです。このことも、大きな議論になっている理由の一つです。

サルサの授業

とはいえ、私はそんな議論に時間を費やしたくありません。ゴルフがいいか悪いかなど、ね。それは、ホイスコーレの自由というあり方からすれば判断できることではないですから。

清水　では、あなたは「リュ・ホイスコーレ」を今後どのような学校にしたいと考えているのですか？

オレ　う～ん、それはとてもアクチュアル（現実的）な質問ですね。今、私たちは変動の場に直面しています。どうすべきか、どのように変わるべきか、周囲からさまざまな質問を投げ掛けられています。私たちは、このような変革時期の真っただ中にいるわけです。しかし、私は、このような方向に変えようというプランを、今、はっきりとはもっていません。というか、変えたくないのです。

今述べたように、ホイスコーレ、フリースクール運動は大きな変革期にあります。試験を導入しようとか、学校の経営状態を改善して効率化しよう、投資をどこにすべきか、時代の要請に対してどのように合わせていくべきか、などです。でも私は、試験を導入したくないし、単位制にもしたくありません。財政問題は大事なことですが、効率化やコスト削減だけにとらわれたくありません。

ある意味では、今のまま留まろうとしているわけです。みんなは「発展」が大事だと言います。だから、常に変化していないと気がすまないようです。「ホイスコーレは目覚まし時計だ」と先ほど言いました、以前は一年に一回その役割を果たせばよかったのですが、現在では季節ごとに一回、年に四回、役割を果たすべきだと言われています。「発展」とは、こういうものです。

清水　ということは、あなたはよい意味での「保守主義者」ということですか？

オレ　確実に言えるのは、私は「この学校の伝統が好きだ」ということです。私を今ある形にしてくれた、この学校のあり方を愛しています。先ほど挙げられた「オウア・ホイスコーレ」ですが、そういう意味では、彼らは学校のありのままが好きではないのでしょう。彼らが愛しているのは「ホイスコーレ以外の何か」なのでしょうね。それはホイスコーレとは異なるコンセプトであり、それはそれでいいのですが、私が関与する余地のないものです。

＊＊＊＊

私自身、リュ・ホイスコーレを一九九三年からずっと見てきて、四代にわたる校長を知っている。一九九〇年代の校長であったイェンス・ボネロップは、「ホイスコーレは死んだ。社会的な精神をもっている学生がいなくなった」と嘆いていたが、その後のリュ・ホイスコーレは、ただ時代の要求に沿うことと、自分たちのアイデンティティを保つという両者の葛藤に悩むばかりで、うまく対応できずにジリ貧状態にあったと思われる。

全学生が参加してのミーティング

学生寮（木の左側）

オレの前任の校長であるスヴェンが経営の合理化を図り、いわば「カルチャー・センター化」をかなり進めたように見受けられたわけだが、このときの訪問では、かつての学生同士の連帯や共同性がかなり復活しており、「絆を結ぶ場」としてのホイスコーレというあり方が再び出てきているように感じられた。

もちろん、このような状況は明らかにオレがもたらした影響であろう。スタッフと話し合いながら、あるべきホイスコーレの姿を模索していると思われる。そういえば、冒頭に挙げたリーネも、「オレのもとではとても働きやすい」と話していた。

さて、二〇二一年までリュ・ホイスコーレの校長として活躍し、活性化に努めたオレであるが、現在は退職して、「悠々自適の生活を送っている」という連絡が入った。

以下の第2章と第3章で紹介する二つの留学体験記は、ホイスコーレが安定期に入ってからの滞在記となる。とはいえ、以前とは何ら変わらないホイスコーレでの学びがあり、デンマークのホイスコーレが培い、継承してきた、「ゆったりとして、充実した学びの姿」が描かれている。

それぞれ、体験されたことや視点の差というものが当然のことながらあるわけだが、ホイスコーレにおける学びの雰囲気は共通しているように思える。そんな雰囲気を、文章と写真から感じ取ってもらえれば幸いである。

第2章

フォルケホイスコーレ留学体験記

（小笠原朋子）

二〇一一年の夏、慣れないスーツに身を包み、転職活動の面接に臨んでいた。

「君、この期間遊んできたみたいだけど、結局、何を得てきたの？」

面接官の態度は素っ気なく、半ばあきれたような声色だったが、それでいて、質問は核心を突いていた。私には、答えることができなかった。

この夏以前に留学したデンマークのフォルケホイスコーレでは、入学資格は問われず、一切の試験も課せられなかった。裏を返せば、評価や資格といった分かりやすい指標を持ち帰ることができないということである。本来であれば、そのような物差しから外れた学びであること自体に大きな価値があるのだが、その存在を知らない人が発する、「結局、何を得てきたの？」という発言はごく自然なものとなる。分かってはいたことだが、悔しかった。

評価や資格はいわば手段であって、「幸せな人生を生きる」という目的それ自体ではない。他人の評価から一線を画して学ぶことは、「フォルケホイスコーレ」という場を通じて感じ、経験したことすべてが学びとなりうる。そんな学びの本質に気付かされた大切な場所だったはずなのに、他者に伝える術《すべ》をもたない自分自身にいら立ってしまった。

フォルケホイスコーレについて学ぶ

それからというもの、フォルケホイスコーレとは何か、自身が持ち帰ったものは何であるのかを言語化するべく、たくさんの人と出会い、関連書籍を購入しては読みあさった。仕事では、デンマーク企業や北欧にかかわる企業とつながりをもち、フォルケホイスコーレの外側、さらにデンマークの外側についても知る手がかりを得ようと、述べ数千人の北欧出身者とも出会っている。それでも、「フォルケホイスコーレって何ですか？」という究極の問いには、いまだ正確に答えられそうにない。

フォルケホイスコーレの成立は今から一八〇年ほど前にさかのぼり、デンマークという国の歴史、文化、伝統、風土、そして人々といったさまざまな要因がこの学校をつくりあげ、時代の変遷とともにフォルケホイスコーレ自体も、時には存続をかけてその姿を変えてきた。私が見たものは、大河の一滴にも満たないような一瞬であり、それを「こうです！」と断言してしまうことはできない。

時代によっても、場所によっても、集う人々によっても、万華鏡のように変化する唯一無二の学びがそこにはあった。形容するのは難しいが、確かに、大切な何かをたくさん持ち帰ってきた。その実感だけはある。それだけに、その大切なすべて、それを育んだ場所のことが伝えられないという自分自身がもどかしくて仕方がなかった。

いつしか、この留学経験を人に話すのをやめてしまった。帰国して、約半年後に起きた東日本大震災（二〇一一年）も大きく影響している。

留学中は心が折れそうになることも多かったが、そんなときは決まって、「何でもできる。チャレンジあるのみ！」と暗示をかけて白らを鼓舞し、自分なりの成長と手応えを感じて帰国の途に就いた。しかし、大震災を前にして、母国はおろか故郷に対しても何もできない自身の無力さを思い知った。加えて、再び日本社会にもまれ、すっかり自信も気力もなくしはじめていた。「人生の学校」とは言うものの、私の人生にはうまく作用しなかったのだろうか……そんな暗い気持ちでいた。

留学体験を話し出す

重い口を開け出したのは、帰国してから五年近くが経とうとしていたときである。過去の経験の一つとしてフォルケホイスコーレのことを話すと、「そんな面白い学校の話は是非とも聞きたい」と言う人が現れた。戸惑いながらも、私は引き受けることにした。

人に伝えるなかで、フォルケホイスコーレで学んだ「何か」が分かったのは、それからさらに数年が経過してからである。当初は「種」と表現していた「何か」。先々にどんな花を咲かせて実をつけるのか、そもそも育つのかも分からない、混ぜこぜな種だけは手いっぱいに持ち帰ってきている。

少しでも理解に役立てようと、留学時にも持参していた『改訂新版　生のための学校』（本書の旧版）をパラパラとめくった。すると、「フォルケオプリュスニング（Folkeoplysning）」、そして「オプリュスニング（Oplysning）」という言葉に目が留まった。あぁ、これだったのか、とカチッと符合した。そこには次のように書かれていた。

この言葉は、人々が対話と相互作用を通じて、共同性・歴史性に目覚め、人間の生の不可思議さ、尊厳を知り、みんなとともに力をあわせて生きることに覚醒し、自覚するといった内容をもっています。（前掲書、六二ページ）

ホイスコーレの父、グルントヴィ（第１部参照）がホイスコーレの目的とした言葉とされる。これこそが、私の胸に灯されたものだった。「オプリュスニング」は、英語では「enlightenment」

に当たり、直訳すれば「あかりをつけること」となる。

『パンケーキの国で――子どもたちと見たデンマーク』（伊藤美好、平凡社、二〇〇一年）という本には、

「それぞれの人が、自分の内にあかりを灯すこと。そして、そのあかりでたがいに照らしあい、影響を受け止めあって、ともに成長して行くこと。グルントヴィは、それが教育の意味だって言ったんですって」

　という一節がある。

　自分の内側にあかりを灯す、それは人によっては情熱や勇気、知恵や思想であったりと、それぞれの意味を成すものではないかと思う。私にとっても方々に響いたが、熱や温もりを帯びた変化の到達点は「心」であるように感じ、それからはホイスコーレでの学びを「**心に火を灯し、その灯で互いに照らし合うこと**」と意訳して紹介することにした。その灯火について、これからお伝えしていきたい。

多くの学校に、グルントヴィの肖像画や写真が飾られていた

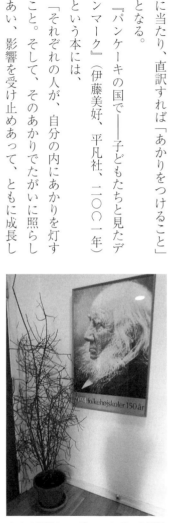

いざ留学

二〇〇九年から約一年間をかけてデンマークに滞在し、三校のフォルケホイスコーレに在籍した。その三校を紹介すると、二〇〇九年八月～一二月は「オザー・ホイスコーレ（Odder Højskole）」、クリスマス～年明けは「ブラネロプ・ホイスコーレ（Brenderup Højskole）」、そして、二〇一〇年一月～六月は「エンゲレスホルム・ホイスコーレ（Engelsholm Højskole）」である。

その名を初めて知ったのは、本書と同じ出版社が刊行している『オルタナティブ教育――国際比較に見る二一世紀の学校づくり』（永田佳之、二〇〇五年）という本であった。学生時代がまもなく終りを告げるころ、私自身が受けてきた学びにちょっとした懐疑心を抱きはじめ、ふと手にした本である。

幼少期から将来の夢を尋ねられるのが苦手で、それは大人になるまでもち越しと思いきや、いざ大人の年齢になっても自分のことなどまるで分からない。就職課に行き、先輩方の進路を辿っても、まるで既定路線のごとく卒業後の未来が決められているかのようで、暗雲たる気持ちになってしまった。教育が異なれば違う未来が描けたのか、現実逃避に近い不純な動機で読み進めた。

しかし当時は、のちにフォルケホイスコーレに留学することになるとはつゆほども思わなかった。日本の教育制度にどっぷりと浸かり、自信もない若者ゆえ、自らに必要なことは何よりも企業受けのよい資格や学びである、と信じて疑わなかった。概要を理解しようにも、資格も試験もない学校で一体何が学べるというのか、想像することすらできなかった。

その後、ぼんやりとしたまま社会人となり、転職を経験し、さまざまなハラスメントが黙認されているような職場で日々消耗するという日々を送った。人と比較されることや競争することに疲れ、本音は心の奥底にしまい込み、他人の顔色をうかがいながら必死に笑顔を貼り付けて生きていた。

社会人三年目を迎えるころ、意味もなく電車で涙があふれるようになった。このままではいけない——それだけは明白だった。これまで留学とは無縁な人生だと思っていたが、一念発起し、海外留学を視野に入れた準備をはじめることにした。

そんな折、デンマークという国が「幸福度世界一」の国であると耳にした。日々、幸せとはほど遠い精神状態で過ごしていたこともあって、「どんな国なのだろうか？」と興味が湧きはじめた。思い返せば、前職で出会った北欧出身の人々は、公私にわたって常にリラックスした様子であり、そうした彼らの人格形成の背景も気になっていた。

調べてみると、フォルケホイスコーレの存在が、近現代のデンマークにおいて大きな影響を与えてきたことを知った。日本でいえば、黒船来航に沸いた時代にできた学校が今も現存することにまず感嘆してしまうが、外国人の私ですら、条件さえ整えば入学できるという。ここでなら、これからの人生や日本社会について思いめぐらし、何かしらのインスピレーションを受けることができるのではないだろうかと、次第に胸が高まっていった。

そして、迷いや不安を断ち切り、勤めていた会社に対して退職の意向を伝えた。


学校の選択には苦労したが、「フォルケホイスコーレのよさが残る学校」という評判を聞いた「オザー・ホイスコーレ」と、日本では決して経験できないであろうと思われた環境に惹かれた「エンゲレスホルム・ホイスコーレ」から入学許可を得て、学生ビザの申請を行った。

オザーに滞在中、クリスマスから新年にかけての短期コースをいくつか見つけたので、そのなかから「ブラネロプ・ホイスコーレ」にも申し込んだ。この三校のホイスコーレで過ごすなかで、さまざまな背景をもつ人々に出会い、語り合うなかで友となり、多くの発見と学びが得られた。今となっては、フォルケホイスコーレに行かなかったという人生は考えることができない。

「オザー・ホイスコーレ」での日々

「オザー・ホイスコーレ」では、高校を卒業して間もないデンマーク人の学生や、「ホリデー」と称してやって来た、バルト三国（エストニア、ラトビア、リトアニア）や東欧出身の学生たちにたくさん出会っている。アートから一般教養に至るまで、広く基礎的な内容が学べるカリキュラムが用意されており、通常の授業に加えて、「プロジェクトウィーク」と称された一週間の選択授業もあった。

もとより筋金入りのインドア派である私だが、当時、環境問題に関心が高かったことに加えて、「せっかくならば、学校の外でも学ぶ機会を得たい」と思い、「アウトドアー&アドベンチャーコース」をメインに選択した。しかし、すぐに自身の考えの甘さに後悔することになった。

小柄で、常日頃から運動不足であった私と、体格のよいデンマークや東欧の学生たちでは、身体能力の差が歴然で、毎回、半泣きになりながらついていくのがやっとであった。授業内容は、ハイキング（重い荷物を背負いつつ）と野宿、カヤック、カヌー、木登り、ウォールクライミング、マウンテンバイク、釣りなどといったものが中心で、寒い時期だけ、室内で行える「ナイフづくり」や「エアガン」というプログラムがあった。

時に、意外な特技を発見することもあった。いつも「お

オザー・ホイスコーレの庭でゲームに興じる教師と生徒たち

オザー・ホイスコーレのエントランス

荷物状態」となっていた私だが、エアガンの筋はよく、本人も含めて、みんな驚きを隠せなかった。無論、帰国後にその特技が活かされたことはない。

重いリュックを背負って森をさまよったことも、雨と寒さのなか、「まるで耐久レースだ」と異口同音にボヤいた釣りも、怪我をした木登りも、決して楽しいものではなかった。しかし、キャリアを目的としたシビアな学びではなく、ライバルとの競争といった側面もない、デンマークの牧歌的な自然と、寛容な精神に抱かれた和やかな環境のなか、国際色豊かな仲間たちとともに過ごした時間は形容しがたいほどの豊かさにあふれていた。

大人になるにつれていつしか置き去りにしてきた、「本来の自分」の欠けらを拾い集めるような感覚もありながら、意識すれば、数えきれないほどの新たな「引き出し」を自身のなかに構築することができ、自分でも知らない「新たな自分との出会い」によって、世界の見方が変わるきっかけを生み出していった。

時に、思いがけないアイデアの起点となったり、コミュニケーションの一つとして機能する

古い建物を借りて壁をつたう

こともあった。そうしたセレンディピティ（偶然の産物）によって、より一層、自らの「生」を愉快で愛おしいものと感じるようになった。

私が属したのは外国人向けのインターナショナルクラスで、デンマーク語とデンマーク文化の授業は必修で、近隣の町や美術館、酪農家や新聞社、そして小学校などまでが学びの場となっていた。もし、行きたい場所があれば、授業をアレンジして連れていってもらっていた。

そんななか、七か国の生徒一九名が集まって、「国際関係」を学ぶ時間がたくさん設けられていた。強く印象に残っているのは、自国の歴史について発表するバルト三国出身の若い女性の姿である。まだ一〇代後半であった彼女は、「元モデルだ」と言っていた。普段はふざけたり、前日に飲みすぎて授業を欠席することが多かった女性である（これには、さすがの教師も口頭で注意をしていた）。

しかし、この日に見た彼女の姿は、それまでとはまったく異なるものだった。一切資料を持たず、堂々たる姿で板書をし、非常に分かりやすいプレゼンを披露していたのだ。聞けば、「モデルは若いうちでしか脚光を浴びることができないため、将来を見越して早々にその仕事を辞め、先々のことを考えるためにフォルケホイスコーレに来た」と言う。

ほかの学生たちも当然のように自国への理解は高く、それに対する自らの意見を明確にもっており、何ら臆することなく他者に伝える力を備えていた。一方、私ともう一人の日本人学生は、焦りながら即席の資料を用意し、カンペ片手にたどたどしい英語で発表するという始末であった。「近現代のことなんて学校で学んでいないし、日本の歴史ってどこから伝えたらいい？」という、苦い思い出となっている。

ある日は、複数人のチームに分かれ、「新しい国をつくるならばどういう国づくりをするか」というお題を与えられた。欧州の歴史や情勢に無知なうえに語学力がともなわず、英語が堪能なほかの学生たちの間で萎縮してしまい、物言わぬうちに気付けば、「日本は黙ってお金さえ出せばよい」というチームの結論が出されていた。さすがに、担当の教師も苦笑いを浮かべ、「日本はそれでいいのかい？」と問われてしまった。

学生のうちに歴史と語学に対してもっと意識を向けるべきであった、と反省した。発言を求められるたびにためらいを感じ、意見を言えないのは語学力がないせいなのか、そもそも自分自身に意見がないからなのかなど、日本人同士でこぼし合っていた。

日本の性風俗産業が話題に上ったり、「捕鯨問題についてはどう考える？」などといった社会的な直球の質問が飛んでくることも多かった。この質問に「えっと、伝統だから……」と苦しまぎれに答えるも、「なんでも『伝統』のひと言で片づけようとするなよ！」と窘《たしな》められた。至極当然のことである。

「私は同性愛者だけど、日本で私みたいな人たちをめぐる境遇はどうなっている？」などと聞かれたこともある。語学力や意見云々の前に、日本はもちろんのこと、国際社会全般の教養を身につけておく必要があると思い知らされた。事実、フォルケホイスコーレの授業では意見を求められる機会が多々あり、「沈黙は悪しきものだ」とすら感じた。

これまでは、発言前にその内容の価値や正否、他者の気を害さないだろうかなど諸々の自己採点がはじまり、その結果、先ほどの例のように、物言わぬうちにそのチャンスを逃したり、楽なほうに逃げたりすることばかりであった。学校紹介の折、教師が「share your opinion」と語っていたが、意見を述べるうえで大事なのは「共有するものである」という意識なのだ、と学ぶまでに少し時間がかかってしまった。

デンマークの学生たちのチームワークのよさに舌を巻いたことが何度もある。学校がはじまって間もなく、全生徒が五、六人ほどのグループに分かれて、与えられた材料（新聞紙とテープ）で制限時間内にどのチームが一番高いタワーをつくれるかというゲームが行われた。

自国の料理の調理をリクエストされ、完成した巻き寿司とにぎり寿司

「どうしたらよいものか……」と、戸惑いながら周りを見ると、高校を卒業して間もないデンマークの学生たちは、誰が何を言うでもなく、それぞれが自分の役割を見いだし、より堅牢で高いタワーをつくるという目標に向かって迅速に動き出していた。たった一つのゲームではあるが、デンマークという国が、小国であるにもかかわらず経済的にも強い理由を垣間見たような気分になった。ちなみに、別のシーンではあるが、日本人が圧倒的に得意だったのは、紙を折り目正しく、早く折る作業であった。

彼らと過ごしていると、「若いから」、「学生だから」という理由で発言や行動、また人生の選択が制限されるということは、この国ではあまり起こり得ないと感じられた。同時に、年齢や仕事などといった理由も、足枷とはならないと思われることが多かった。

ある日、教師も含めて、学校全体でイス取りゲームを開催したときのことである。最終決戦に残ったのはデンマーク人教師とハンガリー人の学生であった。教師はというと、反則スレスレの手段を使って勝利への執念を見せている。大人だから、教師だからといって手を抜かず、対等にゲームに参加している姿に思わず目を見張ってしまった。ちなみに、この教師は敗退している。

学校には、いつも大きな鼻歌を交えて、踊るように振る舞うアート教師の女性がいるかと思えば、教師自身の持病や性生活に至るまで、包み隠さず有り体に普通の会話として生徒に話している教師がいた。一方、地元の小学校を訪問した際に案内してくれた一〇歳ほどの生徒は、別れ際、

「ごめんね。私はあまり英語が得意じゃないから、説明で分かりにくいところがあったと思うけれど、少しでも伝わったなら嬉しいな」と、流暢な英語で優しい心配りを示してくれた。

　同じ学校で英語の授業にお邪魔したときのことだが、スクリーンに映像を映し出すのに苦戦していた教師の前に、一人の生徒（中学年ほど）がスタスタと歩み出てきた。「これはこうするんだよ」と、事もなげにサポートし、無事に映像が映ると、教師もごく自然に「ありがとう」と返すというやり取りがあった。見逃してしまいそうな一瞬の出来事だが、生徒が教師を援助する姿など、日本では目にしたことのない光景だっただけにちょっと驚いてしまった。教師や生徒である前に一人の人間同士であるという、当たり前のことを思い出させてくれたワンシーンである。

訪れた小学校の高い天井を見上げるフォルケホイスコーレの教師と、訪問客を覗き込む生徒たち

　飾らずに等身大で生きる彼らの姿は、日本のなかでひたすら仮面を被り続けていた私にとっては、新鮮である以上に感銘を受けるほどであった。

たとえば、電車の車掌（男性）は切符確認の際、気さくに乗客である女性と世間話をしていたし、スーパーやデパート、図書館や鉄道会社、学校や銀行、レストランなどで働く人たちも、みんなリラックスした様子であり、日本のそれとは異なる印象を受けた。仕事で潰されそうになっていた自分はいったい何だったんだろうか、と拍子抜けしてしまった。

そもそも仕事というものは、その人の生き方の一部でしかない。仕事ありきの人生ではない、と認識を改めて現在に至っている。

「オザー・ホイスコーレ」の長期コースのなかに「スタディートリップ」が含まれていた。そして、バスに揺られポーランドのクラクフ（Kraków）を訪れた。なぜこの場所が選ばれたのだろうと、最初は不思議に思っていたが、クラクフからさらにバスで一時間ほど移動すると、「アウシュビッツ＝ビルケナウ強制収容所」に到着した。すぐさま、「ここが、この旅における学びの核だったのか」と理解した。

ここで目にした数々のものを、私は人生において決して忘れることはないだろう。先のない線路は、まるで人々のその後の人生を象徴するかのようで、哀惜の念に堪えなかった。美しく磨きあげられた革の鞄に大きく殴り書かれた識別番号、片方だけの子ども用の小さな靴や美しい装飾が施された櫛、囚人として捕らえられた人々の毛を刈って輸出用として編まれた絨毯、犠牲となった人々の夥しい数の写真など、人間の愚かさや残虐さ、生きたいと願う人々の執念や絶望など、思わず目を背けたくなるような現実がそこにあった。

「正直、ドイツには今もよいイメージはもてない」と語ったのは、ミドルエイジのノルウェーの学生だった。デンマーク人の教師は、「あのときのデンマークの行いを恥じている」と言葉少なに語っていた。

フォルケホイスコーレで出会った人々は、その多くがヨーロッパの出身であったが、母国から命からがらデンマークに渡って来た人々もいた。そうした彼らにとっては、戦争とは遠い昔の話ではなく、程度に違いはあれ、感情が揺れるほど自分自身と無関係ではいられないことであると知った。そして私自身は、歴史を「知らない」ということの罪深さを自省せざるを得なかった。

重い空気に言葉を失い、思わず涙が滲む。ふと足元に目をやると、一輪の黄色い花が顔をのぞかせていた。とても小さく、道端で咲いていても、きっと誰も目にもくれないようなちっぽけな花だった。しかし、猛烈な感情が沸き起こった。この地で健気に咲く新たな命に、一筋の希望を

かつて使われた線路にそっと手向けられた花

見たような気持ちになったのだ。今でも、鮮明にその情景は思い出される。

このあとに紹介する「エンゲレスホルム・ホイスコーレ」のスタディートリップで訪れたチェコでは、穏やかな日常の景色が広がる街の一角で、「一夜のうちに多くの人々の命が奪われた」と聞いた。

デンマーク人の学生が、「僕の祖父はアメリカ人だけど、よくこんなことを言っていたよ。『戦争とワルツは一緒。相手がいないとできない』って」と言い、私の手を取って、三拍子のステップを踏み出した。異なる民族同士の私たちの影が夕日に照らし出される。もし、生まれる時代が違えば、この友人たちと銃口を向け合っていたかもしれない。そう思うと、胸が掻きむしられるような想いがした。

これまで当たり前のように享受してきた平和というものは、常に緊迫したバランスと駆け引きの上に先人たちが心血を注ぎ、築きあげてきたものであるということを、愚鈍ながらも理解したときである。ともに向かい合い、手を取り合って互いを慈しむことができるのは稀有なことで、それは、まちがいなく幸せなことであると確信をもって言える。

今、時代は新たな局面を迎えているが、戦争を過去のものにするために、私たちは学ばなければならない。日本や世界の子どもたちの生きる未来が少しでも明るいものとなるよう、彼らの未来を守れるよう、大人である私たちには責任があるのだと肝に銘じている。

オザーでの生活が終盤に差し掛かったころ、これまでほとんど接触がなかった、少しやんちゃそうな男子学生のグループと話す機会があった。何となくコミュニケーションを避けられているように感じていたため、「きっと、英語もろくに話せない日本人だから敬遠されているのかも」などと勝手に思い込んでいたのだが、彼らのほうから、「僕たちは英語があまり得意じゃないから、君ら（日本人）と話すことに気後れをしていたんだよ」と、少し照れくさそうに語ってくれた。

本来であれば序盤のうちに話すべき自己紹介にはじまり、オザーでの思い出話に一気に花が咲いた。勇気を出してもっと早く彼らに話し掛けておれば、きっと互いの深い話もできただろうに と、口惜しく思うと同時に、凝り固まった自らの思考を猛省した瞬間である。

考えてみれば当たり前のことだが、英語が得意で自信にあふれているように見えるデンマーク人の若者のなかにもさまざまな人たちがいた。そんな人たちとの別れが名残惜しくて、何度も泣いてしまった。

窓の外には深々と雪が降り積もり、物侘しさを醸しだしていた。しかし、「オザー・ホイスコーレ」は、事前に聞いていた「ホイスコーレのよさが残る学校」という評判に違わず、学校全体がまるで一つの大きな家族であるかのような温かさに満ちていた。

「ブラネロプ・ホイスコーレ」の日々

二校目となる「ブラネロプ・ホイスコーレ」には、「クリスマス＆ニューイヤーコース」という二週間ばかりの短期コースに、オザーで出会った日本人学生とともに参加することにした。その名のとおり、デンマークの大切な宗教行事であるクリスマスを迎える準備をして、参加者とともに祝い、楽しむということを主たる目的としているコースである。

平均年齢は七〇歳か、それ以上という、元気なシニアの人々が参加していた。デンマークでは、パートナーとの離婚や死別などを経験している高齢の単身者が多く、こうした人々が孤独なクリスマスを過ごすことのないように、新しい出会いやものづくりなどを通して豊かな時間を過ごすことを目的として、この短期コースは設けられている。

クリスマスのデコレーションやお菓子をともにつくり、ツリーの周りで踊り、ビンゴ大会やプレゼント交換に興じたほか、クリスマス当日には教会へと足を運んでいる。また、新年になると当時の女王マルグレー

外の寒さと対比して室内は暖か。ロウソクを灯してクリスマスの飾りをつくる生徒(オザー・ホイスコーレ)

テ二世（Margrethe II）のスピーチを拝聴し、ともに祝っている。

ある日、地元の新聞社が取材に来た。「クリスマスをホイスコーレで過ごす人々」というのが取材のテーマであった。日本から来た私たちが珍しかったようで、参加していた友人はそのときに「紙面デビュー」を果たしている。もちろん、ここでも新たな出会いのなかで多くの学びに恵まれている。

普段は若者向けの長期コースも開講しているようで、その国際コースの教師によると、「この学校は、数名のデンマーク人によって東西冷戦時につくられた」という。当時、分断されていた東西ヨーロッパの学生たちを受け入れ、平和のために日々の生活をともにするところからお互いの行動の違いとその背景となったものを理解し、相互理解を促すというのが目的であったとも言う。私が留学したときは、発展途上国の生徒を積極的に受け入れたり、ネパールにフォルケホイスコーレをつくるという活動に力を入れていた。

ブラネロプ・ホイスコーレの校舎

長期コースに滞在する数名の若い学生が帰省せずに学校に残っていた。そんな彼らが、学校の案内役を買って出てくた。クリスマスの飾りが至るところに施され、和やかなムードが漂うなか、キャンドルを灯すためのマッチが置かれている小さなバスケットが目に入った。

「このバスケットには秘密があって、普段はコンドームが置かれているんだ。（クリスマス&ニューイヤーコースの）おばあちゃんたちが見たら驚いてしまうから、今は隠してあるけどね！」と、明け透けに教えてくれた。

最近になって、ようやく日本でも性教育に関して関心が向けられるようになってきた。性的な欲求自体をないものとするのではなく、双方が身を守るための知識やリテラシーを身につけることは非常に大切なことではないかと、子どもの親となった今はその想いを強くしている。

校内にはグリーンランドから来た学生が二名いたが、デンマークのシニア層の人々が彼らに向ける眼差しは、時に辛辣なものだった。

「私たちと話そうともしないわね。語学に自信がないのかしら」と話す女性がいたが、彼らは英

Fokus

7

Juleaften på Brenderup

Højskole frem for rejse

Slut med statistrollen til jul

Med søster til højskolejul

Fra Japan til Brenderup

友人が取材を受けた時の新聞。教師がコピーをくれた

語も話し、デンマーク語での意思疎通も問題ないように思えた。何か、生活において不具合が生じると真っ先に彼らを疑う人がいたほか、「グリーンランド人の学生にはデンマーク政府からお金が出ているのに、真面目に授業に参加していない」などと話す人がおり、少し居心地の悪さを感じてしまった。

これまで、デンマークの人々はみんな親切で、明るくオープンであるという印象をもっていたが、当然ながら個人差もあれば、年齢や向き合う対象によって異なることがあると、デンマークの別の一面を見たように思った。

「ここ（ホイスコーレ）を出たら、デンマークといえどもいろいろな人がいるから気を付けなさいね」と、忠告する人がいた。私自身は、幸いにも滞在中は人に恵まれ、トラブルに巻き込まれることは一切なかったが、それでも日本では経験しないであろう施しを受けたり、見ず知らずの人に必要以上に警戒されたりと、外国人として過ごすことで見えてくる「違う世界」がここにはあった。

「エンゲレスホルム・ホイスコーレ」の日々

ブラネロプ・ホイスコーレでの日々が終わり、友人とヨーロッパ旅行へと出掛けたあと、再びデンマークに戻り、いよいよ三校目となる「エンゲレスホルム・ホイスコーレ」での生活がはじまった。これまではもう一人の日本人学生と行動をともにしていたが、いよいよ日本人もいない、知り合いも皆無、デンマーク語が主流で、外国人もわずかという環境に飛び込むことになった。もとより、日本人が多い学校では群れてしまいそうだからと、選択肢に入れていなかった。自身の甘い性格を鑑み、正しい判断であったと思っている。

「エンゲレスホルム・ホイスコーレ」を留学先に決めたのは、恵まれた周辺環境と、そこでものづくりに打ち込めるという、日本ではなかなか味わえない贅沢な時間に憧れたためである。

友人曰く、「村」と呼ぶに等しい地域とのことだったが、学校自体は一六世紀に建てられたマナーハウスを改装したもので、聞こえてくるフクロウの鳴き声や風にそよぐ草の音をバックミュージックに、周囲にめぐらされた堀の片隅に腰掛けて過ごすというのが何よりも好きな時間であった（ちなみに、学校には数名のゴーストたちも住んでいるそうだ）。また、美しいグラデーションに染まる夏至に近づく幻想的な空をお城の窓辺から堪能することもできたので、この学校で過ごした日々は今でも特別な感情を呼び起こす。

アート専門の学校で、メインの授業として、ガラス、アート（ペインティングとドローイング）、ジュエリー、ソングライティング、エレクトロニックミュージックなどがあり、参加している学生は、手工芸やアートの分野で次の高等教育に向けた自身の適性に関する見極めや準備期間としている人や、純粋に趣味の世界を広げるために参加しているような人であった。

長期コースは、やはり高校卒業後間もないデンマークの若者が多かったが、社会人も数名おり、短期コースを多く開校していたため、キャリアの途中で参加するという人もたくさんいた。アイスランドやハンガリー、ラトビア、イギリスから来た生徒も数名いたが、唯一のアジア人で、何かと浮きやすかった私によく声をかけてくれたのが、短期コースに参加していた、子育て経験のあるデンマークやノルウェーの女性たちだった。

ここでは、退職後の豊かな人生のために、学び直しと新たな友人との出会いを求めてやって来た高齢の人、華やかなキャリアを捨てて人生の岐路を見定めるために来た女性、同性愛をカミングアウトして今まさに自分らしい人生を歩もうとしている女性たちに出会っている。どの

到着時、校舎であるお城は雪で覆われ、モノトーンの世界。冬の北欧は、夏とは異なる表情を見せる

どことなくエレガントな食堂には生徒の作品も飾られている。窓辺からは隣接する湖が見えるという、贅沢な眺望

人も自分の人生に誇りをもち、シニアの人ですら多彩な職歴をもっていることに、デンマークが歩んできたジェンダーに対する真摯な取り組みと、歴史の長さを感じて感服すると同時に、自国の遅々として進まない現状を歯がゆく思った。

そんな彼女たちは、自身の人生をさりげなく語ることで私の弱さや悩みと向き合おうとしてくれた。常に心を寄せてくれ、そのときにかけてもらった言葉を時折思い出しては、今も私は背中を押されている。

ある女性が、自身の経験をもとにこんな話をしてくれた。

「若いころ、アーティストになりたいと憧れた時期があったの。だけど、目指さなかった。ほかの人の作品と比べて、私は下手だ、才能がないと、はなから諦めてしまった。たとえば、一〇個の作品をつくって、そのうち三つ気に入らないものがあったら、昔は『私はやっぱりダメだ！』となってしまったけれど、今の私なら気に入らないものがあっても、『それもすべて、私がつくった作品なの』と受け入れて、胸を張れるわ」

憧れをもってはじめた吹きガラスの授業が（人間関係も含めて）辛すぎて、コースを変更しようか迷っていた私の背中を押すべく、自信をもつこと、そして、完璧ではない自分自身を受け入れることの重要性を伝えようとしてくれた言葉だった。

感謝とともに、「どうして、そんなにも私の気持ちが分かるの？」と聞けば、優しい笑顔とともに、「私も、あなたの年齢を生きたからよ」と返ってきた。そして、「正直に言えば、あのときにもっと挑戦しておけばよかったとも思うけれど、すべて自分で決めてきたことだから、人生に悔いはないわ」と続けて語った。

強く、しなやかに生きる彼女のような人たちから、多くの刺激と勇気をもらった。

「もし、迷惑でなければ、デンマークの家庭を訪問するのも一つの社会勉強にならないかしら？」と、自宅に招いてくれたデンマークの女性がいた。車を走らせて郊外の美術館を訪れたり、美味しいご飯を振る舞っていただいたりと、たくさんの楽しい思い出をもらっている。また、朝の集会で日本のことを発表する不安な様子の私を見て、「あなたの国のことをホイスコーレのみんなに英語で発表するというのは、またとないよい機会よ。ここのみんなは、あなたのことを愛しているからね」と声をかけてくれたこともあった。

いつも優しい眼差しとあたたかな笑顔を向けてくれた大切な人

異国の地で、見ず知らずの私にこんなにも優しい言葉をかけてもらい、涙が出そうだった。いつか成長した暁にはご恩を返したいと思っていたが、彼女との再会は叶わぬものとなってしまった。彼女たちに灯してもらった灯火で、いつか誰かを灯すこと――それが私にできる唯一の恩返しかもしれない。

「エンゲレスホルム・ホイスコーレ」では、デンマークの人々が今日に至るまで大切に築きあげてきた民主主義を肌で感じるという出来事があった（そもそも、日本で言う「民主主義」と、彼らの言う「デモクラシー」は同義なのかという疑問は残りつつも、ここでは日本語訳の「民主主義」と表記する）。

学校も終わりに近づいたころに全生徒が集められ、より良い学校運営とするための話し合いの場が設けられた。校長自らが司会進行を行い、現役の生徒を中心にこのような場が設けられることにまず驚いてしまった。それ以上に、誰かが話しているうちに別の誰かが挙手をし、発言を待つという姿勢は、この国では当たり前のことのようで思わず感嘆した。

わが身を振り返ると、意見を求められそうなときはなるべく目を合わせないようにするという悪習慣が身についていた。このような日本的なあり方とはまったく異なり、老いも若きも、誰しもが臆することなく自らの考えを表明するという姿勢に、この国で育まれた民主主義の土壌とその強さを垣間見たように思い、心が震えた。

心理的な安全を前提として、幼少期から徹底した民主主義教育を受け、積極的に自ら意見を述べ、みんなで共有し、少数意見にも耳を傾け、全体にとって一番よいものへと集約していく。そうした一人ひとりのあり方が、結果として国全体のあり方になっていると感じてしまう。

デンマークにおいては、民主主義は政治の場だけで語られるものではなく、生活の場であっても、血液のごとく社会全体にくまなく流れているようである。だから結果として、日本にも伝えられるほどの善良なプロジェクトや出来事がそこかしこに生まれているのではないだろうか。

帰国後、デンマークという国では「対話」が重んじられているという話を耳にするにつけ、「さて、日本はどうだろう」と我が身を振り返る。仮に意見を異にすると、本来別物である「意見」と「感情」がもつれ、果てには人格否定につながってしまったり、口角泡を飛ばすかのごとく相手をやり込めることが目的としてすり替わってしまっているように思える。そもそも、みんなが意見を言いやすいような場になっているのだろうか。「誰が」言ったのかが、「何を」言ったのかよりも比重が置かれてはいないだろうか。とはいえ、私自身もまだ「対話」の真意が理解しきれていないため、今後の課題としたい。

ちなみに、街中でも職場でも、あまり感情を露わにしている人を見たことがない。これは一種モラルのようなものなのか、教育の賜物なのか、残念ながら明確な答えはもち合わせていないが、反省と自戒も込めて北欧の人々の姿勢から学びたい点である。

また、学校や職場でもデンマークの人々は、ウィットやユーモア（加えてアイロニー）といったものを多分にコミュニケーションに含ませて楽しんでいるが、時にはトラブル回避や問題解決のための対処方法として用いられるケースも見聞きしている。これは、感情の正面衝突を避けるための社交術なのでは、とも感じた。

一例だが、「NO CUP, NO CAKE!」というエピソードがある。フォルケホイスコーレでは、コーヒーやお茶はいつでも飲めるよう、人が集うところにはティーポットとカップが常備されていることが多い。たとえ授業中であっても、飲み物に関しては基本的に自由なため、各自で好きな場所に持参していく。しかし、それらを返さずに自室などに持ち去ってしまうため、キッチン内のカップが慢性的に足りないという状態になった。キッチンスタッフは、生徒たちのだらしなさと非協力的な態度に怒り心頭のようだったが、それを「NO CUP, NO CAKE!」という標語で行動改善を迫ったのである。

決まった曜日に提供される手づくりケーキは、言わずもがな、みんなの大好物だ。カップが戻されないかぎりケーキの提供を停止するというキッチン側の宣言に、一同大ブーイングだった。なかには、「NO CAKE, NO LIFE!」と嘆願する者までいた。

その後、しばらくしてカップは無事に回収され、ケーキもいつものように提供されるようになり、私を含むみんなが安堵したというのは忘れがたい思い出である。

最大のコミュニケーションツールである言語に関してだが、デンマークに渡る前に英語とデンマーク語を学んではいるが、どちらも基礎的な部分のみである。フォルケホイスコーレではデンマーク語の授業を履修していたが、それ以上の語学力は、生活のなかで生きる力として身につけるしかなかった。

「オザー・ホイスコーレ」では、気立てがよく、コミュニケーション能力の高い生徒や教師が多く、外国人のためのインターナショナルクラスが設けられていたため、公用語として「英語」が使われていた。仮に教師がデンマーク語でアナウンスをはじめようものなら、生徒の誰かが手持ちのカトラリー（スプーンなど）でコップをチンチンと鳴らし、「ENGLISH!」と声を上げるシーンも多かった。対する「エンゲレスホルム・ホイスコーレ」では、入学の初日、「ここは私たちデンマーク人向けの学校だから、すべてデンマーク語で行う」と高らかに宣言された。事前に承知していたことではあるが、基礎的な言葉を理解していても、込み入った話や授業を丸々理解するというのは私には不可能であった（補足すると、学校にはデンマーク語のレベルは伝えたうえで入学許可を得ている）。

こんな私の事情を知る教師や、親切な学友が訳してくれるときもあったが、彼らも一人の生徒であり、甘え続けるわけにはいかない。生活するためには、毎日の「English, Please」のフレーズとデンマーク語の学習が必須であった。

言語を理解しない生徒が複数人いても英語に訳されることはなく、「English, Please」のひと言すら言うのに疲れてしまったある日、諦めて自室に戻ろうとすると、「Don't escape!」と教師から大声で注意を受けてしまった（どうやら、集会後に片づけが必要だったらしいが、こんな言い方をする教師は後にも先にも出会ったことがない）。ここでは、私はどこまでも外国人なのだとむなしく思った。

「オザー・ホイスコーレ」で涙したアウトドアーの授業に引き続き、懲りずに、「エンゲレスホルム・ホイスコーレ」でも単純な憧れから、まったくの未経験である「吹きガラス」をメイン授業に取ってしまった（そんなことが可能なのもフォルケホイスコーレの醍醐味である）。

外国人は私のみで、ほかはすべてデンマーク人。教師はアメリカ人だったが、デンマーク語が堪能で、予告どおり授業はデンマーク語で行われた。スピード重視の技術にもかかわらず、毎度英語をリクエストするのにはかなり勇気がいる。そのうえ、露骨に嫌な顔をする人もいた。

生徒のつくったガラス作品で彩られる校舎

個別に、再度英語で説明をしてもらっているにもかかわらず、理解しきれないときは本当に心苦しく思った。これからフォルケホイスコーレへの留学を考えている人には、語学の重要性を強調しておきたい。語学力があれば何一つとして損をすることはないが、できないために失う機会はとても多い。何より残念なのは、そのことに気付かないままに留学を終えてしまうことだ。

ただし、経験上言えるのは、できないなりにも努力をし、誠実に相手と向き合おうとすれば、決して無視するような人たちではなかった。少なくとも、フォルケホイスコーレに来ている人たちは、しっかりと耳を傾けてくれる人たちであった。

言葉に困った私だが、その代わりに、自分のささやかな趣味が留学生活を格段に楽しいものにしてくれた。

「語学と音楽はできたほうがいい」とは、旅好きの人からいただいたアドバイスだが、その真意を得るのにさほど時間はかからなかった。語学に関しては前述したとおりだが、音楽のほうは、言葉不足を忘れさせてくれるほど、豊かで温かな人とのつながりを築いてくれた。幼少期からピアノを弾くことが好きだったが、デンマークでの滞在時ほど、そのことに感謝の念を抱いたことはない。寸劇を行う際のバックミュージック、演奏会や飲み会の席、そして朝の会において、ピアノを介してさまざまな国の生徒と言葉を交わし、美しくも楽しい思い出をつくることができた。

フォルケホイスコーレに留学して驚いたことの一つに、ピアノの多さがある。どの学校にも数台のピアノが置かれており、誰もが自由に弾くことができ、常に歌と音楽で満たされていた（ほかにも、ドラム、ギター、コントラバスなど）。時には、アーティストや音楽大学の学生が訪れ、地域の住人がその演奏を聴くためにフォルケホイスコーレに集うこともあった。

「朝の会」は、どのフォルケホイスコーレにおいても大切な時間となっており、「ソングブック」と呼ばれる青い歌集のなかから数曲を選曲して歌うわけだが、校長をはじめとして、教師、生徒、キッチンスタッフまで、その場にいる人みんなが参加している。新鮮だったのは、歌がうまかろうが下手だろうが、誰もが気にすることなく、平然と大きな声で歌っていたことだ。ピアノなどの楽器も、片手でゆっくりとしか弾けない人であっても「I can play the piano」と言い、胸を張って披露していた。

　同時期に「オザー・ホイスコーレ」に滞在していた日本人女性は、クラシックピアノを過去に習っていたようだが、「最近は全然弾いていないから、今は弾けない」と、頑なにピアノに触れることを避けていたが、「せっかくの機会だから」と周囲の人に背中を押され、久しぶりに触れてみ

音大の生徒によるピアノコンサートに地元の人も集った（オザー・ホイスコーレ）

ると、（多少つまずくところはあったが）見事な音色が奏でられて拍手喝采となっていた。「I can」がいうところのレベルは、国によってこうも違うのかと驚いてしまった。もしかしたら、私たちは何事に対しても高く見積もりすぎており、時に自らを苦しめ、輝く原石を見過ごしてきたのかもしれない。少しでも至らないところがあれば「できない！」とするのか、少しでもできることがあれば「できる！」とするのか、の違いである。

対峙するシーンによるから断言はできないが、さまざまな場面において「I can」と思えれば、世界の見え方が変わってくるように思える。それぞれの「I can」の敷居が下がれば、自ずと他者に対する「You can」へも連鎖するし、寛容と妥協（そして、時には辛抱も）が入り混じった状況になれば、今よりも少しはリラックスした環境になるのではないかと、淡い期待を抱いている。

これは結果的に、職業観や人生観にも少なからず影響するところがあるのではないかと推測している。留学当時から、今で言うところの「パラレルワーク」のように、複数の肩書きをもっている人に多く出会っているが、フォルケホイスコーレの教師もその適例であった。兼業として「絵画や陶芸、音楽などのアーティスト」や「パソコン教室の講師」、「ジャーナリスト」など、多様な働き方を選択していた。それまでの私は、何か一つ抜きん出たもので身を立てることや、多くの名声や評価を得てこそ一流で、それ以外は認められないものと思い込み、それができない自分を、ほかでもない自分自身が苦しめていた。

デンマークで出会った人々からは、ライフステージの変化などに伴う緩急のある柔軟なキャリア選択であったり、多面性をもった豊かな生き方が容認されること、そしてそのような彩りある人生があることを知った。無論、それらを可能とする学びの環境や労働環境が整っていることが前提であり、心底羨ましくも思うが、環境や年齢を言い訳に自分の人生にストッパーをかけ続けるわけにもいかないので、何より私自身が成長し、変化していく必要があるだろう。

また、デンマークの人々はみんな失敗を恐れることなく次々と挑戦し、仮に失敗をしたとしても、それは決して恥ではなく、むしろ「その経験を次に活かそう」というように、自らに受け入れる姿勢がうかがえた。確かに、挑戦なきところには失敗も成功もない。

東欧やバルト三国の学生からは、「デンマーク人はいいことしか言わない」とやや不満そうな声が聞かれもしたが、教師の発言もポジティブそのもので、幼少期からそのような教育が施されているのだろうと感じられた。

複数の北欧企業に勤めたときにも、何事に対しても「そもそも」という本質に立ち返るところから出発することが多く、失敗に対しても、人間なんだから失敗はつきもので、大事なことは、失敗のあとにどのように行動し、修正していくのか、という点が重視されていたように思う（加えて、人間だから疲れもするし、休息もしっかり取ろうという風土があった）。このような考え方は、ビジネスのみならず、政治や国のあり方にも通じる部分があるようだ。

小鳥が窓をコツコツとつつく音で目が覚めるという、おとぎ話のような「エンゲレスホルム・ホイスコーレ」での生活もいよいよ終わりに近づいた。どこの学校でも「お別れパーティー（Farewell Party）」は行われたが、ここでのそれは、私の留学の終わりを意味する。留学中は貴重な瞬間を記録しようと、カメラ片手に過ごすことが多かったが、最後の日はなるべく持たないようにした。今、このときに集中しないと後悔しそうな気がしたのだ。

別れを惜しみながら友人たちと青空の下、歌い、涙ながらにハグをしたとき、「一生この瞬間を忘れまい」と心に刻んだ。

ガラスコースの教師がつくったグラスで「Skål!」

帰国後

あれから一〇年以上が経ち、みんな子育てに仕事にと忙しく過ごしているようだ。ＳＮＳでは、新たな家族の隣で目を細めて写真に収まるシワの増えた友人の顔を見つけては郷愁に浸っている。と同時に、あの温もりも、弾けんばかりの笑顔も、少し遅い「青春の一幕」としていつも瑞々しく蘇ってくる。

冒頭で紹介したとおり、デンマークから帰国した直後は、その経験を活かそうと気負うあまり、うまく言葉にならないもどかしさや、相変わらず日常に変化を起こせない自分にいら立ちを覚えて落ち込んでいた時期が長くあった。あのころの自分に伝えられるならば、フォルケホイスコーレ留学はゴールではなく、むしろ人生のスタートのようなもので、フォルケホイスコーレに行っても劇的に日々の生活が変わるわけではないこと、そして、いくら年を重ねても、人生は分からないことだらけで悩みも尽きないよ、と告白したい。

期待を裏切ることになるかもしれないが、これは決して悲観的なメッセージではない。だからこそ、もっと肩の力を抜いていていいし、焦らなくてもいい、ということなのだ。すべてが新鮮だったデンマークでの生活と比べると、帰国後はいや応なしに日常の生活が待っていて、焦燥感に駆られることもあるかもしれないが、それでも人生は進んでいる。

目に映る景色は、まるで螺旋階段を上るかのごとく単調で変化に乏しいかもしれないが、一歩一歩、わずかながらでも上っているのだ。ふと小窓を覗けば、随分と高く上ってきたことが分かり、気付けば誰かと一緒に上っていることがあるかもしれない。自助努力に加え、キーパーソンに出会わないことには開けない道だってある。

今になってようやく、フォルケホイスコーレで得た学びは「人生訓」のようなもので、帰国後、すぐに効果や変化が得られるようなものではなく、長い人生のなかでゆっくりと時間をかけて彩りが与えられるものであると確信している。夫とのハネムーンで訪れたデンマークやチェコ、そしてアイスランドでは、旧友たちとの再会を喜び、「君はいつも笑顔だったよ」と、過去の自分が彼の地で幸せに過ごしていたことを伝えられた。当時は気付かなかったが、そうした優しい眼差しをたくさん向けてもらっていたのだろう。感謝してもしきれない。

8年ぶりに再会したエンゲレスホルムの友人と（アイスランドにて）

帰国後、幸いにしてフォルケホイスコーレを紹介する役目をいただき、短期ツアーで日本人グループとともにデンマークに渡ったときのことだが、最初は純粋に「デンマークすごい！」と目を輝かせていた人も、徐々に日本との落差の大きさから無力感に苛まれていた。人口数が違うから、政治が違うからなど、理由を挙げ出すとキリがない。

そんなときに思い出す「知行合一」という言葉。何の励ましにもならなかっただろうが、「それを知ったあなただからできること、あなたの置かれた環境で、あなたにしかできないことがある」と伝えた。帰国後、深い霧のなかを彷徨うような時間を過ごすなか、ずっと自分に言い聞かせてきた言葉でもある。

「幸福度世界一」の国で過ごした時間は、数々の挑戦と失敗、そして心洗われる瞬間にあふれていた。「人生最大のデトックス期間だった」、こんな言葉も口にしていた。フォルケホイスコーレで得た学びと喜びは、年数の経過に伴って深さと輝きを増しているような気がする。その一方で、フォルケホイスコーレの友人たちや、その後に出会った同僚やお客さんからは、「幸せな国」というのはあくまで統計的なものであり、生活者としての実感とは異なるものだと幾度となく伝えられた（その背景に「ヤンテの掟」が影響しているのではないか、と語る人もいた）。

誰かが切り取ったものは、得てしてその人の思惑が含まれているものである。幸せも、お洒落な街並みも、カメラに収まっていない周りにこそ真実があったりするものだ。あるデンマークの友人は、「Comfortable（快適）で、Satisfied（満足）しているだけ。幸せではない」と語っていた。

また、「自分たちは孤独なんだ」と強調する人も複数いた。政府に対しての想い、税金をはじめとする社会政策に関する不満など、彼らが本音で語ればさまざまな声が聞こえてくる。事実、フォルケホイスコーレにおいても、学友たちのドラッグやアルコールに起因する問題とは決して無縁でなかった。

過去の私も、ユートピアやベストプラクティスを探す想いでデンマークを見つめていたが、日本を離れてみれば、母国のよさを感じることも多い。帰国後、とくに日本の冬が好きになった。寒い時期、好天に恵まれることのありがたさを痛感したからだ。また、日本人の真面目さやマナーのよさについては、留学前は窮屈に感じることが多かったが、教師の話を聞きながら前列の背もたれに足を乗せている姿を目の当たりにしたり、「ハサミを貸して」と言ったらハサミが飛んできたときなどは、他者への敬いや思いやりの込められた日本人の所作が恋しくなった。実際、「日本とデンマークの間くらいがちょうどいいんじゃない？」という現地の声を聞いたのは一度ではない。それが意味するところは理解し

いかにも「幸せの国」らしいスマイルの形のコンセント。こんなところにもグッドデザインが

きれていない。今後、精査していきたい点である。

フォルケホイスコーレへの留学で学んだことは数えきれないが、国が違えば「当たり前であることが変わる」こと、翻って、今自分の目の前に見えていることがすべてではないということが知れたのは、私にとっては大きな希望であり、救いとなった。何歳になっても学び続けることはできるし、その場、そのときの状況で諦めることなく、自分に正直に、言い訳をしない人生を送ろうとモチベーションを高めてくれた。過去においてデンマーク国民を能動的な姿へと変えたフォルケホイスコーレは、私自身をも、能動的な生き方へと変わるきっかけを与えてくれた。

そして現在、ホイスコーレから得た灯火を、これからどのように形にしていこうかと思案している。活動はまったくの未定であるが、「Den Lille Højskole（リレ・ホイスコーレ）」（http://tokyohojskole.blogspot.com）と名付けたブログで、細々と、これからも書き連ねていこうと思っている。ご興味をもたれた方がいたら、ぜひ覗いていただきたい（筆不精ゆえ、更新頻度は低いと思われる。また、個別の留学相談に応じられないことはご容赦願いたい）。

ちなみに、ブログのタイトルは、留学中に出会った日本人数名（他校も含む）と再会した折、そこに流れていた空気がまるでフォルケホイスコーレそのものであったことから着想を得ている。デンマークでもなければ、校舎があるわけでもないのに、その精神に触れた者同士が集うことで、東京の片隅に小さなフォルケホイスコーレが出現し、その懐かしさと温かさに心が解けていった。

いつか、そんな場所を自分の手でつくっていければと、おぼろげながら夢見ている。

本章の冒頭にあった「フォルケホイスコーレとは一体何なのだろうか」という問いに対する教師の答えは、「ムーブメントだよ」と、至ってシンプルなものであった。近年、日本においても「フォルケホイスコーレ」の名を以前よりは見聞きするようになり、その学びに感銘を受けた人々が中心となって、社会に向けて発信しようとする動きが活発化しているようだが、ブランドや流行ではなく、肝心なことは、学校という手段のその先にあるのではないかと感じている。デンマークのコピー版でもなく、デンマークからの学びなきものでもなく、社会への眼差しと先人への敬意をもって語られ、つくられるものであることを願っている。

また、蛇足ではあるが、時折フォルケホイスコーレが「立ち止まる場所」として紹介されているのを見ると、どこか違和感を覚えてしまう。何から歩みを止めるのかを考えると、どうも資本主義的な視点からの発言に思えてしまうからであろう。耳当たりがよく、優しい感じがするので、上記の表現を好む人もいるかもしれないが、私にとっては毎日、疾走感すらある刺激的な学びの場であったし、止まっているように思えても、命あるかぎり人生は続いている。「立ち止まる」と言うよりは、「寄り道」や「回り道」というような感覚のほうが近いように思える。

再び、本棚にあった書籍を引っ張り出してみる（また、新評論のものであった。もはや、偶然ではないような気がしてきた）。『日本人は北欧から何を学んだか――日本‐北欧政治関係史』（吉武信彦、二〇〇三年）では、「日本が北欧から学ぶべきことがあるとすれば、さまざまな分野で問題に直面した北欧諸国の国民が自ら考え、厳しい政策論争の末に試行錯誤を重ねながら政策を立案、決定、執行してきた政治への真摯な取り組みではないだろうか」と考察されている。まさに、「国民自らが考え、政治に対しても真摯に向き合い続け、実行してきた姿勢」こそが、私たちが真っ先に学べる点ではないかと思う。

私自身、ある日、北欧の専門家である日本人に次のような青臭いことを尋ねてみた。

「デンマークをはじめとして、民主主義がしっかりと根づいた国に日本が近づくためにはどうしたらいいでしょうか？」

その方は、数秒置いてポツリと仰った。

「まずは、自分自身が周囲に民主的であることじゃないですかね」

何をもって民主的というのだろうか、そんな主題も内含しつつ、スーパーヒーローの出現を待つのではなく、大変革を一人で行うのでもなく、一人ひとりの意識と行動の変化できっと未来は変わっていくと思われる。かつてのデンマークがそうであったように――そう信じてやまない。

これも蛇足の域を出ないが、現在フォルケホイスコーレへの留学を考えている方がいらっしゃれば、私の体験記も、ほかの方が発しているＳＮＳの情報なども、参考程度にとどめておいたほうがよいと思う。一〇〇人いたら一〇〇通りの感想があるし、時間の経過とともにフォルケホイスコーレも変化しているからだ。

「フォルケホイスコーレへの留学は、学校選びの時点ではじまる」と、以前耳にしたことがあるが、自由な学びへの一歩は、自らが自由になることからスタートする。それは、他者の意見に左右されることなく、自分の価値観で決断する勇気をもつことであろう。加えて、フォルケホイスコーレには学びの物差しがないからこそ、主体性や積極性が鍵となってくるだろう。

準備段階からでも、「何も分からないから教えて」から「ここが分からないから教えて」へと、学びのスタイルや自身のあり方を能動的なものへと変換させていくことが、フォルケホイスコーレ留学やデンマーク滞在の価値を高めるにあたって肝要であると感じている。

仮に、情報が少なくて不安感を抱いても、調べる言語を変えるだけで情報量が変わってくるし、「ピン」と来た自らの感覚を大事にすれば、きっと実りのある学びになると思う。逆に、人のすすめがあって事務の人に連絡をしてみたら、今一つしっくりこなかったという経験もある。

また、将来において柔軟な進路選択が待っているデンマーク人と、大学に在学中、はたまた退職後に海を渡ってくる日本人では、留学後に待ち構えている社会が異なる。そのため、帰国後、私のように苦悩する人が出てくるかもしれない。日本で再び仕事をし、生活をしていかなければならないのに、「フォルケホイスコーレロス」や「デンマークロス」のような状態に陥り、まるで糸の切れた凧のように心が戻ってこなくて辛かったときもある。そのうえ、前述したように、人にうまく経験を伝えることができず、ふさぎ込んでいた。

こうした場合の解消法は、デンマークに関するイベントに参加したり、フォルケホイスコーレへの留学経験をもつ人たちと会うことかもしれない。少なくとも、孤独感や焦燥感は緩和するだろう。または、デンマークという国から学んだ大切な何かを、あなた自身が主体となって小さなコミュニティーをつくったり、市民活動のような形で実践するというのもいいだろう。いずれにしろ、賛同できる活動があれば参加していただきたい。

人によっては、「飲み会ばかりだった」、「何も特別な深い学びはなかった」などという印象をもって帰国される人もいる。盲点ではあるが、フォルケホイスコーレはフォルケホイスコーレのことを教えてはくれない。このように言うと語弊があるかもしれないが、もちろん学校紹介などの文脈で歴史や成立について触れることはあっても、それ以上に踏み込んだ内容を授業という形で教わったことは一度もない。そのため「生のための学校」自体に並々ならぬ興味や憧れをもって入学すると、肩透かしを食らうような気分になることもあるかもしれない。

フォルケホイスコーレの学び自体、問いはあっても明確な答えは用意されていないことが大半で、あくまでも個々に委ねられており、学校生活やデンマークという国で暮らす経験を通して、気付き、学び取り、それぞれの答えや考えを導き出していくのを見守っているかのようであった。

学校によっては、「日本人が多く、結局、日本人とばかり過ごしてしまい、他国の生徒と触れ合う機会を失ってしまった」ということも起こりうる。これも個人的な感想だが、ほかに日本人がいる環境は心強く、安心感がある一方、皆無の環境でこそ、日本人の目を気にすることなく、「日本人」の殻を脱ぎ捨てて、本来の自分が発露されることがあったりもする。人生のうちに何度も経験できる時間ではないからこそ、冒険心をもって失敗を恐れずに、さまざまな人たちとの「相互作用」の時間を大切に過ごしていただきたい。

また、なかには「若い生徒ばかりで話が合わず居心地が悪かった」という感想をもつ人もいるが、「他者は自らを映す鏡」とも言われるように、まず自分が変化することが重要で、それによって周りにも何かしらの変化が起こると思われる。仮に、自分自身がふてくされていたり、閉ざしている状態であれば、いくら親切で明るいデンマーク人といえども、異国の地からやって来た年上の私たちに心を砕くほどの余裕はないだろう（私自身、自らの状態に気付けず失敗をした）。

仮に、そんな気分になったときは、教師やショートコースの生徒など、立場や環境の異なる人に話を聞いてもらったり、同校または別のホイスコーレに滞在している日本人と語り合うというのもいいだろう（美味しい食事をストレス発散法としていた私は、見る見るうちに一〇キロ近くも増量してしまった）。いずれにしろ、ルールなどの律するものがないからこそ、自らを律する力が随所で必要となる。

人と常に一緒にいることや毎日の学びにおける刺激で疲れたときは、授業を休んで豊かな自然に身を任せたり、演奏やものづくりに打ち込んだり、静かに内省する時間に当ててみるのもいいかもしれない。慣れない集団生活のなか、時にはガス抜きが必要である。

もちろん、無理を重ねる必要はないが、自身の変化も楽しみながら、存分に、悔いのないフォルケホイスコーレ留学を最後まで、そして帰国後も楽しんでいただけたらうれしい。そして、フォルケホイスコーレを媒介として出会った人々や世界、学び得た「Oplysning」の灯火があなた自身と人生を照らし、周囲にいる人々を温め、優しく灯す光となることを願ってやまない。

補記　文中のデンマーク語の読みは、『社会人のための北欧留学　２０２２年版　デンマーク Folkehøjskole ガイド』（ビネバル出版）を参考にしている。なお、フォルケホイスコーレへの留学に関して、「保険には入ったほうがいいですか？」と質問される人がいるが、加入されることを強くおすすめする。決して安い金額ではないが、留学中に交通事故に遭い、駆けつけたご両親とともに無言の帰宅をされた方もいらっしゃる。無保険だったため、留学費用に勝る費用が必要になったそうだ。

留学自体はご自身の決断だが、ご自身と大切な人たちを守る責任も同時にあるということを忘れないでいただきたい（クレジットカード付帯の保険を検討される場合は、条件や補償、サポート内容などにご注意を）。

第３章

五〇代の男、若者に交じってアートを学ぶ
――「ボーンホルム・ホイスコーレ」の留学日記

（仁田坂泰広）

（二〇一三年九月～二〇一四年四月）

「日本グルントヴィ協会」の会員である仁田坂泰広さんは、小学校教員を早期退職後、二〇一三年九月から二〇一四年四月まで、デンマークのボーンホルム島（Bornholm）の「ボーンホルム・ホイスコーレ」の芸術コースで学んでいる。ここでは、そのときに書かれた仁田坂さんの日記を抜粋する形で紹介していきたい。

人名がたくさん登場してくるが、簡単な紹介がされているので、読まれれば仁田坂さんとの関係などは分かると思われる。もちろん、本書に掲載するにおいて、加筆・修正をしてもらっている。

五〇歳代の日本人男性が、二〇代の若者に混じって八か月間フォルケホイスコーレで学んだ様子を楽しんでいただきたいわけだが、このときには年配のデンマーク人も参加していたので、そこでの学びや暮らしがどのようなものであるのかがよりリアルになると思われる。

三〇歳代のときから油絵やデッサンを習ってきた仁田坂さん、「ボーンホルム・ホイスコーレ」

で制作した作品の二つ（アクリル抽象画とコンクリート彫刻「茸椅子」）が高く評価され、フォルケホイスコーレが購入し、現在、学校内に飾られている。後者の作品について仁田坂さんは、「大人四人が背中合わせに座れるぐらいのもので、とても日本に持って帰れるようなものではありません」と言っていた。これから「ボーンホルム・ホイスコーレ」に行かれる人は、ぜひ、仁田坂さんの作品を鑑賞していただきたい。

ボーンホルム島は、言うまでもなくデンマーク領であるが、実はスウェーデンのイースタッド（Ystad）からも行ける。というか、距離的にはスウェーデンに近い島である。「バルト海の宝石」と称されるこの島の面積は約五八八平方キロメートル、人口は約四万人である。デンマークらしく最高標高は一六二メートルで、畜産が盛んである。デンマークでつくられるブルーチーズの半分は、ボーンホルム産となっている。

また、工芸も盛んで、移住してアトリエやスタジオを構える工芸作家が増えている。このような背景が理由なのだろう。二〇一七年、

仁田坂さん制作のコンクリート彫刻「茸椅子」

ユネスコ認定機関「World Crafts Council（WCC）」よって、芸術と工芸の世界で最高評価となる「World Craft Region Bornholm」の称号を授与された世界初の島でもある。

夏にはヨーロッパから観光客がたくさん訪れているが、そんな彼らが宿泊するところといえば島民の家、つまり「民泊」が多いという。要するに、観光開発があまりされておらず、リゾートホテルのようなものがないということである。

そんな島に、二〇一三年九月中旬、仁田坂さんはコペンハーゲンから飛行機に乗って（約四〇分）で渡った。

＊＊＊＊＊

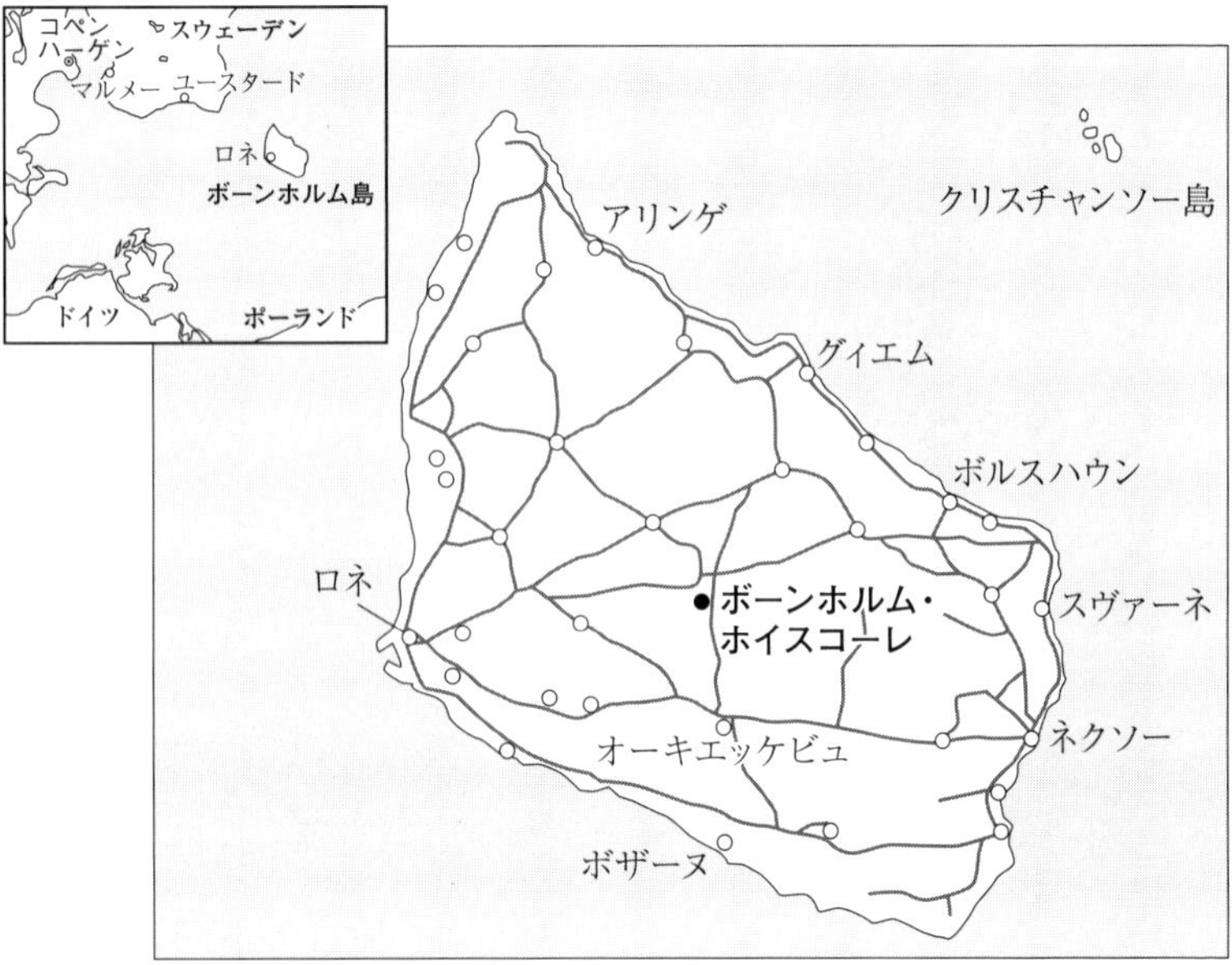

自分らしく行動していきたい（自分らしく生きていきたい）。息苦しい仕事から来るストレスを抱えながら、また自分の感覚から遠すぎる「型にはめ込まれた私」と「外界」とのずれを客観的に捉え、自分自身を安定させたいという心理状況に追い込まれた場から一歩踏み出したいという気持ちでホイスコーレへの旅に出た。

すでに教職を退職している私だが、デンマークとの関係は一九九三年からはじまっている。その過程で、自己表現や自己決定、年齢に関係なく、平等かつ共生的学びが実現しているデンマークの教育システムと日本の競争型教育の間に生じるギャップにストレスを感じる日々を過ごしてきた。それゆえだろう、不定期ではあるが、デンマークを訪れながら現状の日本のなかでどのように教えればいいのかと模索してきた。言ってみれば、このときのフォルケホイスコーレ行きは、その総決算ともなる。

拙い日記ではあるが、ぜひ読んでいただき、参考にしていただきたい。

ボーンホルム・ホイスコーレの陶芸棟

九月二〇日（金曜日）曇り時々小雨

モーニングアセンブリー（朝の集会）は、バスの中で歌うことになった。八時半にホイスコーレのバスで「ネクソー彫刻館」に行く。ネクソーという港町の岸壁の横に展示場があり、そこで催しの歴史についての話を聞いたあと、海岸沿いに広がる芝生公園のなかに展示されている彫刻群を観ることになる。いい作品もあるのだろうが、現代アートはこんなものか、と感じながら観て回った。

夕食時、マリーが「七時半からＤＶＤを上映するから見たい人はモーニングアセンブリーの部屋に来てください」と言ったが、場所が聞き取れなかったのでミチコさんに確かめた。

「朝、集まるところです」

「うん、助かった」（あんまり関心はなかったが）

時間になっても、マリーはＤＶＤをうまく回せないでいる。二人の若者がパソコンのところに行って何やら操作しはじめたが、うまくいかない。そのうち、ハンガリー青年のデイヴィッドがアクセスに成功した。内容は、母親が若いときに置き去りにした黒人系の子どもが、母親を探し

パッチワークのようにペイントされた木

に行くといったものである。イギリスで制作されたのだろうか、デンマーク語の字幕がついていた。

最後は、母親が一緒に育ててきた娘（この母を捜していた娘の妹）が、このことを受け入れ、三人の生活がはじまろうとするような場面で終わる。夫はすでに離婚しており、この結末の直前の場面では、育ててきた娘の誕生日祝いを前夫の家でする。しかも、母を捜してきて、再会した娘もその家に呼んでいた。その娘がトイレで泣いている間に、みんなに対して、母親が自分の娘であることをカミングアウトする。ちょっとぎくしゃくした場面になるが、最後は、母と娘二人の生活がはじまるのかな、と思わせる場面で幕を閉じていた。

上映終了後、ワークショップの作業場に行って、片づけられているかどうかを確認して部屋に戻る。Eさんはまだ作成中ということで、「DVDは遠慮した」と言いながら、作業台で粘土と格闘中であった。

洗濯物を片づけたら昼の一二時、ランチを食べるために食堂へ行く。食後、出掛けようかなあと思って中央棟のドアを開けると、アナブリッタとばったり出会った。

「昼からどうするの？」と聞かれたので、「オーキエッケビュ（Åkirkeby）まで行くよ」と答えると、「私は休む」と返してきた。

この人は疲れやすいようで、午後のワークショップも一時間ぐらい遅れて作業場にやって来る

（エピレプシー［てんかん］と闘いながらも英語教育にはついてきた。私よりずっとうまい）。なんだかんだと私が話し掛けるので、「困った日本人だな」と思ってるかもしれないが、表情はいつも優しく、ニコニコしている。

食堂を出て学生棟へと歩きながら、中庭にある六角形の小さな小屋に入っているゲートボールのような道具の名前を聞いたが、「知らない」と言う。「これこれ」と、スティックとボールを取り上げて見せると、やはり「知らない」と首を振った。

私はそれを持って芝の上に置き、ゴルフのように打ってみせた。彼女も、あとから同じように打ってくる。誘ったわけではなかったが、「付き合ってやらねば」と思ったのか、一番ホールから順番にやっていくと、続いて打ってきた。打ちすぎて、ボールが遠くまで行ってしまうと、大笑いをしながら喜んでいた。さっきは「休む」と言っていたわりには元気である。結局、二人で全ホールを回ってしまった。

「ありがとう、面白かったよ」と言って別れ、部屋に戻ってから、用意していたリュックサックを背に、ヘルメットと安全ベストを付け、自転車でオーキエッケビュへ向かう。初めは気持ちよく走っていたが、わずか二〇分の距離を、「ようやく着いたあ～」と感じてしまった。今日は土曜日、アルコールが許される日（金曜日と土曜日）である。ビールでも飲んでみるかと、五〇〇ミリ缶を買った。もちろん、帰ってから飲むためである。

最近では、土曜日と日曜日に店を開けているところが珍しくなくなったようだ。昆布茶やコーヒーを混ぜるスプーンがなかったので、店内で探してみたところ、一〇本セットになったプラスチック製のものしか売っていなかった。一本でいいのに、結局、そのセットを約一〇クローネで買った。

オーキエッケビュを出て、ロネ（Rønne）ネクソー（Nexø）との分岐点に着いた。右がネクソーで一四キロ、左がロネで一六キロ。「よし、右」と決めたものの、途中、古い風車やクリスマス用に出荷されるモミの木の植林畑で給水を兼ねて写真を撮ったりしていると三時近くになり、ネクソーまで行ってしまうと帰りが何時になるのか見当がつかなかったので、結局、オーキエッケビュから一〇キロも行かないうちに引き返すことにした（おいおい、弱腰やねえ〜）。

結局、三時四五分ごろにホイスコーレに戻った。

「ふ〜っ、ひと安心、疲れたー」

サイクリングは、土曜日でなければならないと確信した。身体を回復させるためには日曜日が絶対に必要になる。

部屋に戻ると、サドルが硬かったせいか、久しぶりにお尻の痛さを感じた。高校生のころ、往復一六キロを自転車で毎日走っていたが、あれから四〇年が経つ。しかし、夕方に部屋まで走ってみたところ、膝は痛いが、いつもより関節の動きがいいような感じがした。どうやら、運動しているほうが身体は錆びないようだ。

とはいえ、今日は久しぶりの長距離走行、食事の前にちょっとベッドに横になっていたら、そのまま食事時間の二〇分前まで眠ってしまった。

六時を過ぎてから食堂へ向かう。夕食時、ポールウーが赤ワインを飲んでいた。少し分けてもらったが、渋くて重たいワインだった。食事の後、昼間にやったゲートボールのようなゲームを一人で行った。このゲーム、日本の我が町に持ち帰って、知り合いにコースづくりを働きかけたくなった。

ゲームをしていたら、グリーンランド人の学生サラがやって来て、一緒にプレイすることになった。そこへ、背の高い老齢の男性がやって来て、「今、何コース目」とデンマーク語でサラに尋ねていた。どうやら、残りゲームの量から考えて、自分はプレイできないと判断したようだ。でも、その男性、我々のゲームついて回り、いいプレイには拍手をしたり、声をかけてくれた。

こんな雰囲気が日本にあれば、もっと人と人の距離が近づくはず。高齢者が増えれば増えるほど、人と人が身近にいなければコミュニティーは廃れていく。我が家は妻と二人、元気なうちはいいが、どちらかが旅立ったら、考えなければならないだろう。

そうなる前からコミュニティーのあり方についてみんなが考え、それをつくっておかなければ遅きに失する。昔のよいコミュニティー体制が残っているところがあるかもしれないが、そこに住むすべての人が、その土地に生まれた人とはかぎらないというのが現在の状況である。それだけに、新しい関係づくりを将来に向かって構築する必要がある。

あ〜あ〜、また余計なことを考えてしまった。私は、フォルケホイスコーレに自分自身の発展のために来ているのだ。さらにより良く生きるために来ているのだ。

ゲームが終わり、「いいゲームだったね。ありがとう」と言ってお互いに褒めあって別れた。その後、パソコンをＰＣ室に持っていき、メールのチェックをしようと思っていたが、満席であった。満席というか、テーブルはあるのだが椅子がないのだ。

隣室のリビングに行く。迷惑メール以外、メールは何も入っていなかった。

「ここ、座っていい？」とエレナに聞く。そこでないと電源が届かないから仕方ない。エレナも嫌とは言えないようで、「どうぞ」と言ってくれた。でも、なんか、日本人というよりは私を敬遠しているように思える。考えすぎなのだろうか？　若い男の子たちとは割と打ちとけやすいのだが……。一方、アナブリッタは、ちょっと年が上だけあって親しみやすい。

エレナは、アイフォンとパソコンを巧みに使いながらチャットしている。時々、こちらをチラチラと気にしながら。私は、フェイスブックにクリスチャンソー島（Christiansø・ボーンホルム島の北東にある小さな島で、デンマーク国内で一番東に位置している）の画像をアップした。直接、自分のホームに行けなくなって（パスワードのいじりすぎでアクセス困難）、妻のホームから入って、私が必要とするものをアップするという変な方式である。いつも、「妻→私」という形をとっているが、まあアップはできるので、今は仕方がない。

メールをチェックした際、Nさんからの返信はなかったが、画像は送ってあるので、多分ご覧いただいたことであろう。

Nさんとは隣町に住む女性で、癌と闘いながら教師をしている。優しい眼差しで子どもたちに接している彼女を見ていると、病を感じさせない。私が退職するときには同じ学校に勤務していたが、医師との話で、「余命は短い」と聞かされたようだ。日頃からデンマークの教育における子どもたちの話を聞いてくれる若き友人という、心安まる存在である。

アナブリッタのように、持病があっても自分に合った形で行動できるような社会が早く日本にできれば、人はもっと生きやすくなるのに……と思ってしまう。

あ〜あ、また、やってしまった。私は、自分自身の今を次に発展させるためにここにいる。余計なことは考えない。社会がどうのこうのと大上段に振りかざすと、我が家の女性陣からクレームが飛び出す。そう、私は政治家ではない。でも、政治家たちのなかには腹黒い、うさんくさい奴が確かにいる。あ〜〜、もう言わない。

フェイスブックにクリスチャンソーのことをアップしたあと、すぐに部屋に向かった。そういえば、この島に住むベントゥ（退職後、ここで学びを深めている女性たちの一人）たちが、PC室に近いリビングで、大声で笑いながら栗の実などで何かつくりながら楽しんでいた。

六〇代〜七〇代の女性たちがいる場を横目に歩いていると、徳島から来たというSさんに出会った。彼女は絵画コースで絵と版画を学んでいたが、農業で町おこしをするという希望に燃えた人である。

「セラミック（陶芸）の部屋はどんな感じですか」と尋ねられたので、陶芸棟をSさんに案内して建物を出ると、ベントゥ（貴金属・ジュエリークラス・六〇代）やマリー（ガラス工芸クラスの教師・三〇代後半）、ヘレ（島で芸術家として活動しながらこのクラスにいる七〇代の学生）たちが屈みながら、暗がりのなか、栗を探しているのに出会った。ヘレに尋ねると、「人形みたいなものをつくる」と言う。

私もいくつか拾うのを手伝い、五、六個を袋に入れてやった。土、日のゆったりとした時間の流れ、いいなあー。

ヘレのことを少し説明しておこう。

ヘレが住んでいる家は、オラフ・フスト（Oluf Høst）という画家が育ち、暮らしたという歴史のあるところである。自前の工房が手狭になって十分な創作活動ができなくなったのでホイスコーレに来ている、と私は思っている。二度おじゃましたことがあるが、前庭の脇に工房があり、自宅の一角に作品を展示していた。きっと、夏場の観光客を受け入れるためであろう。

ＰＳ―今日の洗濯

朝早くから洗濯棟には誰もいないだろうと思いきや、ポールウー（四〇代後半・男性）とアナブリッタがすでに洗濯をしていた。数台あるうちの一台が空いていたので、すぐに洗濯物を入れた。洗濯が終わると乾燥機に入れ直し、専用コイン（ウィンターターム の学生は一〇クローネ、サマータームは一五クローネ）を投入口に入れようとしたが、ロックがかかっていてコインが入らない。試しに乾燥機のスイッチを入れると、動き出した。

「あれっ、この前はコインが必要だったのに」

誰か、乾燥させようとしていたのかもしれない。でも、それらしき洗濯ものも見当たらない。これは神様がくれたご褒美かも？　何かにつけて、結構アバウトな国。まあ、誰かから何か言われたらそのときに対応しよう（でも、いいのかなあ～）。

さすがに、濡れたままではちょっと気持ちが悪い。乾燥させないことにはどうしようもない。もうすぐ一一時、オーキエッケビュの風景をちょっと描いてから昼寝をしよう。

九月二二日（日曜日）曇り

今日は朝から曇り。小雨というよりは霧雨というのか、細かい雨が時折混じっている。早朝、自転車に乗る。往復三キロぐらいを走る。戻ってから絵を描いて、朝食に行く。

インスタント会話帳で覚えた「Tak《タック》 for《フォ》 mad《マズ》（ごちそうさま）」を使って二日。黙って席を立つのと、そう言ってから席を立つのとでは、やはりキッチンスタッフやリリアン（共同校長。アクセル校長の妻で、私と同年代）たちの反応が違う。

返ってくる言葉は「selv《セル》 tak《タック》」か「Velbekomme《ヴェルベカム》」。「どういたしまして」というところか。「ごちそうさま」に対しては「ヴェルヴェカム」みたいである。「ありがとう」の「タック」や「マンゲタック（Mange tak）」に対しては「セルタック」が返されるようだ。

アナブリッタに、「Hvordan《ヴォダン》 har《ハー》 du《ドゥ》 det《ディ》?（体調はいかがですか?）」と聞いてやると、少しは元気になるのかな。

「いいよ」は「Jeg《ヤ》 har《ハー》 det《ディ》 godt《ゴト》」。「とてもいい」は「Jeg《ヤ》 har《ハー》 det《ディ》 deiligt《ダイリト》」。「まあまあ」は「Jeg《ヤ》 har《ハー》 det《ディ》 nogenlunde《ノーンロネ》」。「最悪」は「deiligt《ダイリト》」の逆で「dårligt《ドーリト》」。

「ヴァメ（ズ）ダイ?（あなたは?）」と聞かれたら、「ヤハーディゴト」と言えばいいのか。う〜ん、「ノーンロネ」のほうかな? ついでに、「Hvad《ヴァ》 hedder《ヒザ》 det《ディ》 på《ポ》 dansk《ダンスク》?（デンマーク語でなんと言いますか)」、「エキスキューズミー」は「Undskuld《オンスキュル》」。オンスキュルは、「あのー、すみません」にも「あっ、ごめんなさい」にも使う。これは、エキスキューズミーと同じ感覚なのだろう。そして、「もう一度言って」は「Var venlig at gentage det《ヴエア ヴェンリ オ ゲンターディ》」。「Var」の「a」は「æ」という文字で、手書きするとさらに違った形になるので面白い。

シャワーを浴びてきた。気持ちがいい。外は風が強いみたいだが、日本のように風の音がガラス越しに小さくしか聞こえないのは何故？

メールをチェックしにＰＣ室へ向かう。本書の編著者である清水さんから返信があった。

「日本グルントヴィ協会の広報紙に、あなたの日記を載せてもいいか?」という問い合わせであった。

「全然、構いません。Det er I orden《ディ エアイ オーデン》（どうってことないです、いいですよ)」と返信する。

ボーンホルム島で風車のスケッチ。古いタイプで使われていない

でも、この言葉、ぶつかられたりしたときに「構わんよ」という状態のときに発するものらしい。「大丈夫、大丈夫」という感じなので、感覚的な言葉を取り違えたようだ。

さあ、また明日から一週間がはじまる。明日、四時からは英語。朝の一枠目にはセラミック（陶芸の授業）はあるのだろうか。時間通りでないこともあったので、ちょっと不安。

今日、箱の蓋をつくっていてよかったァ〜。ひと通り、みんなに追いついたかな。いや、一つだけ残していることがあった。判子の型取りだ。私の実家の紋である「剣方喰《けんかたばみ》」は難しいから、妻の実家の家紋である「隅《すみ》立《た》て四目《よつめ》」にしよう。

剣方喰

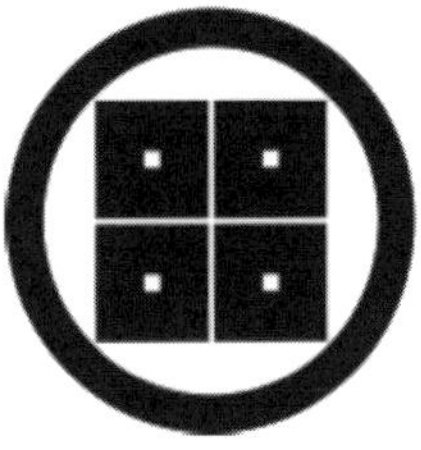

隅立て四目

九月二二日（月曜日）小雨のち曇り

モーニングアセンブリーで英訳された二一番と二二番の歌を歌う。デンマーク人が喜んで歌う歌である。メロディーはだいたい覚えたので、あとは英語で流れるように歌うこと。音が続くところを克服すれば何とかなると思う。

モーニングアセンブリーで、今日と今週の予定を聞く。クリスクロス(1)は、小雨模様なのに、スィモン（音楽教師で、時々運転手を兼ねる）の話しぶりからして決行しそう。

「今日は、朝、大変だったんだ、娘二人を小学校と幼稚園に送っていかなきゃならなかったし、それで、靴を履き替えてくるのを忘れてしまった……」

みたいなことを言って、自分の靴を指さして、「失敗したァ」という顔をしていた。

「じゃあ、テンミニッツ　パーストゥ　ナイン」

その時刻に、いつものように「バスの駐車場で」ということで、みんなそれぞれ一旦部屋に戻り、雨対策をしてからバスに乗り込む。

モーニングアセンブリーで、ヘレが「何キロあるの、そこまで？」と尋ねてきたので、「だいたい三キロだよ」と答えた。

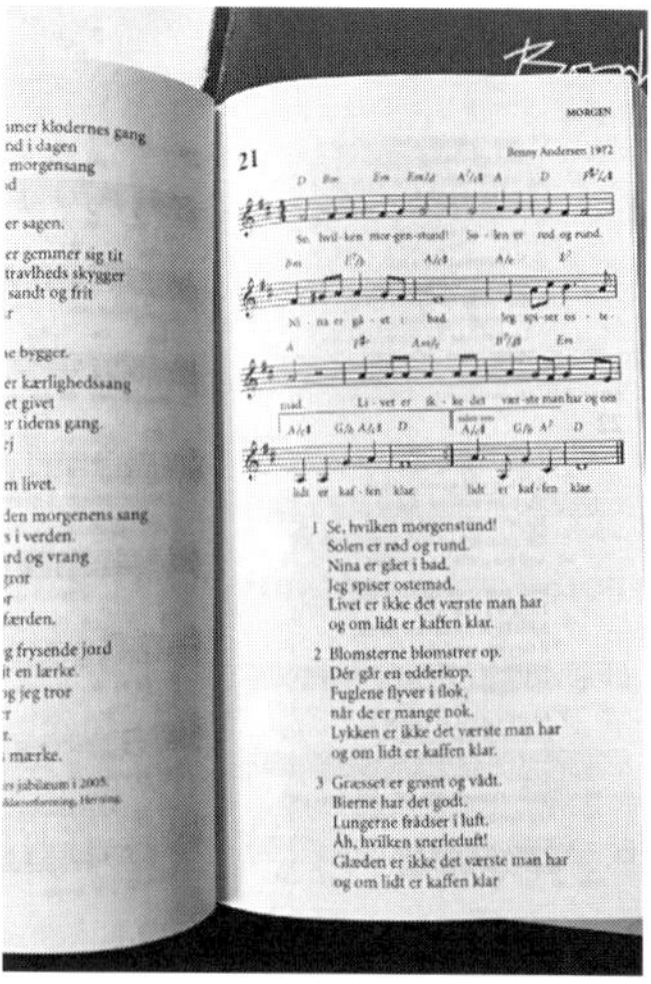

モーニングアセンブリーで21番を歌う

そのあとの行程が結構あった。海抜六二メートル、とか言ってたなあ。しかし、歩いている山道は、それよりも高い山を登っているような感覚である。

「私は、標高五〇メートルぐらいのところに住んでいます」と、仲良くなった高齢の、しかも日本通のフレミングに話すと、「君が？　五〇メートルのところに？」と、意外な顔で言われた。平坦なデンマークでは、標高五〇メートルとなると高地になるようだ。

途中で、一五六二年から一五九八年まで防壁を造り続けたというところが一望できる展望台に上る。最上部の鉄階段は現代になって造られたものであるが、石造りの展望所は堅牢な石の階段となっており、四階建てのビルくらいはあっただろう。

この日はどれくらい雨が降るか分からなかったので、カメラを持っていなかったのが悔やまれる。日本女性は二人とも持っていたみたいだから、画像を分けてもらうことにしよう。

(1)　島内のあちこちにバスで出掛け、降ろされた場所から長い距離をみんなで歩くという授業。バスは目的地付近で待っている。

クリスクロスで訪れたエコダレンの丘

この日は、フレミングとほとんどずっと一緒に話しながら歩いた。アメリカのワイオミング州で野生のバイソンを目と鼻の先で見た話や、彼の愛犬（ゴールデンレトリバー）が八月（四週間前）にスクールバスに轢かれて死んだこと、途中で見つけたキノコの話など、退屈しない話ばかりで面白かった。

そういえば、林のなかにバイソンらしき動物が数頭闊歩していた。「それ以上出てこないでくれ」とドキドキした。

このように書くと、すごく言葉が分かってるように思われるかもしれないが、日本語から離れていると、自然に分かりはじめるようだ。

エコダレン（陥没したように、両脇が高い壁になっているところ）に着くころには雨も上がり、エコダレンを見張るかのように建っている建物は、かつてはこのあたりを管轄する役所の事務所だったという。

「ここまで来たら、あとはみんな帰りの道は分かるよね」

「ヤッ（はい）」

そう、分かるよ。この先を右に曲がって、あとは道なりに上って、丘を左に行けば学校の裏に出る。これまでに三度、エコダレンまで歩いているから。

途中でポールウーと一緒になり、落ちていたドングリを拾って「これ、食べられる？」と、日本のドングリと同じ姿だからきっと食べれないだろうと思いながら聞いてみる。

「たぶん、食べられないと思う。食べたことはないけど。たぶん、動物が食べているんだろう」

（ふむふむ）

「リスとかが食べる？」

「そうそう、見たことはないけど」

　う～ん、ここで突っ込んで聞けない英語力……。


　学校に着くころには一一時四〇分を回っていた。シャワーを浴び、昼食を食べるために食堂へ向かう。この日の早朝、一人でエコダレンの丘の入り口まで自転車で往復（四〇分）していたので、腹ぺこだった。

　ペペロンチーノ、魚のフライなどがおいしかった。（タクフォマズ！）

　昼食時、同じテーブルに着いたスィモン（音楽の教師）に、「いつか、日本食は出る？」と尋ねると、「カーン（食堂の責任者）がジャパニーズデイのときに、日本人の女性たちとつくったことがあるよ」と、日本食が出るかもしれないと期待させるような返事をした。

　食後、一人でゲートボールのようなスティックのゴルフ（このゲーム、デンマーク人の学生に名前を聞いたが知らないとのこと）をして、腹ごなしをした。一昨日よりも、一段と好スコア。

終わってから部屋に戻って、ワークショップの準備。着替えをして部屋を出るが、今日はセラミック（陶芸の授業）のあと、すぐ英語の時間である。ズボンはそのままで、汚れてもいいように陶芸クラス用のトレーナーを着て作業場へ向かう。

カンファレンスとレクチャーで、出張していた陶芸コースの教師エネメテ（三〇代後半・女性）と四日ぶりに会う。

「今日は、キルン（窯）の使い方の説明をします」

電気窯の説明がひと通り終わると、まだ二〇歳にならない女性（集合写真に顔がないぞ？）が、昨年もこのコースをとっていたということで、グループを率先して窯詰めをはじめた。私は別グループみたいで、声はかかっていなかったので、判子づくりや先日までの作品の修整をした。

判子づくりをしていると、エネメテが「泰《やす》、これ見てみない？　この間話していた、井上の義父のアイアンアートの作品が載ってるよ」と言いながら冊子を持ってきた。

話しているうちに、二年前に癌で亡くなった話（ヘルシンウーア［Helsingør］在住の小野寺さんの話と一致する）や、彼の奥さんがこの学校のテキスタイルの教師をしていること、そして義母もセラミックのアーティストであり、井上さんの二人の娘さんのうち、一人が何かのアーティストのようだが、記憶にない。

「そうそう、見せたいものがあるわ。ついてきて」と言ってエネメテが先導する。この前、私たちのクラス写真を撮ったところのすぐうしろにある石の彫刻を指して、次のように言った。

「これは井上の作品よ。ボーンホルムの石でつくっているのよ」

「へえ、なんか日本庭園を思わせるような感じ」

そこへ、アートクラスの教師リーネがやって来た。エネメテがリーネとデンマーク語で話している。

「泰《やす》が日本庭園風って」

「オー、イエス……」と、リーネ。

私が池を想像させるような窪みに溜まった水の周りを手で洗って汚れを落としていると、リーネが掻き出し用のスクレーパーを持ってきた。水を掻き出してくれてはいるが、これは私のほうが上手と思って、「私がします」と言ってスクレーパーを借り、水を掻き出した。汚れを全部取り、きれいに手で拭いてやる。井上さんを知っているわけではないが、彼に近づいたような気がした。

ひと通りその池を観賞すると、再びワークショップに戻って判子づくりを再開。この判子を、陶器の裏印として使いたいと思っていた。そうこうしていると、またエネメテが別の冊子を持ってきて、「これには、井上の義母のセラミック作品が載っているわよ」と言いながらページを開き、見せてくれた。私がスウェーデンの陶芸家であるシス・トムセンのことを知っていたことや、トムセンの師匠（？）にあたる山本源太氏（源太窯・福岡県八女市）の話をしたことなどについて印象深く受け止められていたのかもしれない。陶芸の工程説明のときも、「日本では……菊、菊……」と言って私の顔を見つめるので、「菊練り？」と答えると、「イエス……」という返事であった。

「菊って英語でなんと言うかちょっと忘れたわ」と、エネメテ。

「う〜ん、え〜っと……」と、私。

そのとき、あの彼女（写真がな〜い）が「chrysanthemum?《クリサンセマム》（菊）」と言うので、「そうそう」と私。

それにしてもこの教室、デンマーク語、英語（相互理解のため）、日本語、スペイン語、グリーンランド語、頭が痛くなりそう。

そうこうしていると三時四〇分。四時からは英語の授業である。片づけないと間に合わない。七分前には食堂にいたソーン（学生）に尋ねる。

「イングリッシュクラスはどこか知ってる？」

「よく知らないけど、モーニングアセンブリーの部屋じゃない？」

「ありがとう」と言って、行ってみると、その部屋には誰もいなかった。戻って、地下の部屋かなと思って行こうとすると、Sさんが迎えに来てくれていたらしく、ばったり会う。

「ちょっと分かりにくい部屋ですよ。こちらです」

　本当に分かりにくい。館内紹介のときにも行かなかった部屋である。下って、上がる。確かに、「えっ、どこ?」と言わんばかりの場所であった（半地下のような感じだった）。

　行くと、サラ、Eさん、カティ（スペイン人）と、教師のセナが座っていた。時間になっているので、セナが「もう一人、みんなに英語を教えるオーレという教師がいる」と話し、それから自分のことを話し出した。

　セナは、エネメテが初めて陶芸の教師になったときに、自分は生徒として二年間いたことや、ここの教師になる前は衣料店で働いていたことなどを話していた。すると、ラースとヨナ（二人ともグリーンランド人）が遅れて入ってきた。二人は、ほかのグリーンランド人の数人は、それぞれに訳があって欠席することを告げていた。グリーンランド人はデンマーク語で十分話せるが、英語も身につけようとする姿勢が感じられた。

　セナがこの日の進め方について話し出した。

「まず、出身や趣味のことについて話して」

　それぞれが話しはじめる。グリーンランドの若者たちは首都に住んでいること、カティは住んでいる地域の学校に問題があること（詳しくは聞き取れなかった）などを話したが、それを聞いたセナも、「そんな問題があったことは知らなかったわ……」と同情しているように思えた。

英語の時間が終わると、ワークショップの部屋に行って、脱ぎっぱなしになっていた作業着を取って、部屋まで置きに戻った。その後、いくつか片づけものをしてフレミングを誘って食堂へ行く。

ニシンの酢漬け（マイネーアズスィル）とレバパテ、ベーコン、白身魚のフライ（フィスケフィレ）、ブルーチーズ、そしてライ麦パン（スライス）を食べる。席の関係で、フレミングは隣のテーブルに座っていた。

食事を終えてSさんと今日一日の話をしていると、フレミングが食べかけのお皿とナイフ、フォークを持って、私の隣が空いたことを確認して座った。食事を終えると、ワークショップ用にもらったデッサン帳を広げ、「日本語教えてください」と言った。

先日差し上げたラーメンの袋（小野寺さんからのお裾分け）に書いてあった漢字、単文などを書き写したものに、ローマ字でルビを打っていく。信じるの「信」や愛するの「愛」から、今度はフレミングの旅行体験談がはじまり、「中国語では、アイラブユーはこう言うよ」と話してくれた。

ひとしきり中国語講座が終わるころに、席を外していたSさんが来た。

「今、中国語のショートクラスが終わったよ」と話すと、火に油を注ぐように、「え〜っ、なんて言うの？　そのアイラブユー」と尋ねてきた。

「言葉の勉強にはかなりのエネルギーを使うよ」と言っていたフレミングだが、Sさんにも中国語の説明をはじめた。本当にエネルギー使うよね、お互いに。

「終わりましょう」

「はい、終わりましょう」

と言って、やっと終わった。

キッチンを担当している学生[2]が用意してくれていたコーヒーを飲みながら、フレミングが日本語で言った。

「私は新聞を読みに行きます」

「そう、スィーユートゥモロウ」

帰りにもう一度ワークショップの部屋による。（写真のない彼女）が作業をしていた。

「何をつくっているの？」

「ブローチよ」

「かわいいね、これ。格好いいは『クール』。日本じゃ、若者がよく言うよ。『かっこいい』とか、

（2）一週間単位で、学生は二人一組でキッチンデューティーを行うことになっている。これをさぼると、校長かキッチンの責任者から叱られる。

時々『かっけー』と。でも、まあ普通は『かっこいい』」

「へえ、かっこいい」

「じゃあ、また明日。godnat《ゴナッ》（おやすみ）」

「ゴナッ」


やっと部屋に戻って、日記を書いた。

一一時三〇分。そろそろ寝るか。明日は朝からワークショップ。午後は部屋の片づけとハウスミーティング、そして英語。夕方はフリーで、テキスタイルの講座。井上さんの奥さんはいるのかな。はい、今日はここまで。

九月二七日（金曜日）晴れ薄雲あり

言葉の壁、今ひとつである。今日はメキシコから若手陶芸家がモーニングアセンブリー兼作品の紹介をした。もちろん、ほかの学生も参加するので、陶芸棟は多くの学生であふれかえっていた。

その後、ワークショップの際に轆轤《ろくろ》で挽いた筒にカーブを与え、オブジェ風の容器をつくるデモンストレーションを見ることができた。一方、エネメテは忙しそうにしていて、部屋に来たのは二度だけ。どこかに出掛けてしまったようだ。

私は何度も轆轤での形成をやり直した結果、丸くて深い容器をつくった。そこから、筒にカーブを与えるなんて「試練の技」だと思い知った。明日以降、削りだしをするつもりだが、明日天気がよければボザーヌ（Boderne）に行ってみたいので、制作するのは夜になりそうだ。

ボザーヌは、今日、フレミングという二〇歳ほど年上の男性が連れていってくれたところである。その経緯は次のとおりである。

「フレミング　ドゥユーノウ　ザバンク　イン　オーキエッケビュ？」

「イエス　アイノウ　ワンノブザバンク」

「銀行はどのあたりか？」と聞いていると、「銀行に行かねばならないのか」と聞かれて、「お金を引き出したいから」と答えると、「私がこのあと連れていってやる」と神の手を差し伸べてくれた。

銀行の場所を尋ねる前に「銀行は何時まで開いてるのか」と尋ねていたので、自転車じゃ時間もかかるし、銀行を見つけられないだろうと彼は思ったに違いない。

コンクリート彫刻（324ページ参照）の茸を抱える筆者

実のところ、昨日、私は喉が腫れて病院に行っている。二日前のクリスクロスで雨に打たれたのが原因である。まだ体が回復しているとは思えなかったし、土日にお金が必要になることもあるかと思っていた。「週末、店は開いてない」と聞きながらも、「NETTO（ワンコインのスーパーマーケット）」が土曜日に開いていたし、病院代で財布が底をついていたので、本当に渡りに船だった（この時点では、イエローカード〔医療カード〕が届いていなかったから、実費となっていた。でも、あまり高くなかった）。

午後にあった陶芸の授業は、三時前にほとんどの人が作業を止めており、にわかに「クリーニングインワークショップ」に切り替わっていた。掃除が終わったのが三時半ぐらい。急いで着替えてフレミングを探した。

帰ってしまったのかなと思い、車を確認するために駐車場に回ってみる（彼は、島の中心市であるロネ（Ronne）から車で通っていた）。車はまだあるぞ。ならばと、食堂のほうへ向かおうとすると、フレミングが食堂から出てきて、「はい、行きましょう」と日本語で手を振りながらやって来た。

車に乗り込むと、「スズキでーす」と、例の陽気な調子で笑わせてくれる。そう、彼の車は日本のスズキ自動車である。

「一昨日は海で泳いだ」と話しながら、私にも泳いだら気持ちいいよとすすめてくれた。私は、昨日、病院に行ってきたばかりで「ノットソーグッドゥ」である。

「ああ、そうか、忘れてた。ごめん」とか「明日は、スウェーデンにりんごの祭りに出掛けます。彼女と一緒に行きます。りんごジュースがい〜っぱい。ほーほっ。町中、りんごの写真が貼ってあります」とうれしそうだった。

それから、やっとボザーヌの話になった。そこは、年中、人がやって来て、仕事から解放されるために来るところみたいな話であった。

「銀行の用がすんだら見せたいところ」と言うことで、ATMでお金を下ろしてからボザーヌへ向かった。

そうそう、最初のATMは、前にいたおばさんが下ろした時点で取り扱いが終了になってしまい、そこから歩いてすぐの別のATMに向かった。そこでは英語表記もあり、簡単に下ろすことができた。

「BODERNE《ボザーヌ》」の標識に沿って一〇分ほど走ったのち、「駐車場、駐車場」と言いながらフレミングが奥へ入っていくと、そこには、海岸が目と鼻の先にある駐車場があった。車を降りてすぐの所にある石の階段を下りると、「これは、ホワイトローズだよ」と言いながら、その売れた赤い実を食べてみせた。

何個も次々に食べるので、（え〜薔薇の実を食べるのかァ）と思いながら食べてみると、これが「うまい！」。

そうこう言っているうちに、フレミングはスタスタと砂浜へ歩き、サンダルを脱ぎ、シャツを脱ぎ、……@@@。いやあ〜、大胆にも生まれたばかりの姿になって、そそくさと海の中へ。といっても、しばらくは海岸に平行して歩く感じ。私はというと、彼とは逆に港（ハウン）のあるほうへ歩いていったので、海に入った彼の詳細は分からない。

港というほどのところではないが、小型漁船が二艘と、何艘かが出港したあとのような岩壁が見える。一段高くなった細長い場所に、小さなコテージが五軒ほど建っていた。その手前に、小さな縦長の、建物とは思えないとんがり屋根の建物があった。あとでフレミングに尋ねると、「燻製棟だ」と言う。壁に温度計が付いている理由が分かった。

瀟洒な建物が少し向こうに見える。日差しが強くて見づらい。近くにある家は、モダンな現代のおしゃれな家。歴史を感じさせる特有の家と違って、スマートな、すっきりとしたフォルムと色であった。

彼が服を着るころには私も元の位置に戻ってきた。顔を合わせたときには、さっぱりしたような顔をしていたので、どうやら気持ちがよかったみたいである。

浜から上がろうとしたフレミングが、さきほど私がいた方向へすすっと歩いていき、水が少しだけ入ったペットボトルを見つけて戻ってきた。

「こんなのが一番いけない。インドでも、海岸でこのようなものがあり、暑い中、拾い回ったことがあった……」と言いながら、額に手を当てた。

（彼もいろいろな所に行っているんだ。ワイオミング、インド、ヨーロッパ各地）

一度車の鍵を開けたかと思うと、タオルをぽいと投げ入れて、「見せたいコテージがあるから」と言いながら歩きはじめた。

駐車場の道を出ると、すぐに街の居宅地図と街の名が書かれている看板があった。「BODERNE《ボザーヌ》」、この地名の「BOD」には「魚を捕る」ような意味があると説明をしてくれたように思う。

標識を左に、車で来たほうへ歩いていく。丁字路の正面にデンマーク特有の朱色の壁に黒い柱、そして白枠の窓の建物があった。店の名前をメモしておこう。

そこは、女性に人気の店で、彼もシャツを買ったことがあるとか言っていたが、とても高かったそうだ（次の日、そこに行ったところ、そこよりは手前の、黒っぽい建物であることが分かったが……）。

そこを左に向かい、道なりに進むとコテージが五、六軒続いていた。そのなかの、一見するとみんなが集まる家（誰のとは言えないような一軒の家）の前で窓越しにのぞき込んだので、私も同じくのぞき込んでみた。日本でこんなことをやっていると怪しまれるものだが、人はいないし、いたとしても、疑われたり通報されたりすることはまずないだろう。

家の中は、確かに六〜八人が何とか座って食事や話ができるだけの広さになっていたが、キッチンは洗面所程度である。その横には、テーブルと椅子が固定されている、アウトドアでの居住程度のスペースと、スモーク用の鉄製の薫製機があった。中に、魚をかけられる棚が五段ほどあり、一番下は木材チップを入れる引き出しになっていた。温度計もついていて、一二〇度までの目盛りがついていた。そして、奥にはコテージ風のトイレがあった。この数軒のコテージ、同じように塗られ、調和がとれていて面白かった。

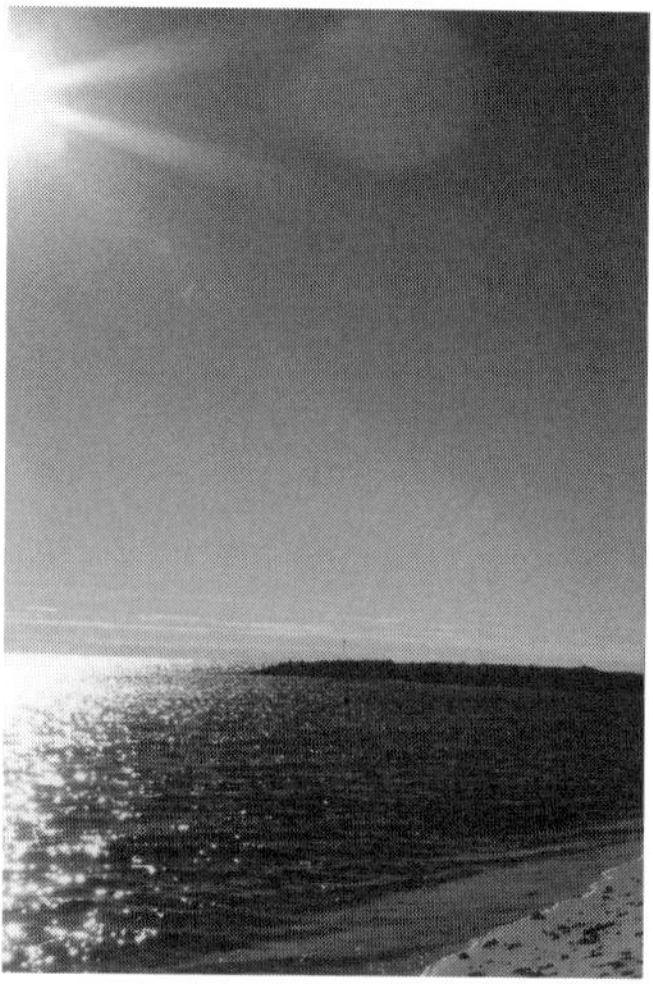

ボザーヌ海岸からバルト海を臨む

フレミングは、ボザーヌの地名の由来だけでなく、海岸からの光景を私に見せたかったのだろう。単なる田舎の漁港だが、確かに私の記憶にしっかりと残っている。光景への記憶が勝りすぎてか、撮影した写真の多くが見つからない。すべてお見せできないのが残念である。

沖合を（バルト海）、大きなヨットがすごい速さで航行していた。目の前の海岸には、「スキューバダイビングはダメです！」の案内板があったが、禁止されているわけは知らない、とのことであった。どうも、潮の流れが早いようだ。いやあ～しかし、この海のある景色、たいしたもんだ。言葉が下手な分、その風景を掲載しておこう。

今日は喉の痛みも軽くなり、完全ではないにしても、気分がずいぶん戻ってきた。この一九日間、到着してからいろいろとあったが、今日もいい一日だった。ここにいる！　何と恵まれていることか。親や家族に感謝したくなる。良くも悪くも、私が私でいられることを（ちょっとオーバー!?）。

一一月三日（日曜日）雨

今日は学生の誰かの誕生日だが、この学校の誕生日でもある。ブランチのあと、誕生会となっている。学校の創立記念祝賀会は午後二時半からである。

それにしても、今日の雨は、私にとって今までで一番雨らしい感じがした。こちらの雨は、降っているのかどうかが分からないような降り方で、「今日は雨」という言葉がぴったりの降り方であった。午後は開講記念でオープンハウスなのに、お客さんが来るのかなー。あまり天気などを気にする国民ではないようではあるが……。

このような心配、まったく不要であった。満席。時間ギリギリまで、エネメテとアナブリッタとポールウー、そして私の四人で福岡市のホームページなどを見ていた。大濠公園を中心とした福岡市内のビューポイントを見せていた。

エネメテはさすがに焼き物の専門家で、茶室や茶席の画像には敏感に反応した。有田の窯業学校のホームページを見せたほか、学生の作品を見せたところ、感心しているようであった。

韓国にもいい作品や陶芸家などが存在するわけだが、「足を伸ばせば福岡はすぐそこだよ」と言って、地図上でその近さを説明した。ちなみに、エネメテは、韓国に女性陶芸家の友達がいて、訪韓したことがあるらしい。

120周年祝賀会

今日の「学校一二〇周年記念」は、卒業生だけではなく、別のフォルケホイスコーレでお世話になった思い出とともに、この島に居合わせたことで出席したという老夫婦も参加していた。それくらい、国内に七〇校ほどあるホイスコーレは人々とともに歩み続けている。そして、一二九年の歴史をもつ「ボーンホルム・ホイスコーレ」には、創設以降のタームごとに、クラス写真が

ＰＣ室の壁に飾られている。

モーニングアセンブリーや授業のなかで、疑問や意見が積極的に言える。食事の合間にあるスケジュール提示でも、意見があれば発言し、それがもとで、多少のスケジュール変更もあり得る。このような場面が、指導者中心に教える授業を強いている日本の学校とは違うようである。

公共教育機関関係者や評論家などは、日本の若者は表現力がないとか、自分の意見をもたないとかと酷評しているが、何よりも、教育の場における訓練がないからである。それに、酷評している本人も、違う言語の場に居合わせたら、果たしてどうなるのだろうかと思ってしまう。

学力（知識）偏重という学校教育の現状がほとんど変わらないのに「ものを言え」というのは、言い方や言う場を保障しないわけだから、ただ待っているしかできない。それは教育でも何でもなく、ちょっと頭がよかった人物の単なる期待感からくる「押しつけ的」な学びでしかない。すなわち、「学びの場」とは言えない。

意見や質問を繰り返すなかに発見や会得があるわけで、予習や復習で学習を消化させている授業は、理解できる者のみが流れに乗っていくという様相となっている。ご存じのように、ほとんど授業は変わっていない。

「人、もの、こと」などといった言葉が学習の活性剤として重要視されているが、それは学習者が満足できるだけの理解をするためではないように思える。指導者のプロセスを説明しているだけではなかろうか。たとえば、その「人」が学習者にとって身近な存在となり、つながりをもち続けることができるのか、「もの」から次の「もの」へと発展させているのか、「こと」に至っては、それをどのように消化し、理解（深化などと分かりにくい言葉を使う人もいるが）しているかに対する評価は、はなはだ疑問である。

我が国は、これからさらに出生率が下がり、人口減少に陥ると盛んに報じられているが、それならなおさらのこと、若い人たちに「ものが言える場」をつくるべきである。それは、何も教育機関にとどまらない。自治体の意見箱を単なる箱にせず、意見を受け取る人は、発信者に何らかの返事をすべきであろう。

とってつけたような、「子どもと市長の懇談会を、和やかなムードのなかもちました」といったようなものではなく、大人がきちんと聴けるような態勢をつくるべきである。そうすることによって、子どもは大人を信頼し、尊敬し、人間としての成長を見せるのではないかと、この異国の地において感じた。

おっ、いつのまにか一一時半、日本は七時半。

明日の初めはクリスクロス。明日は、雨マークと晴れマークが重なって表示されていたが、さて、どんな天気なのかな？　そろそろ、休むとするか。

一一月四日（月曜日）雨

今日のクリスクロスは、地図を見るかぎり、ボルスハウン（Bølshavn）という所に行ったのだろう。岩場の景観がなかなかのものであった。どこまでも続くというわけではないが、柱状節理と言ったらいいのだろうか、積み重なったような、縦に亀裂が入ったような岩の連続であった。

ボーンホルムグラナイトは、石英や珪酸を含む成分が融けて流れ、特有の赤い大理石のような岩になったものらしい（言葉の壁ゆえ、はっきりと言えない）。

それにしても、この島は興味深い。このように北側は岩石が多く、南側は白砂が多く見られる。もっとこの島を素人に分

岩場に下りるための階段

島の北東に位置するボルスハウンの岩場

かりやすく、何故そうなのかについて教えてくれる科学者はいないものだろうか。

午後。陶芸の時間は、次にどのような活動を考えているかを伝え合う場である。私は轆轤《ろくろ》の練習のあと、少し大きめの壺をつくりたいと表明した。スローイングで粘土を押し広げる練習と、コイリングで轆轤による成形をしてみたいのだ。それにしても、エネメテが私に、「ミスター、濱田庄司（一八九四〜一九七八・益子焼中興の祖）」などと言うものだから、ちょっと「う〜ん、なんでだ？」と少し嫌な気持ちになる。

このあたりは、日本人とは違うたとえの感覚をもっているのだろうか。

結局、今日は、音楽クラスに所属しているが、陶芸クラスに加わっているキャッチャー(3)とEさんが轆轤を使いたかったので、私は陶板の色つけ（釉《ゆう》掛け）をしただけである。時間もなかったし、英語の時間まで二〇分しか残らなかったので、ゆっくりとしたものであった。

英語は各国の祝日に関する説明であった。はじまる前（一人二人程度しか来ていない）、オーレに「外国語を習うのは、この歳になると難しいですね」と話すと、次のような返事があった。「子どもは、外国語からしばらく離れていてもすぐに元に戻るが、大人になって、離れる時間が長いほど、元に戻るのは大変。私が日本語を学んだとしたら、同じようなことが起きる」

今日は、いつもと同じようにデンマーク語を英語に変換する時間も設けられていた。英語のクラスを終えて、陶芸のクラスに戻り、陶板に塗る適当な釉薬《ゆうやく》を探す。ちょっと塗りかけたところで、エネメテが誰かを連れて来た。メガネを外していたのと、ベレー帽をかぶってコートを着ていたこともあって、それがリーネ（絵画クラスの教師）であることに気付かなかった。テーブルを挟んで私のほうへ回ってきて、私のスケッチと陶板を見る。

「オーマイゴットゥ。……ワイ、ディドゥントゥカムマイワークショップ？」

みたいなことを言われたが、どうやら私のスケッチを気に入ってくれたみたいだ。

エネメテが、「あなたのプレートの作品をリーネに見せてもいい？」と尋ねてきたが、そのとき私は、「いい」とはっきり言わなかったように思う。まあ一日の授業がすんだところだったし、ほっとしていたので、何を言われても「はい、はい」と返事をしていたと思う。

改めて思うが、週の初めとなる月曜日にクリスクロスがあるというのはとてもいい。月曜日というプレッシャーを感じるよりも、クリスクロスを楽しみに出席することができるからだ。日本

（3）　これも自己決定であり、教師は認めることがある。彼女は、ここに来る前、デンマーク第二の都市オーフスのフリースクールで教師をしていた。

の子どもや学生にも、月曜はゆったりとできる楽しみな時間があれば、学校へ足が向きやすいかもしれない。

それにしても、今日は寒かった。出発前に、音楽クラスの教師であり、バスの運転手を兼ねているスィモンに「今日は何度？」と聞くと、「今日は七度かな」という返事であった。

「え～、それ、日本の冬だよ」

キャッチャーが「それ、まだ暖かいよ」と言ったあと、スィモンが続けて、「もっと寒くなるよ」と言う。

「昨日、福岡（私が住む街）は二二度ぐらいだったよ」

「え～、そんなに暖かいの」

「うん、異常気象ではあるけど……」

こんな会話をしたあとに、ようやくスィモンがバスを出した。

ついでに、笑い話を紹介しておこう。

陶芸の授業に行くとき、かなり雨が降っていたので頭を手で覆い、片手でドアを開けて入り、濡れた頭の雨を払っていたら、ベントゥが笑っていたので、思わず日本語で「ああ、濡れ鼠になったァ」と言ったら、言葉の音が面白かったのか、妙に受けた。そこで、「ジャスモーメン」と言って辞書を出し、「濡れ鼠」の状態を見せると大笑いをして、「ああ、それね。私たちは英語ではこう言うわよ」と言って、「オールドウーマン　ニーズ　フレッシュウォーター」と、噴き出さんばかりの大声で叫んだ（英語表現がちょっと違うかも。言葉の壁）

こんな会話を聞いていたエネメテも笑っていた。夕食のとき、たまたま彼女が横に座ったので、「何でオールドウーマンなの？」と尋ねると、次のように答えてくれた。

「ほら、言ったじゃない。きれいな花は育ってしまうと枯れるでしょ。水が必要なのよ」

うん、ちょっと笑えるが、花を過ぎたみなさんに失礼かも。

寒かったけど、今日も一日面白かった。

帰国後の話

本章の冒頭で紹介されたように、私は二〇一三年九月から二〇一四年四月までの半年間を「ボーンホルム・ホイスコーレ」で学んだわけだが、実際に帰国したのは五月のゴールデンウィーク明けであった。四月末から、フォルケホイスコーレ恒例のエクスカージョン（修学旅行）でポーランドのトルン（Toruń）という城壁に囲まれた旧市街を訪れ、ボーンホルムに戻ったのは五月初旬であった。実は、トルンからだと船便で安く荷物が送れるということで、日本に持ち帰りたい作品などを段ボール箱に詰めて郵便局で手続きをしている。

このエクスカージョンにはホロコーストの見学も含まれていたが、アウシュビッツ収容所が含まれていなかったので、校長の許可を取って、日本人学生と台湾から来ていた学生四人とともにレンタカーでアウシュビッツまで行っている。このときのことについても書きたいところだが、紙幅の関係で断念せざるを得ない。

ここに紹介した日記は、九月の数日と一一月の一日だけであるが、言うまでもなく、半年間における興味深い話はたくさんある。それらは、みなさんが実際に行かれて体験・体感していただきたい。

さて、フォルケホイスコーレに入学したのは、冒頭に記したように、自分らしく生きるためであった。ありのままの自分をさらけ出し、長年にわたってこびりついてきたもの（余計なもの、アカデミックな雰囲気、好まざる人間関係、政治や組織に対する疑義など）から飛び出し、自由で素直に喜び合い、思いを交換する、笑い合える、認め合える場所に身を

ホイスコーレでつくった作品群

置きたかったからである。

ホイスコーレへの留学を終えて今は、現役時代の殻を脱ぎ捨て、自らを振り返りつつ、新しい自分が自他の幸福を求めるために再び社会に潜り込み、私がすべきことが現れることを願いながら、一歩を踏み出す力の糧にしたいと思っている。もちろん、大人になった子どもたちにも、広い視野でたくさんのことを経験し、強き、よい人であってほしいと思っているので、その手助けをしていきたいと考えている。直近の願いは、フォルケホイスコーレの芽を出すこととなる。きっと、多くの人に響く学びの場になるはずだ。

幸い、現在は国の下部、民生委員・児童委員でもある。不登校生や引きこもりがちの青壮年には、自分自身と対話するとともに周りの人とも対話をして、自分の殻を打ち破っていただきたいと願っている。遠慮なく生きてほしい。生きていくのは、私でもあり、あなたでもある。さあ、勇気を出して！

最後になるが、何よりもよき理解者である妻に感謝をしなければならない。長年、勤めの傍ら通信制の大学で学び続けている妻、今度は彼女の番かもしれない。さて、何が飛び出すのだろうか。

Folkehøjskoler, 1992.
⑩ Ed., Ch.Thodberg und A.P.Thyssen, "N.F.S. Grundtvig, Tradition und Erneuerung" Dänisches kulturinstitut (The Danish Cultural Institute), 1983.
⑪ Paul Rührig, "Um des Menschen willen, Grundtivigs geistiges Erbe als Herausforderung für Erwachsenenbildung, Schule, Kirche und soziales Leben", Deutscher Studien Verlag, Weinheim, 1991.
⑫ Ove Korsgaard, "Kredsgang, Grundtvig som Bokser", Gyldendal, 1986.
⑬ Ed., P.Balslev-Clausen, "Song from Denmark, A collection of Danish Hymns, Songs and Ballads in English translation", The Danish Cultural Institute, 1988.
⑭ N.F.S. グルントヴィ／小池直人訳『生の啓蒙』（グルントヴィ哲学・教育・学芸論集２）風媒社、2011年
⑮ N.F.S. グルントヴィ／小池直人訳『ホイスコーレ（上)』（グルントヴィ哲学・教育・学芸論集３）風媒社、2014年
⑯ N.F.S. グルントヴィ／小池直人訳『ホイスコーレ（下)』（グルントヴィ哲学・教育・学芸論集４）風媒社、2015年
⑰ オヴェ・コースゴー／清水満訳『政治思想家としてのグルントヴィ』新評論、2016年
⑱ クリステン・コル／清水満編訳『コルの「子どもの学校論」――デンマークのオルタナティヴ教育の創始者』新評論、2007年
⑲ スティーヴン・ボーリシュ／福井信子訳、難波克彰監修『生者の国――デンマークに学ぶ全員参加の社会』新評論、2011年
⑳ 武田龍夫『物語　北欧の歴史』中公新書、1993年
㉑ DSSA（デンマーク社会研究協会）編『デンマークの社会福祉』
㉒ ハル・コック／小池直人訳『グルントヴィ――デンマ-ク・ナショナリズムとその止揚』風媒社、2008年
㉓ 北欧留学情報センター編集『Folkehojskole に行こう――良い出会い、良い体験、良い学びのある Folkehojskole20校』ビネバル出版、2022年
㉔ 御園喜博『デンマーク――変貌する「乳と蜜の流れるさと」』東京大学出版会、1970年
㉕ 百瀬宏『北欧現代史』山川出版社、1980年
㉖ 矢野拓洋ほか『フォルケホイスコーレのすすめ――デンマークの「大人の学校」に学ぶ』花伝社、2022年

参考文献一覧

本書を書くために、直接見聞し、話し聞いたことのほかに、多くの文献を参照しましたが、この本の性格上、いちいち文献を挙げることはしませんでした。しかし、さらに詳しく知りたいと思う人のために、私が主として依拠したもので、かつ比較的入手しやすいものをいくつか以下に示しておきます。

残念ながら、私自身デンマーク語を自在に使いこなせるまでまだ習熟していませんので、英語とドイツ語の文献が中心となりましたが、大多数の読者にとっても、この方が便利でしょう。

① Thomas Rørdam, "The Danish Folk High Schools". The Danish Cultural Institute (Kultorvet 2, DK-1175 København K, Denmark), 1980.

② Ed., Arne Andresèn, "The Danish Folkehøjskole Today", The Folkehøjskole Information Office (Farvergade 27 G, DK-1463 København K), 1991.

③ Edward Broadbridge, Clay Warren, Uffe Jonas, The School for Life: N.F.S. Grundtvig on the Education for the People (N.F.S. Grundtvig: Works in English), Aarhus Universitetsforlag, 2011.

④ Kaj Thaning, "N.F.S. Grundtvig", The Danish Cultural Institute, 1972.

⑤ Ove Korsgaard, Kampen om lyset, Gylendal, 1997.（オーヴェ・コースゴー／川崎一彦、高倉尚子訳『光を求めて――デンマークの成人教育500年の歴史』東海大学出版会、1999年

⑥ Steven M. Borish, "The Land of the Living, The Danish folk high schools and Denmark's non-violent path to modernization", Blue Dolphin Publishing, Inc. (P.O.Box 1908, Nevada city, CA 95959, USA), 1991.

⑦ Ed., Niels L. Jensen. "A Grundtvig Anthology, Selections from the writings of N.F.S.Grundtvig", Centrum (Grøndalsvej 3, DK-8260 Viby J, Denmark) 1984.

⑧ Ed., Ebbe Lundgaard, "The Folk High School 1970-1990, Development and Conditions", The Association of Danish Folkehøjskoler (Farvergade 27 F, VARTOV, DK-1463 København K, Denmark), 1991.

⑨ Ed., Henning Eichberg, "School for Life", The Association of Danish

執筆者紹介（登場順）

清水　満（しみず・みつる）
編著者紹介を参照。

オヴェ・コースゴー（Ove Korsgaard）
1942年生。自由教育大学卒。ゲァリウ体育フォルケホイスコーレ教員を経て、校長（1974―1991）を務める。デンマーク・フォルケホイスコーレ協会元会長。オーフス大学コペンハーゲン教育学部教授を務め、現在名誉教授。

橋爪　健郎（はしづめ・たけお1942～2020）
鹿児島大学理学部物理学科助手。原発に対抗して風車発電を作ったことは有名。以後オルタナーティヴ・エネルギー研究で名を馳せ、デンマークのオルタナーティヴ・テクノロジーを我が国に最初に紹介した一人。68年世代らしく、定年まであえて助手のままだった。

小笠原朋子（おがさわら・ともこ）
1983年生。2006年、「IKEA」入社を機に北欧との縁をもつ。2009年より約１年間デンマークのフォルケホイスコーレ３校に留学。
帰国後は、フリーランスとして日本と北欧間の観光業に従事しつつ、NPO 法人にて成人教育支援に携わる。
ブログ『Den Lille Højskole』を運営し、学びの場を現在構想中。我が子の自閉スペクトラム症の診断をきっかけに福祉領域にも関心を寄せている。

仁田坂泰広（にたさか・やすひろ）
1953年　福岡県うきは市生まれ。
1977年　福岡教育大学卒。
1993年　北欧へ初渡航。その後、数年おきにデンマーク社会見学を重ねる。その都度、日本の教育、福祉事情に遅れを感じながら帰国。
2013年　ボンホルムホイスコーレに留学。陶芸を中心に絵画、金属・ガラス工芸を学ぶ。
2014年　帰国。
2015年　放課後等デイサービスに従事。
2022年　民生委員児童委員をはじめる。
※2000年から自己のファミリーヒストリー調査・関連人物の掘り起こしを続行中。

編著者紹介

清水　満（しみず・みつる）

1955年、対馬に生まれ育つ。

1991年、九州大学大学院文学研究科博士課程単位取得退学。2012年、北九州市立大学社会システム研究科博士課程早期修了。博士（学術）。

専攻は、倫理学、政治思想。

デンマークのホイスコーレ運動にヒントを得た教育市民運動ネットワーク「日本グルントヴィ協会」の幹事をしている。

著書に、『新版・生のための学校』（新評論、1996年)、『共感する心、表現する身体』（新評論、1997年)、『表現芸術の世界』（小松和彦氏、松本健義氏との共著、萌文書林、2010年、『フィヒテの社会哲学』（九州大学出版会、2013年、2014年度フィヒテ賞受賞)。

訳書に、クリステン・コル『コルの「子どもの学校」論』（新評論、2007年)、ハインリヒ・マイアー『政治神学か、政治哲学か、カール・シュミットの通奏低音』（中道壽一氏との共訳、風行社、2015年)、オヴェ・コースゴー『政治思想家としてのグルントヴィ』（新評論、2016年)、アルクス・ベルンセン『生のための授業』（新評論、2022年）などがある。

改訂2版　生のための学校

――デンマークで生まれたフリースクール「フォルケホイスコーレ」の世界――

2024年7月25日　初版第1刷発行

編著者　清　水　　満

発行者　武　市　一　幸

発行所　株式会社　新　評　論

〒169-0051
東京都新宿区西早稲田3-16-28
http://www.shinhyoron.co.jp

電話　03(3202)7391
FAX　03(3202)5832
振替・00160-1-113487

落丁・乱丁はお取り替えします。
定価はカバーに表示してあります。

印　刷　フォレスト
製　本　中永製本所
装　丁　山田英春

Printed in Japan
ISBN978-4-7948-1270-4